JN271037

IMPÉRIALISME HUMANITAIRE

Droits de l'Homme, droit d'ingérence, droit du plus fort?

Jean Bricmont

préface de
Noam Chomsky

人道的帝国主義

民主国家アメリカの偽善と反戦平和運動の実像

ジャン・ブリクモン

緒言❖ノーム・チョムスキー

菊地昌実❖訳

新評論

人道的帝国主義

目次

本文挿入 Textes

凡例

本文中の「　」は著者のもの、〔　〕は訳者の補足。

Jean BRICMONT

IMPÉRIALISME HUMANITAIRE

Droits de l'Homme, droit d'ingérence, droit du plus fort?

Préface de Noam CHOMSKY

©Jean Bricmont, 2006, 2009
©Noam Chomsky, 2008 pour la préface

This book is published in Japan
by arrangement with Japan BRICMONT c/o Agence Pierre Astier
through le Bureau des Copyrights Français, Tokyo.

緒言

ノーム・チョムスキー

（一九二八年生まれ。アメリカの言語学者・思想家）

ジャン・ブリクモンの「人道的帝国主義」という概念は、ソ連崩壊以来西側の指導者と知識人層が直面するジレンマを鮮やかにまとめている。冷戦の当初から、力と恐怖に頼り、他国の政体転覆を謀り、経済的締め付けを行うことを正当とする傾向があった。こうした行為は、ジョン・F・ケネディがクレムリン（時には北京）発の「一枚岩の残虐な陰謀」と呼んだもの、全世界に支配の羽を広げようとする紛れもなき悪の力に対抗して企てられたものだ。この図式は、たとえ事実がどうであれ、およそ考えられるどの介入のケースにも当てはまった。しかし、ソ連が消えてなくなるとともに、そうした政策を変更するか、あるいは新たな正当化案を出すかのどちらかを選ぶしかなくなる。これまでの事態と政策の根源に新しい光を当て、どちらの道を選ぶことになるかは、たちまち明らかになった。

冷戦が終結すると、西欧には今や敵対する超大国の制約もなく、自由、民主主義、正義、人権のために堂々と献身するのだと世界に請け合う論理が華々しく表面に現れた（もっとも、国際関係理論では「リアリスト」と呼ばれる一部の者は、理想主義に外交政策の独占権をほぼ一手に握らせれば、われわれはやりすぎて、自らの利益を損なうかもしれないと警告したが[1]。「人道的介入」や「保護する責任」（R2P〔後述〕）という考え方は、やがて西側の政治論調の目立った特徴となり、国際問題での「新基準」をなすものと一般にみなされるようになる。千年紀は、西側の知識人たちが「非人道を終焉に向かわせる理想主義的新世界」を目の当たりにして恐れかしこまり、自己祝賀のお祭り騒ぎで幕を閉じた。歴史上初めて、一つの国が「原理と価値」のために邁進し、「文明国家」群の唯一のリーダーとして「愛他主義」と「道徳熱」から行動するようになったので、世界は外交面では「聖なる輝き」を放つ「気高い段階」に入ったそうだ。その国は、これから指導者が「自ら正しいと信じる」どこでも、自由に力を行使できるという。おなじみの自由の声はそういう類の宣言をやたら振りまいている[2]。

いくつかの疑問がすぐ念頭に浮かぶ。まず、そのような自己イメージが冷戦終結以前の歴史記録に合致しているかどうか。もし合致しなければ、われわれの外交政策のほとんどすべてに理想主義を反映させるべく突然舵を切らねばならない理由など、果たしてあったのか、ということになる。敵の超大勢力が消えたのに伴って、どのように政策が変わったのか。それよりも、そのような考察をすること事態に意味があるのかどうかが、まず問題になる。

歴史の記録のもつ意味について二つの見方がある。「〔国際問題における〕新基準」を祝う人々の態度は、彼らの中でも最も有名な学者・弁護士の一人、国際関係論教授トマス・ワイスによって明快に表現されている。記録の批判的検討とは「ワシントン〔アメリカの政治・外交の心臓部〕の歴史的に邪悪な外交政策へのお決まりの罵詈雑言以外の何物でもなく」、したがって「無視すれば良い[3]」と。これと対立する立場は、政策決定の源は制度の枠組みにあり、それが変わらぬ限り記録の検討は「新基準」と現代の世界を読み取るための大きな力になる、というものだ。これが、「人権イデオロギー」を考えるにあたってブリクモンの取る立場であり、私もこれに加担する。

ここで歴史を見直すゆとりはないが、一つの例証として、少しケネディ政権〔一九六〇〜六三年〕にこだわってみたい。この政権は政治的布置としてはリベラル左派の端に位置し、政策立案には例外的に多くのリベラルな知識人が加わっていた。その時代に、二〇世紀の大犯罪の一つの始まり、一九六二年のベトナム侵略を正当化するための標準となる方式が作り上げられた。そのときすでに合州国が押しつけた傀儡政権はもはや住民の抵抗を抑えることができなくなっていた。国家による大規模なテロが何万人もの住民を殺し、抵抗運動を生んでいた。そこでケネディは空軍を派遣して南ベトナム空爆を開始し、ナパーム弾と枯れ葉剤の使用を認めて、収穫と植生を壊滅させ、ベトナムの農民を追い立てる計画を始めた。農民は都市のスラムか、有刺鉄線で囲まれたキャンプに追いやられた。ワシントンは農民が南ベトナム抵抗軍を支持していることを知っていたが、その農民を抵抗軍から「保護」してやる必要があった。すべては二つの大悪魔、ロシアと中国、「シノ‐ソビエト枢軸」の攻撃に備えるためだった(4)。

伝統的な合州国の支配領土では、ケネディは同じ方式を使って、ラテン・アメリカ軍の使命を、第二次世界大戦の遺物である「半球防衛」から「国内安全保障」へと転換させた。結果は直ちに現れた。ケネディ政権および初期のジョンソン政権時代に合州国の対反乱・国内防衛計画を策定したチャールズ・メイクリングの表現によれば、合州国の政策は「ラテン・アメリカ軍の略奪と残虐」の黙認から、彼らの犯罪への「直接加担」「ハインリヒ・ヒムラー〔一九〇〇～四五年。ナチス・ドイツを指導したユダヤ人虐殺の元凶〕の絶滅部隊方式」へと転換した。

その決定的なケースが、ブラジルの穏健な社会民主主義派ゴラール政府を倒すためにケネディ政権が進めた軍事クーデターの準備である〔一九六一年に就任したゴラール大統領は、六四年、アメリカが支援するブランコ将軍のクーデターで失脚した〕。ケネディ暗殺から間もなく、計画されたクーデターが勃発した。これは、一連の汚い国家安全保障国の始まりを告げるものである。レーガンの対テロ戦争を通じて大陸の至るところで続いた弾圧の嵐もここから始まり、一九八〇年代の中米を荒廃させることになる。同様の正当化を口実に、一九六二年にコロンビアへ派遣されたケネディ軍事使節団は、合州国政府に「周知の容共派に対する準軍事的な破壊活動、あるいはそれに加えたテロ活動」を用いるよう勧告し、そのための活動を「合州国は支援すべき」とした。ラテン・アメリカ問題における「周知の容共派」という表現は、労働指導者、農民を組織する聖職者、人権活動家、要するに暴力的かつ抑圧的な社会を変革しようとするすべての者たちを指す。これらの原則は直ちに軍の訓練と実践に導入された。コロンビア人権常設委員会議長でこの国の前外相のアルフレッド・バスケス・カリゾサ〔在任一九七〇～七四年〕はこう述べている。「ケネディ政府はわが国の正規軍を反乱防止軍に仕立て、殺人部隊新戦略を受け入れさせ、ラテン・アメリカで国家安全保障戦略として知られているものをこの正規軍に引き受けさせようと鋭意努力した。これは、外敵に対する防衛ではなく、軍体制をして内部の敵と戦う権利をもつ主役にする方法である。ブラジル政策、アルゼンチン政策、ウルグアイ政策、そしてコロンビア政策、すべて同様である。この権利とは、社会運動家、組合活動家、体制を支持しないあらゆる男たち、女たち、あるいは共産主義過激派とみなされる人々と戦い、彼らを殲滅する権利である。だから、この中には私のような人権活動家を含む誰でもが入ってしまう」。

二〇〇二年、アムネスティ・インターナショナル世界人権擁護者保護使節団は、まずコロンビアから調査を始めた。この国が選ばれた理由は、勇敢な活動家や労働指導者に対する、国家に後押しされた暴力の記録が極端に多かったからである。世界の他の国すべてよりも、コロンビアで殺された人々の数が多かった。農民、先住民族、アフリカ系コロンビア人が最も悲惨な犠牲者だった。派遣団の一人として、私はボゴタのバスケス・カリゾサの厳重に守られた家で人権活動家のグループと会い、彼らの悲痛な報告を聞き、のちに現地で公式発表を行ったが、これは困難を窮める経験だった。

同一の方式が反乱・暴力対策キャンペーンに使われ、新独立国ガイアナを残酷な独裁者フォーブス・バーナム〔一九二三〜八五年。六四〜八〇年、首相。八〇〜八五年、大統領〕の支配下に置いた。またピッグス湾事件〔一九六一年、アメリカの支援を受けた亡命キューバ人の反革命計画〕失敗後のケネディによる対キューバ・キャンペーンの正当化にも利用された。著名なリベラル派の歴史家でケネディ大統領の顧問を務めたアーサー・シュレジンジャーはロバート・ケネディの伝記に書いている。キューバに「地球の恐怖」をもたらす仕事を大統領は弟のロバート・ケネディに割り当て、ロバートはこれを最優先でやったと。テロリスト・キャンペーンは少なくとも九〇年代はずっと続いた。もっとも、後半になると、合州国は直接テロ作戦を実行することはせず、テロリストの援助、彼らの部隊と指揮官への宿泊所の提供にとどめた。指揮官の中には有名なオルランド・ボッシュ〔一九二六年〜。亡命キューバ人テロリスト〕や、最近加わったルイス・ポサダ・カリレス〔一九二八年〜。亡命キューバ人テロリスト〕がいる。評論家たちはご親切にも、「テロリストを匿う者はテロリストと同罪であり」空爆と侵略によって同じ扱いを受けなければならないというブッシュ〔二世〕・ドクトリンを、われわれに思い起こさせようとはしなかった。ハーバードの国際問題専門家、グラハム・アリソンによれば、このドクトリンは「テロリストに聖域を与える国家についてはその主権を一方的に取り消す」ことを含め、「すでに事実上、国際関係のルールとなっている」ものだが、ただし、例外はどこにでもあることを踏まえておかなければならない。

ケネディ‐ジョンソン時代の国内資料で明らかなように、キューバのケースで合州国の関心を一番呼んだのは、合州国の半球支配を宣言した（まだ実行できずにいる）一八二三年のモンロー主義にさかのぼる、合州国の政策〔内政不干渉主義〕に対するキューバの「挑戦の成功」である。もし「挑戦の成功」に、とりわけ独立的な発展の成功が伴えば、同じように苦しむ国々に同じ道を選ぶ励みを与えはしまいかと、合州国は恐れたのだ。あいかわらず政策決定に幅を利かせているドミノ理論を合理的に解釈すれば、そうなる。そういうわけで、資料は、合州国がキューバ市民を厳しく罰することで、彼らに、糾弾すべき政府を倒すようにさせることが必要だと述べている。

これが、一般大衆に対して正当だと自己弁護してきた最もリベラルな合州国政権下の、数年間にわたる干渉のありのままの実例である。過去の記録を広げてみても、まったく同様である。ロシアの独裁制も、似たような口実を使って東欧に対する地下牢のような過酷な支配を正当化した。

干渉、反乱、恐怖、弾圧のための理由は明快である。その理由をパトリス・マックシェリーが学問的に最も入念な「コンドル作戦」研究において正確にまとめている。「コンドル作戦」とは、ピノチェ政権下のチリにおいて合州国の肝いりで確立された国際的対テロ作戦のことである。「ラテン・アメリカの各軍は通常合州国政府に支えられて活動しているが、国の指導階層が交代の兆しを見せ、あるいは交代の過程にあり、国家権力が社会的非エリート部門に移行しようとするまさにそのとき、軍は市民政府を転覆し、社会の民主勢力の中心部（政党、組合、大学、合憲的警察力）を壊滅する…。こうした国家の変革を予防することが、ラテン・アメリカのエリート層の最も重要な目標であり、合州国の高官たちもまた、それを重大な国家安全保障上の利益であるとみなした[5]」。

「国家安全保障上の利益」と言われるものが、国民の安全保障と付随的な関係しかもっていないことを証明するのは簡単である。ただし、帝国内の支配的部門の利益と、結果としての国民の従順さという国家の一般的な利益とは、きわめて密接な関係にある。

合州国は異例なほど開かれた社会である。それゆえ、第二次世界大戦以来の総合的戦略の主要原理を調べるのは、わけもない。合州国では開戦の前から、ハイレベルの立案者と分析家が、合州国は戦後世界において「絶対的な権力を保持する」よう努めるべきだとの結論を出していた。そのためには、この総合計画に干渉しかねない国々の主権の行使に確実な制限を課す働きかけが必要とされていた。彼らはさらに、この目的を確実に実現するために「最も必要なもの」は、完全な再軍備計画の早急な達成であるとし、したがって現在は「合州国の軍事的・経済的支配権を得るための統合政策」がその中心的部分であるとされていた。当時、こうした野望は「非ドイツ世界」に限定され、西半球、旧大英帝国、極東を含む「グランド・エリア」が合州国の庇護の下に編成されるはずであった。しかし、ロシアがスターリングラード〔第二次世界大戦の激戦地〕後にナチス軍を退却させ、ドイツの負けがますます明らかになるにつれ、計画はユーラシアを最大限に含むよう拡張された。

ほぼ不変のこの大戦略におけるより極端なバージョンは、「合州国の権力、地位、威信」に対する挑戦などいささかも許さない、というものである。戦後世界建設の主役の一人、著名なリベラル派政治家ディーン・アチソンは、アメリカ国際法学会でそう講義した。一九六三年、ミサイル危機が世界を核戦争の瀬戸際まで追いつめた、そのすぐあとのことである。その後も、中心となるこの考え方に基本的な変化はない。ブッシュ二世の政策は異例なほど抗議の対象となったが、理由はその中身ではなく、厚かましく傲岸なそのスタイルにあった。クリントン大統領の政策もまた同様である。彼の政策をよく承知していた国務大臣マドレーン・オルブライトが、そのことを指摘している。

「一枚岩の冷酷な陰謀〔ソ連体制〕」の崩壊で戦術は変わっても、政策の根本は同じだった。そのことは政策分析の専門家に明確に理解されていた。カーネギー国際平和基金の上級研究員ディミトリ・シムズの指摘では、ゴルバチョフの提唱は「アメリカの外交政策を、超大国の対立によって身にまとわされた拘束衣から解放してくれる[6]」はずだった。シムズはその「解放」の三つの主要部分を次のように明確に示した。まず、合州国はＮＡＴＯ（北大西洋条約機構）のコストをヨーロッパの競争相手に転嫁させることができる、これは独立した道を探すというヨーロッパの伝統的な関心をそらす方法にもなる。第二に、合州国は「第三世界の国々によるアメリカ操作」を終わらせることができる。取りえのない貧者による富者操作はつねに深刻な問題であり、とりわけラテン・アメリカにかんしてはひどい。最近の五年間〔二〇〇四〜二〇〇八年〕で、この地域は約一五〇〇億ドルを西側産業社会に移転し、加えて一千億ドルの資本流出があった。この額は、「進歩のための同盟」〔一九六一年、ケネディ大統領がキューバ封じ込めのために提唱し、ラテン・アメリカ諸国の共産化阻止を図った〕総額の二五倍、マーシャル・プラン〔第二次世界大戦後、アメリカのマーシャル国務長官の提唱で一九四八〜五一年に行われた欧州復興計画〕の一五倍に相当する。この巨額の大流出は複雑なシステムの一部であり、そのおかげで西側の銀行とラテン・アメリカのエリートは一般住民の犠牲において肥え太るが、庶民はこうした操作から生じる「借金危機」に縛り付けられている。しかし、ゴルバチョフの降伏のおかげで、合州国は今や「不当な第三世界の援助要求」に抵抗し、「反抗的な第三世界の負債者」に立ち向かうときにはより強い立場を取りうる。

シムズは続けて言う。「解放」の三番目の、そして最も意味深い部分は、「ソビエトの脅威の失墜は〔…〕軍事力を合州国の外交政策の道具にしながらアメリカの大きな利益に挑もうとする者たちに、より有効に働く」というものだ。アメリカの手は今や「自由に使えるようになり」、これによってワシントンは「危機における軍事力へのより強い信頼」を享受できるわけである。

当時権力を握っていたブッシュ一世内閣は、ソビエトの脅威が終わりを告げたことの意味を直ちに明らかにしようとした。ベルリンの壁が崩壊した数カ月後、政府は新「国家安全保障戦略」を発表した。国内戦線では「防衛産業基盤」の強化を呼びかけ、「新しい設備と機材の研究・開発に投資する」旨の構想を打ち立てた。「防衛産業基盤」とはハイテク経済を指す婉曲な表現であり、強力な国家部門がこれを支え、そうすることでコストとリスクを社会化し、やがてその利益を民間企業に使わせようとするものだ。コンピューターやインターネット同様、それが何十年か後になることもあるだろう。このように、政府は合州国の経済が自由市場モデルからかけ離れてしまっていることをよくわきまえている。このモデルは、学説としては持ち上げられているが、抵抗できない弱者に押しつけられてきたものだ。しかし、経済史のこの伝統的テーマも、最近、国際経済学者ハ＝ジョン・チャン〔一九四六年〜。韓国生まれ、ケンブリッジ大学開発経済学教授〕によって洞察力に満ちた改訂を受けている。[7]

国際面では、ブッシュ一世の新「国家安全保障戦略」は次のような認識を示した。「軍事力使用が求められそうな対象にソ連が含まれることはまずないだろうが、第三世界にはその可能性がある。そこでは新しい対処と接触の方法が必要とされるかもしれない」。合州国が注意を集中すべきは、「テロ、破壊、反乱、そして合州国の市民層とその利益を新たなやり方で危うくしている麻薬取引など、低次元の脅威」である。軍隊は過酷な環境、未整備な補給基地、第三世界でしばしば遭遇する不安定な諸条件に慣れなければならないし、「訓練、研究、開発」は「小規模な紛争、主として第三世界における反乱対策にもっと順応しなければならない」。ロシアが退場したあと、世界は今や「武器の豊かな環境（ロシア）」から「ターゲットの豊かな環境（南側）」へと変化した。軍事政策立案者は、合州国は「第三世界がもたらす次第に高まる脅威」に立ち向かうことになるだろうと説明している。

したがって、新「国家安全保障戦略」は、合州国が巨大な軍事システムと、世界に迅速に対応できる核兵器主体の能力を維持すべきであると説く。クリントンの政策立案者によれば、これは「いかなる危機や紛争にも影響を与え」て、通常兵器の自由な使用を推し進めるものである。脅威は、もはや消え去ったソ連にあるのではなく、むしろ「第三世界紛争のハイテク化の強まり」にあるからだ。とりわけ中東における現実がそうである。「われわれの利益への脅威」にはつねに軍事介入が必要であったが、そこは「クレムリンのドアで塞がれていた」。しかし、何十年もその必要が主張されてきたのに、ソ連がいなくなった今は、もう無用である。実を言えば、「われわれの利益への脅威」はつねに土着のナショナリズムにあったのだが、この事実は以前から認められてもいた。たとえば、カーター大統領の迅速展開部隊（のちの中央軍司令部）の立案者ロバート・コマーは、中東を第一の目標に選び、一九八〇年には議会より先に、この部隊の最も現実的な役割はソビエトの攻撃（まずありそうにない）に対抗することではなく、地域固有の争乱、特に、世界的な第一の懸念材料としてつねに警戒されてきた「過激なナショナリズム」への対処であると認めていた。

「過激な radical」とは、「周知の容共分子」という言い方と同義であり、根本的 radical という意味ではない。むしろこの言葉は、われわれの支配下にないという意味である。だから当時のイラクは過激ではなかった。それどころかイラクは、サダム・フセインによって最もおぞましい残虐行為（ハラブジャ、アル＝アンファルその他）が行われても、あるいはイラン‐イラク戦争が行われたあとも、アメリカにとってはお気に入りの友人、同盟者であり続けた。この戦争でイラクはレーガン政府から、他の政府とともに物質的援助を受けていたほどである。ブッシュ一世大統領はこうした友好関係を継続し、一九八九年、核兵器開発の先進的訓練のためにイラクの核技術者を合州国に招き、九〇年には友人サダムに個人的メッセージを託して、ハイレベルな上院代表団をイラクに送った。代表団にはリーダーの上院与党党首ボブ・ドール、のちの大統領候補のほか、著名な議員たちも含まれていた。彼らのメッセージはサダムに、一部の無責任なアメリカの新聞が流している批判を無視するよう助言し、アメリカ政府がこうした不幸な活動を終わらせるために最大限努力することを保証した。

その数カ月後、サダムはクウェートに侵攻した。アメリカの指令を無視したか、あるいは国務省からの曖昧なサインを誤解したか、そのどちらかのようだ。これは明らかな犯罪であり、彼はたちまち尊敬すべき友から悪の化身に転じた。

サダムのクウェート侵攻に対するアメリカの反応を検討してみるのは、なかなか有益である。反応には口を極めた罵詈讒謗《ばりざんぼう》と軍事的対応の両方があるが、軍事的対応はイラク市民社会に破壊的な一撃を与え、専制の根をしっかりと据える結果になった。これらの出来事とその解釈から、ソ連崩壊後のアメリカの政策の一貫性とそれを支える知的・道徳的文化がまざまざと浮かび上がってくる。

一九九〇年八月のクウェート侵攻は冷戦後になされた侵略の二番目のケースである。最初の例は、八九年一一月、ベルリンの壁が崩壊して数週間後のブッシュ一世によるパナマ侵攻である。この侵攻は長く汚い歴史の脚注以上のものではないが、いくつかの点で、それまでの実践とは異なっていた。当時、近東・北アフリカ問題担当高官で、のちにブッシュ二世下で特に中東「民主化促進」担当を務めたエリオット・アブラムズが、その根本的な違いについて説明している。彼はシムズに同調してこう指摘する。「モスクワの変化によって、小規模な作戦が超大国の対立へとエスカレートする見通しは減った」(8)。つまり、ソビエトが保持した抑止力の消滅のおかげで、アメリカによるパナマでの武力利用は以前よりやりやすくなり、同じ理由づけがイラクのクウェート侵攻にも当てはまるということであり、また、ロシアの抑止力が働いていたなら、合州国と英国が砂漠に大軍を送ったり、これまでのような軍事作戦を展開したりする危険は冒さなかったということである。

パナマ侵攻の目的は、小悪党マヌエル・ノリエガ〔軍の実力者として当時のパナマの政変を主導〕の拉致にあった。彼はフロリダに連行され、そのほとんどがCIA（米中央情報局）に雇われていた時代に行った麻薬取引やその他の犯罪という理由で有罪宣告を受けた。彼はすでにアメリカには従順でなくなっていた——たとえば、彼はワシントンの対ニカラグア・テロ戦争を十分熱心には支援しなかった——。それゆえ彼は去るしかなかった。ソビエトの脅威という従来のやり方はもはや使えなかったので、このパナマ侵攻はヒスパニック系の麻薬取引から合州国を防衛するという図式で描かれた。もっとも、実際の取引は、圧倒的にワシントンの同盟国コロンビアの領域で行われていたのであるが。ブッシュ一世大統領はパナマ侵攻を指揮しながら、イラクへの新借款を発表した。国務省はこれに対する議会からのわずかな質問に、「合州国の高い輸出目標を着実に達成し、人権問題にかんするイラクとの議論を有利に進める」ためだと、皮肉なしで明確に答弁している。メディアは賢く沈黙を選んだ。

勝ち誇る侵略者は自分たちの罪を調べたりはしない。だからブッシュのパナマ侵攻の犠牲者は正確にはわかっていない。しかし、その数カ月後のサダムのクウェート侵攻よりも、はるかに死者の数が多かったようだ。パナマの人権グループによれば、エル・チョリージョのスラム街とその他の民間目標に対する米軍の空爆で、数千人の貧しい人々が殺されたが、これはクウェート侵攻の推定犠牲者数をはるかに超える。この件については、西側ではもう関心が薄れているが、パナマ人はこれを忘れない。二〇〇七年一二月、パナマはあらためて合州国による侵略の記念日として「哀悼の日」を宣言した。合州国では瞬き一つしなかった。

サダムのクウェート侵攻時にワシントンが一番恐れていたのは、サダムが合州国のパナマ侵攻を真似ることであった。この事実もまた、歴史から忘れられたことである。当時、合同参謀本部議長コリン・パウエルは、「サダムは自分の傀儡を残してクウェートから撤退するだろう。アラブ世界の誰もがそれを喜ぶだろう」と予告した。対照的に、ワシントンが自らの傀儡政権を作ってパナマから一部撤退したとき、ラテン・アメリカは喜ぶどころではなかった。侵略は周辺国のはなはだしい憤激を買い、パナマの新政権はラテン・アメリカの八つの民主主義国グループから軍事占領下の国として除名された。ラテン・アメリカの学者ステファン・ロップはこの事態に対して、「合州国の保護マントをはぎ取れば、たちまちエンダラ〔二〇〇四〜二〇〇九年、パナマ大統領〕とその取り巻きたち——すなわち、ブッシュの侵略で居座った銀行家、ビジネスマン、麻薬取引業者——は、市民か軍人の手で倒されるだろう」と述べた。当の新政府の人権委員会でさえ、数年後にはパナマ人の自決と主権への権利は「外国軍による占領状態」で侵害され続けているだろうと非難した。サダムのクウェート侵攻については、メディアによるほぼ完璧な協力の下、ワシントンは外交の道を閉ざし、あくまで軍事に固執した。その主な理由は、サダムがパナマ侵攻を真似るのではないかという恐れがあったからなのだ。しかもそれは、よくある例のように、世論が他の未解決の中東問題と同様に地域間協議の必要性を圧倒的に支持したにもかかわらず、ワシントンがサダム侵略直前までこれを無視し続けた上でのことである。サダムの提案の基本も協議だったのだが、そのことを知りえたのは、反対派の文書を読んだ人たちか、もしくは自ら調査に踏み込んだ人たちだけだっただろう。

侵攻後間もなく、イラクの人権にかんするワシントンの関心がいかなるものか、劇的に暴露されることになる。ブッシュがサダムに、イラク南部のシーア派の反乱を弾圧するよう許可を与えたのだ。そうでなければ、おそらくサダムはこの反乱で打倒されていただろう。公式の理由づけについては、『ニューヨーク・タイムズ』の首席外交特派員トマス・フリードマンがこう要約している。ワシントンは「全世界の最良の形」を望んでいたと。彼の説明では、その最良の形とは、アメリカの同盟国トルコとサウジアラビアの大満足によって保ってきたサダム強権体制のそれまでの状況を「サダム・フセイン抜きの軍事強権政府」によって回復させることであり、もちろんボスはワシントンにいる。しかし、そういう幸運な成果は難しいことがわかり、地域の実力者たちは次善の策、彼らが協力して維持してきたサダムによる「強権」を取らざるをえなかった。『タイムズ』のベテラン中東特派員アラン・コウエルが付け加えて言うには、反乱者であるシーア派が失敗した理由は、「イラク外部の人々の中にシーア派の勝利を望む者がきわめて少なかった」ことにある。合州国とその「アラブ同盟諸国」の一致した見解は、「イラクのリーダーの罪は大きい。しかし、彼は彼の弾圧にやられた者たちよりもまだ国の安定に貢献できる。西側諸国および中東地域ではそのように感じられた」というものである。

「安定」ということばは、そこではごく技術上の意味、つまり「ワシントンの意志への服従」という意味で使われている。だから、たとえばリベラルな時事解説者で『フォリン・アフェアーズ』の前解説員ジェイムズ・チェイスがこう説明しても何ら矛盾はないのである。「合州国が「チリ自由選挙で選ばれたマルクス主義政府の不安定化」を求めたのは、われわれがピノチェ独裁制下で安定化を図らせたいという決意を固めていたからだ」。

ソビエトという口実がなくなっても、合州国による犯罪的介入は以前と同じように数多く続いている。一つの有効な指標は軍事援助である。学問上よく知られていることだが、合州国の援助は「ラテン・アメリカの市民を虐げている政府［…］すなわち基本的人権を著しく侵害している西半球の者たちに向けて、異常に多く流れる傾向が続いている」（ラテン・アメリカ人権問題の指導的学者ラーズ・シュルツ）。そこにはかなりの軍事援助が含まれ、それはカーター時代も続く。経済学者エドワード・S・ハーマンはより広範な研究を重ねて、世界にまたがる同様の相関関係を発見し、やはりもっともな解釈をしている。彼が気づいたのは、援助がごく当然のように「投資風土の改善」と関連しているということだ。その「改善」はしばしば、僧侶や組合指導者を殺戮し、組織化を試みる農民を皆殺しにし、独立した新聞を締め上げることなどで達成される。その結果は、「援助」と「ひどい人権侵害」との相関関係となって現れる。ここで、合州国の指導者たちが（よその国の彼らの同類と同様）拷問を好んでいると結論づけるのは間違いだろう。むしろ拷問は、彼らのもっと重要な価値に比べれば取るに足りないことなのだ。こうした研究はレーガン時代以前のもので、レーガンのときにはもう相関関係があまりにも明らかで、あえて問題を提起する必要すらなくなっていた。

このパターンは冷戦後も続いた。それぞれ別の範疇に入るイスラエルとエジプトを除けば、冷戦終結時に合州国の援助を受けていたトップはエルサルバドルである。この国はグアテマラとともに、中米においてはおぞましいレーガン時代の最も極端なテロ暴力の地であり、のちの「真相究明委員会」の記録にもあるように、アメリカの訓練をほぼ完全に受けた、武装されたテロリスト軍人国家と言える。ワシントンはグアテマラの殺人者たちに直接援助を供しようとしたが議会に阻止された。それまで殺人者たちはレーガンから熱烈に賞賛されていたのだが、そのあとレーガンは、合州国に雇われているテロリスト国家の国際的ネットワークへと援助の方向を転じ、穴を埋めた。

エルサルバドルでなら、合州国は自国内でそうした煩わしさもなくテロ戦争を実行できた。大きな標的の一つがカトリック教会だった。教会は福音を真面目に解釈し、「貧者を優先する」ことを選び始めるという重大な罪を犯したのだ。それゆえ、教会は、バチカンの強力な支持と合州国による支援という暴力の下で破壊の対象とされた。一九八〇年代はロメロ大司教の暗殺で幕を開けた。殺人軍事政権への援助を止めるようカーター大統領に嘆願書を送った数日後、ロメロはミサの最中に凶弾に倒れた。彼は嘆願書にこう書いた。「［その援助は］間違いなくわが国における不正を増し、われわれの最も基本的な人権を守るために闘っている民衆組織に対して弾圧を強めることになるだろう」と。間もなく援助の資金が流れ、ロメロ大司教の後任がその結果について述べているように、「無防備な市民大衆に対する絶滅・殺戮戦争」の道が舗装されることとなる。八〇年代の最後には、ワシントンによって訓練された武装組織、アトラカトル旅団が、血塗られた日常の犠牲者の仕上げとして、ラテン・アメリカの指導的知識人、イエズス会の僧侶たち六名の頭を撃ち抜いた。これらの記録は何一つ、「悪の代理人」である合州国のおかげで西側のエリートの意識からは外されている。

クリントンが引き継いだときにはエルサルバドルでの政治決着はついており、もはやこの国は合州国による軍事援助の受益国としてトップの座を明け渡していた。それに代わったのがトルコである。この国はクルド民族を徹底的に弾圧してきた。一九九〇年代の残虐非道のいくつかは彼らに対して行われたものである。何万人もが殺され、三五〇〇もの町や村が破壊された。膨大な数の難民が避難し（クルド人権組織による分析では三〇〇万人）、広大な地域が荒れ地となり、抵抗する者は投獄され、ひどい拷問その他の犠牲となった。それが普通に行われていた。クリントンは野蛮な犯罪のために使用される、ハイテク装備を含む武器の八〇％をトルコに供給し、一九九七年だけで、全冷戦期と対反乱キャンペーン期以前とを合わせたよりも多くの軍事援助をこの国に送った。メディアと解説者は、芥子《けし》粒ほどの例外を除いて沈黙を守った。

一九九九年までにトルコの国家テロは十分目標に達した。そこでトルコは軍事援助受益国の地位をコロンビアに譲った。コロンビアでは西半球における図抜けた最悪の人権侵害を記録したが、それはケネディが始めた国家準軍事共同テロ計画の衝撃的な結果として現れることとなる。

　その間、他国で行われた主な残虐行為も合州国から十分な支援を受け続けている。最も極端な例がイラク市民に対する一九九一年の制裁である。しかもこれは、大規模な空爆によって発電所、下水溝網、上水道施設を破壊し、いわば生物兵器戦の様相を呈した。形式上は国連を実行機関としてなされた米英による制裁だが、その恐ろしい影響が広く世論の関心を高めると、九六年、人道的な修正が加えられた。苦しむイラク国民のニーズに応えるために、石油輸出で得た利益の使用をイラクに認めた「食料のためのオイル」計画がそれである。しかし、この計画の最初の責任者である卓越した国際外交官、デニス・ハリデイは二年後に、計画は「殺戮的」であると述べ抗議の辞任をした。後任の、もう一人の卓越した国際外交官ハンス・フォン・スポネックもさらにその二年後に、計画はジェノサイド条約〔一九四八年国連総会で決議〕に違反していると非難して辞任した。フォン・スポネックの辞任の直後にはWFP（世界食糧計画）のイラク担当責任者、ジュッタ・バーガートも職を辞し、ハリデイとフォン・スポネックの抗議声明に加わった。その一部を引用する。「一九九〇年から二〇〇三年までの経済制裁の間に、〔イラクにおける〕子どもの死亡率は著しく増大した。一〇〇〇人当たりで見ると、一九九〇年代前半の五年間で五六人であったものが、新世紀初めの五年間では一三一人となった」「これが経済制裁によるものであることは誰の目にも明らかである」（フォン・スポネック）。これほどの規模の大虐殺は稀であり、これを認めれば、これまで支配的だった見解と矛盾することになる。そこで、責任を国連の無能に転嫁すべく懸命の努力が払われた。「史上最大のペテン」である（『ウォール・ストリート・ジャーナル』)。不正な「ペテン」はたちまち明るみに出された。ワシントンと合州国企業が主役であることがわかったのだ。しかし、彼らの責任は、消し去られてしまうにはあまりにも大きい。ハリデイとフォン・スポネックはイラクじゅうに多数の調査員を配していたから、どの西側の人間よりもこの国について知ることができた。しかし、彼らは戦争への準備期間中、合州国のメディアから排除されていた。クリントン政府も、フォン・スポネックが制裁にかんして技術的な責任をもつ国連安全保障委員会に、市民への制裁効果について情報提供することを阻んだ。「バグダッドにいるこの男の仕事は働くことで、語ることではない」と、国務省のスポークスマン、ジェイムズ・ラビンは説明した。米英のメディアも当然のこと、それに同意している。フォン・スポネックは米英制裁の衝撃の記録を二〇〇六年に入念な報告書としてまとめているが、これも完全な黙殺を受けた(9)。

経済制裁は何十万もの死者を出し、市民社会を荒廃させた。一方、それによって暴君は力を増し、市民が生き残るためには彼に頼らざるをえないという状況を作り上げた。おそらくそのことによって、彼は米英およびその同盟国の血のルールで終末を迎えた他の多くの殺人者や拷問者たちの運命から免れることができた。チャウシェスク、スハルト、モブツ〔一九三〇～九七年。ザイール(現コンゴ民主共和国)の軍人・大統領〕、マルコスなどもその運命から免れたならず者の一隊であり、新しい名前が次々と加えられていく。国家暴力の擁護者はハリデイとフォン・スポネックが勧めたような、経済制裁による締め付けをゆるめてイラクに自らの運命を取り戻させるといったやり方を慎重に拒否したのだから、この国家暴力の擁護者が侵略に対して髪の毛一本ほどの正当化をでっち上げようとしても、無理である。

インドネシアのスハルト将軍は「われわれの仲間」(クリントン政府がワシントンでの歓迎時に上

機嫌で彼をこう呼んだ）である。彼に対する強力な支援も一九九〇年代を通じて一貫して続いた。スハルトは一九六五年、「驚くべき大量虐殺」の指揮を執って政権に就いて以来、西側にとっては特別のお気に入りとなった。『ニューヨーク・タイムズ』はこの事件を「アジアの一閃の光」と報じ、権力の座に就いた「インドネシア穏健派」を困らせないようワシントンが自らの重要な役割を隠し続けていることを賞賛した。ＣＩＡがヒトラー、スターリン、毛沢東になぞらえたほどのこの大量虐殺ののち、西側の一般的反応はあからさまな喜びを示した。スハルトは西側が行う搾取のために自国の富を開き、世界で最悪の人権記録を作り、モブツをはじめ西側のお気に入り諸国をもしのぐ腐敗の世界記録を樹立した。そのかたわら、七五年には元ポルトガル植民地の東チモールを侵略し、二〇世紀後期では最悪の犯罪をなした。住民のおそらく四分の一が殺され、国土が荒らされた。彼は最初から合州国の決定的な外交・軍事援助によって利益を受けていた。英国や他の西側強国もこの事実上の虐殺を支援することで何がしかの利益を求め、七八年、蛮行はピークに達した。米英による武器の提供と悪辣極まる対反乱部隊の訓練は変わりなく続き、九九年にはＮＡＴＯ軍空爆前のコソボをはるかに上回る残虐行為がふたたび増大した。オーストラリアはこうした状況についての一番詳しい情報をもっていたのに、最も血を好むエリート部隊の訓練に積極的に参加した。

一九九九年四月、きわめて残虐な一連の殺戮があった。リキサ〔東チモール北海岸の美しい町〕では教会に避難した少なくとも六〇人が殺された。合州国は直ちに反応した。太平洋司令官、デニス・ブレア将軍は、蛮行を指揮したインドネシア陸軍のトップであるウィラント将軍と会い、合州国の支援と援助を保証して新しい訓練派遣団の投入を提案した。彼らはたびたび接触している。きわめて信頼できる教会情報の推定によれば、二月から七月一杯にかけて東チモールでは三〇〇〇〜五〇〇〇もの人々が殺されている。

一九九九年八月、東チモールの住民は国連監視下の住民投票において圧倒的に独立支持を表明したが、これは実に勇敢な行動であった。一方、これに対してインドネシア陸軍と準軍事組織は首都ディリを破壊し、攻撃を逃れた数十万人の住民を丘に狩り立てた。合州国と英国は平然としていた。新聞は、「［ワシントンは］インドネシアの将来の軍事リーダーに対する長期育成とこの国に対する数百万ドルの軍事援助の価値」を自賛したと報じた上で、インドネシアその他の地域に対するさらなる援助を促した。ジャカルタ駐在のある外交高官はずばりと言った。「問題はインドネシアであって東チモールではない」。ディリの残骸がくすぶり、追い立てられた住民が丘で飢えているとき、米国防相ウィリアム・コーエンは、九月九日、合州国の公式の立場をこう繰り返した。占領地東チモールの問題は「インドネシア政府の責任であり、われわれは彼らからこの責任を取り上げるつもりはない」と。

その数日後、内外から（その多くは有力な右翼カトリック）強烈な圧力を受けたクリントンが直ちにインドネシアの将軍たちにゲームは終わりだと告げると、彼らは即刻撤退した。そしてオーストラリアの指揮するPKF（国連平和維持軍）が抵抗勢力のいないこの国に入ることをクリントンは許した。教訓は明白この上もない。今から四半世紀前に起こった一連の侵略と事実上の大量殺戮——これを止めさせるには、ジャカルタへの空爆も、経済制裁も、一切何も必要とはしなかった。ただ犯罪に積極的に加担することを避ければ良かったのだ。しかしながら、この教訓は、明らかに教義上の理由で、まったく活かされることはなかった。驚くことに、一九九九年九月には同様の侵略が人道的介入の見事な成功例として再現された。そしてそれが、「文明国家」が作り出す魅惑的な「新たな規範」の証拠とされたのだ。全体主義の国家でさえ、似たようなことをやれるなどとはとても思えない。

これにかかわる英国のインドネシアでの犯罪歴はさらに一段と異様だ。労働党政府はこの国に一九九九年九月二三日までホーク・ジェットを引き渡し続けた。この日付は、ＥＵ（ヨーロッパ連合）がインドネシアに経済封鎖を課した二週後、オーストラリアのＰＫＦがこの国に上陸して三日後のことであり、しかもこれらの飛行機が住民投票前の威嚇作戦の一環として東チモール上空を飛んだあとである。新生労働党政権下の英国は、アムネスティ・インターナショナル、インドネシア反体制派、東チモールの犠牲者などからの強い抗議にもかかわらず、インドネシアに対する主要な武器供給者となった。新「倫理外交政策」の立案者である英外相ロビン・クックの説明によると、武器の供給が適切である理由はこうである。「わが政府は、合州国や他のどの国でもそうであるように、自国の産業基盤の戦略的部分である強い防衛産業の維持に責任がある」。のちにトニー・ブレア首相も同様の理由で、ムガベ〔一九二四年〜。八〇年、ジンバブエ首相。八七年から大統領〕が何万人もの死者を出したときに使われた内戦用ホーク戦闘機のジンバブエへの部品売却を承認した。それでもまだ、この新倫理外交はサッチャーのときよりもましだった。サッチャー時代の防衛調達相アラン・クラークはこう言明していた。「私の責任はわが国民に対してのものである。外国人の一団が他の一団に何をしようと、私はまったく意に介さない[10]」。

ごく一部の例だけを挙げたが、こうした前歴にもかかわらず、立派な西欧の知識人たちは一斉に人道的介入の新時代の幕開けを喜び、自分自身と自分たちの「文明国家」を賞賛し始めている。新しい時代は「保護する責任」に導かれ、「原理と価値観」だけに献身し、ひたすら「非人道を終わらせようとする理想主義的新世界」に向かうべく、「愛他主義」と「道徳熱」から行動する。時代は今や、「気高い輝き」をもつその外交政策の「高貴な局面」にある。

知識人による自己賛美の合唱はさらに、他者の罪に適切に対処できなかった西側を非難する（同時に自身の罪に触れることは念入りに避ける）新しいタイプの文学作品を生んだ。そうした非難の仕方は勇敢かつ大胆であると誉められた。これに類する作品ならペレストロイカ以前のクレムリンでも歓迎されただろうと、あえて気づこうとする者はまずいなかった。その最も顕著な例が、ピュリツァー賞受賞作で好評さくさくの『地獄からの問題―アメリカと大量虐殺の時代』である。著者サマンサ・パワーはハーバード大学ケネディ校・カー人権政策センターに属している。もっとも、彼女が合州国の罪のすべてを回避しているとみなすのは公平ではない。罪があちこちに散らばっていることにもさりげなく触れてはいる。しかし、それは他の関心事との関係で付随的に説明する場合がほとんどだ。ただ、パワーは一つの明白なケースである東チモールについてだけはあえて正面から取り上げている。彼女によれば、ワシントンはあそこで「目をそらした」。つまり、ワシントンは侵略を正当と認め、インドネシアに対反乱用の新しい装備を供給した。国連大使ダニエル・パトリック・モイニハンが国連勤務時代の回顧録で誇らしげに述べているように、ワシントンは侵略と大虐殺防止において国連を「まったく無力な」存在にし、先ほど少し触れたように、さらにそのあと四半世紀にわたり決定的な外交・軍事援助を与え続けてきたのだ。

まとめて言えば、ソ連崩壊後、西側強国の政策は戦術的修正を少々施しただけで継続された。しかし、新たな口実が必要だった。人道的介入という新しい規範はその要請におあつらえ向きだった。必要なのはただ一つ、過去に犯した恥ずべき犯罪歴については、ほとんど変化することのない社会や文化といったものを理解する際には不適切なものとして脇に除け、同じ犯罪が今なお変わらずに続いているという事実を隠蔽することだけだった。罪に対するこうしたお決まりの口実が崩れれば、一挙に難題が降りかかり、それほど大きなものでなくとも、頻々と難しい事態は起きるものだ。この場合の標準的な反応は、タキトゥスの格言に従うことである。「罪が明るみに出たら、図々しさに逃げるしかない」。過去と現在の罪を否定するわけにはいかないが、そのドアを開けたら、重大な過ちとなる。むしろ、過去は消し去り、現在は無視して、輝かしい新しい道を歩むのが良い。遺憾ながら、ソ連後時代の知的文化の主だった様相を公平に解釈すれば、そうなる。

とはいえ、西側には新しい壮大さを例証できるわずかな実例でも見つける必要があったというべきか、少なくともこしらえることが急務だった。選択された幾つかの例は実に驚くべきものだった。決まって引き合いに出される一つは、東チモール住民を救出するために用いられた一九九九年半ばの人道的介入である。「図々しさ」ということばはまだこの実践には使われていないが、ことは楽々と進み、かつて現実的国際関係理論の創始者ハンス・モーゲンソーが「権力者への順応的追従」と呼んだものを、ここではもう一度実証することになった。うまくいったあとは、次へと進むことになる。

他にも幾つかの例、やはりその「図々しさ」では印象的な例が試みられた。お気に入りの一つが、一九九五年のクリントンによるハイチ軍事介入である。ハイチでは九一年に最初の民主的選挙で選ばれたジャン＝ベルトラン・アリスティド大統領が就任数カ月後に軍事クーデターによって倒されたが、そのクーデターが引き起こした過酷な恐怖政治を実際に終わらせたのが、この合州国の軍事介入である。しかし、自己イメージを守るために、ワシントンは不都合な真実を隠す必要があった。前任者ブッシュ一世政府は、憎まれていたアリスティド体制を弱らせるべく、すでに実質的な活動に努め、軍事クーデターへの期待をもって準備をしていた。そのためクーデター後は直ちに方向を転じ、軍事政府と金持ちの支持者たちを援助したのだ。これはOAS（米州機構）による経済封鎖に違反するものだったが、『ニューヨーク・タイムズ』の好みの言い方では「微調整」であって、「ハイチ国民の利益のために合州国との取引を例外とする」ものであった。軍事政府との取引はクリントン政権下で拡大し、テクサコ〔アメリカの大石油資本〕は軍事政府への石油供給を認められることとなった。テクサコは選ばれて当然だった。一九三〇年代後半、経済封鎖と合州国の法律に違反してスペインのフランコ政権に石油を供給したのがテクサコだった。ワシントンは、当時の左翼の新聞が何を報じていたかは知らないと言い張ったが、あとになってから、もちろんずっと知っていたと密かに認めた。

　一九九五年までにクリントンは、ハイチ人の拷問が長く続きすぎたと感じ、軍事政府を倒し、選挙による政府の再建を図るために（ただし、急進派によるハイチ経済を確実に破壊するという条件で）海兵隊を送り込んだ。これにより再建された政府は、合州国の輸出と投資に障壁を設けないという厳しい新自由主義的な計画を受け入れざるをえなくなった。ハイチの米作農家は十分効率的であったのに、たっぷりと補助を受けている合州国のアグリビジネスには太刀打ちできず、予想通りつぶされた。また、ハイチでは順調な小規模企業が鶏肉を生産していたが、アメリカ人は色の濃い肉を好まないので、合州国の鶏肉関連巨大合弁企業はそれをよその国に安売りさせたがった。巨大合弁企業はメキシコとカナダに輸出を試みた。しかし両国ともよく機能している社会であるから、この不法なダンピングを予防することができた。結局ハイチはどこからも守られず、この小産業もつぶされてしまった。話にはまだ続きがあるが、それらはさらに一層醜悪なものなので、振り返るには及ばない。[11]

とどのつまり、ハイチはおなじみのパターンに陥り、まずフランスによって、次に合州国によって、これまでハイチ人が虐げられてきた歴史の中でもとりわけ不面目なケースとなる。その理由の一つは、西半球で最初の自由人の自由国家になろうとしたことへの罰なのだ。

合州国によるそれ以後の自己正当化の試みはそれほどうまく運ばなかったが、ついに一九九九年、コソボが水門を開けることによって、救われた。自己祝賀がほとばしるレトリックの波は抑えようのない洪水と化した。

コソボのケースは、千年紀末にクレッシェンドに達した合州国の自画自賛を支え、また、一方的介入権を主張する西側の正当化の論理を支えるのにきわめて重要な意味をもつ。それは意外でも何でもない。NATO軍のコソボ空爆には厳密な基本路線があった。

この教義は、空爆が終わったとき、ヴァーツラフ・ハヴェル〔一九三六年〜。チェコの劇作家。八九〜九二年、チェコスロバキア大統領。九三〜二〇〇三年、チェコ共和国初代大統領〕の雄弁な演説によって表現された。合州国リベラル左派の知的一流雑誌『ニューヨーク・レビュー』は、NATO軍の空爆を支持すべき理由の「筋道の立った説明」をハヴェルに求め、彼のカナダ議会での演説、「コソボと民族国家の終わり」を掲載した（一九九九年六月一〇日）。『レビュー』の指摘では、ハヴェルの考えはこうである。「ユーゴスラビア戦争は国際関係の画期である。初めてコソボのアルバニア人という民族の人権が明確な形で重んじられた」。ハヴェルの演説はコソボ介入の意味と重要性を強調することで始まる。彼は次のように語る。われわれはついに「民族国家の終わり」を目撃する真の啓蒙時代に入りつつあるのかもしれない。民族国家は過去においてはいつでも通用していた「各民族共同体の歴史の頂点と、その地上における最高の価値」ではもはやなくなるだろう。「民主主義者世代の啓蒙のための努力、二度の世界大戦の恐ろしい経験［…］そして文明の発展が、ついに人類を、人間が国家よりも大切であるという認識に到達させた」。コソボ介入がそれを明らかにしたと。

空爆が正しかったことのハヴェルの「筋道の立った説明」は、さらに次のように続く。「道理のわかる人間なら否定しようのないことがある。これはおそらく「国家利益」の名においてではなく、むしろ原理と価値観の名において戦われた最初の戦争である。［ＮＡＴＯは］他者の運命への関心から戦っている。まともな人間なら、国家による他の民族への組織的殺戮を見過ごし、黙って見ていることなどできないから、戦っている。［…］同盟は良心の声と法的文書が命じるとおり、人権尊重の念から行動した。これは将来のための重要な前例である。民族を殺し、彼らを住まいから追い出し、拷問し、彼らの財産を略奪するのは、まったく許されないと、明白に言明された」。

感動的なことばではあるが、彼の真意をさらに明確にして、多少修正を加えた方が良いかもしれない。一つだけ挙げれば、空爆のような行為を寛大に見ようとするだけでなく、空爆の結果さらに激しい怒りが生じてくる――たとえばＮＡＴＯ内部、トルコで――ことに留意しながら、その行為に多大の貢献をすること、そして必要ならば、もちろん率先してその指揮を執ることが許され、義務にさえなっているという事実だ。

ハヴェルは一九九〇年、エルサルバドルで彼の仲間とも言うべき反政府派が残酷に虐殺された直後に（そして合州国がパナマに侵攻して殺戮と破壊を行った直後に）アメリカ両院議会で演説を行ったが、彼はそれ以来、格別に称えられる世界問題解説者となった。指導的知識人である六人のイエズス会士と何万人もの市民を虐殺した殺害者集団を訓練する、武装した「自由の守り手」（合州国）を賞賛することで、彼は割れんばかりの喝采を浴びた。そしてハヴェルは、「［この守り手は］権力が当然もつべき責任を理解した」として誉め、中米におけるレーガンの対テロ戦争や、一五〇万の隣国人を殺した南アフリカに対するレーガンの支援、その他レーガンが行った数々の輝かしい支援にならって、これからも「政策よりも道徳」を優先させるよう促した。われわれの行動のバックボーンは「責任」でなければならないとハヴェルは議会に教えを垂れた。「自分の家族、自分の祖国、自分の会社、自分の成功よりも気高い何かに対する責任」だそうだ。

　この演説はリベラル派知識人に熱狂的に迎えられた。『ワシントン・ポスト』の編集者たちはこう明言した。ハヴェルによるわが国の高貴さについての賞賛は、彼の祖国〔チェコスロバキア〕が「ヨーロッパの知的伝統」の「最良の源」であることを告げる「この上なく立派な証拠」であり、「［彼の］良心の声は、大国と小国とが互いに負うべき責任について有無を言わせぬものがある」と。リベラル派の最左翼にいたアンソニー・レーヴィスは、ハヴェルのことばは「われわれがロマンチックな時代に生きている」ことを思い出させると書いた。その一〇年後、レーヴィスはまだ反体制派の周辺にとどまっていながら、セルビア空爆をめぐるハヴェルの雄弁な議論に感動し、確信した。ワシントンが弁じる大義とそれが示す「国際関係の目印」についての最後の疑念を、ハヴェルは一掃したのだと。

　基本路線は厳密に守られた。最近の例を少し引用すれば、コソボ独立に際して『ウォール・ストリート・ジャーナル』が書いた記事は次のとおり。「コソボのアルバニア系多数派を追い出すという独裁者スロボダム・ミロシェビッチ〔一九四一～二〇〇六年。セルビアの政治家。八九～九七年、セルビア大統領。九七～二〇〇〇年、ユーゴスラビア大統領〕の野蛮な企てを阻止するために、一九九九年に行われた合州国主導の空爆作戦でセルビアの警察と軍はコソボから追い出された」（二〇〇八年二月二五日）。また、フランシス・フクヤマは『ニューヨーク・タイムズ』紙上で、「イラク壊滅の結果として［…］合州国のような強国は人権を擁護し、民主主義を促進するために力を行使すべきである」と述べ、われわれは一九九〇年代のコソボでの重要な教訓を忘れてはならないと促した（二〇〇八年二月一七日）。つまり、「コソボのアルバニア人への民族浄化を初めて阻止したのはNATO軍によるセルビア本国への空爆だった」ことは決定的に明らかだという主張である。リベラルな『ニュー・リパブリック』誌の編集者たちはこう書いた。「［ミロシェビッチは］彼のお気に入りの道具である大量追放、組織的レイプ、殺戮を用いて［コソボを］沈静化し始めた」が、幸い西側がこの犯罪を許さない。「そこで一九九九年三月、NATO軍による空爆作戦が開始され」、「大量殺戮とサディズム」を終わらせた。「悪夢はごく簡単な理由でハッピーエンドとなる。西側がコソボの人々を救うために軍事力を行使したのだ」（二〇〇八年三月一二日）。編集者らはさらに付け加えてこう書いた。「二〇世紀最後の大規模犯罪にふさわしい当然の帰結」を祝うことなく「コソボの首都プリスチナで繰り広げられたあの光景に心動かされなかったのは、おそらくクレムリンの役人根性の持ち主だけだったろう」。サマンサ・パワーの場合はそれより冷静ではあるが、ありきたりな言い方で、「セルビアの残虐行為は当然NATOの行動を引き起こした」と述べている。

幾つかの例を引用するだけでは誤解を招きかねない。何しろこの教義は、実質的な全員一致と並々ならぬ感情、あるいはもっと適切な言い方をすれば、「悲嘆」のもとで主張されてきたのだから。『ニュー・リパブリック』誌の編集者らによる「クレムリンの役人」への言及は適切ではあるが、彼らの意図とは無関係にぴったりと当てはまる事象もある。ごく少数の人々は、正しい資料に基づく反論の余地のない記録をまとめる努力をしたが、それらは強烈な反発を食らうか、さもなければ単に無視されることになったのだ。

コソボにかんする記録は例外的に豊富である。完璧な西側情報筋からの事実は明白、確実であり、広範な資料に基づく。そこには空爆正当化のために公開された二つの重要な米国務省編集資料や、OSCE（欧州安全保障協力機構）、NATO、国連その他の一連の資料、あるいは英国議会の調査資料も含まれる。とりわけ、合州国大使リチャード・ホルブルックが一九九八年一〇月に停戦交渉を行った際、OSCEコソボ検証使節団（KVM）の監視員が作成した報告書はきわめて有益である。監視員は翌年三月二四日の空爆に備えてこの月の一九日に（セルビアの反対を押し切って）コソボから引き上げたが、彼らは交渉の数週間後から引き上げまでの期間、定期的に現地報告を続けた。

しかし、これら資料の記録は、人類学者が「儀式的忌避」[12]と呼ぶやり方で扱われている。それには十分な理由がある。曖昧さを許さない明白な事実は「基本路線」をずたずたにする。つまり、もし西側の資料を正しく扱ったなら、「セルビアの残虐行為がNATOの行動を引き起こした」という通例の主張は、NATOの行動が（予測通りに）セルビアの残虐行為を引き起こしたという明白この上もない事実によって、引っくり返されてしまうからだ。

西側の資料記録からは、コソボが空爆の前からひどい場所であったことがわかる――ただし、残念ながら世界の他の場所と比べればそうでもないが。資料によれば、およそ二〇〇〇人がNATO空爆の前年に殺されたと報告されている。残虐行為は、アルバニア側から攻撃するKLA（コソボ解放軍）と、反対側のFRY（ユーゴスラビア連邦安全保障軍）の双方によって行われた。OSCE報告はこの点を次のようにまとめている。「対立の応酬はたいがい次のようになる」。KLAがセルビア警察と市民を攻撃し、「FRY機関が不釣り合いな応酬をし」、「KLAがまた動き出す」。西側同盟中、最もタカ派である英国政府は、関連期間中の残虐行為の責任は、合州国が一九九八年にすでに「テロリスト組織」と断罪しているKLAの側にあるとした。九九年三月二四日、空爆が始まったとき、英国の防衛相ジョージ・ロバートソン、のちのNATO事務総長は、下院に次のように知らせた。九九年一月半ばまでの期間については、「KLAはセルビア軍当局よりも、コソボでのより多くの死者に対して責任がある」と。私は自著『新世代が線を引く』〔緒言原注(10)〕の中で、ロバートソンが語った証言を引用して、彼は間違っているに違いない、力関係を見ればその判断はまったく信用できないと書いた。しかし、英国議会の資料によれば、ロバートソンの判断は外相ロビン・クックによって確認され、クックは九九年一月一八日の下院において、KLAは「FRYよりも多くの停戦違反を犯し、この週末までに発生した、より多くの死者に対して責任がある」と述べるに至った[13]。

ロバートソンとクックは死者四五人の報告がある一九九九年一月一五日のラチャク虐殺〔ラチャク村（コソボ）の村民虐殺の責任がミロシェビッチにあるとされ、NATOの軍事介入のきっかけとなった〕についても言及しているが、西側の資料ではラチャク虐殺から三月一九日のKVM監視員引き上げまでの構図に著しい変化はない。つまり、この虐殺を考慮に入れても（あるいは実際に起こったこの虐殺を無視するとしても）、ロバートソンとクックの出した結論が一月半ばまで大体有効であるとするなら、それはNATO空爆の告知日〔三月一九日〕までやはり有効だったとみなされていることになる。これらの問題を考える際の数少ないまともな研究の一つ、ニコラス・ホイーラーによる入念で堅実な研究によれば、セルビア人は空爆前年に報告された五〇〇から二〇〇〇の死者に対して責任があると算定されている。それに対して、バルカンの専門家でピッツバーグ大学ロシア・東欧研究センター長ロバート・ハイデンの指摘では、「戦争当初三週間のセルビア市民死傷者は、この戦争に至るまでの三カ月間に発生したコソボにおける両者の死傷者合計を上回るのに、それでも戦争勃発までの三カ月の方が人道的な大災厄とみなされた(14)」。

合州国報道筋の報告では、KLAは「セルビア側の残虐行為を挑発して、NATOを自らの独立戦争に引き込もうと意図した」。同じく、合州国国連大使ホルブルックの注釈では、KLAは武装した野蛮なセルビアの反応を期待して、「西側を危機に巻き込もうときわめて挑発的な段取りを進め」ようとした。実際、KLAの指導者で現在コソボ首相のハシム・タシは、BBCの聞き取りにこう答えている。KLAがセルビアの警官を殺したとき、「われわれは市民の生命、多数の生命を危険にさらすだろうと思った」が、それでもわれわれの行動は、予測されたセルビアの復讐によって価値あるものになったのだと。KLA軍指揮官アジム・シェクもまた自慢げに言う。KLAは勝利の一翼を担っている、なぜなら、激しい報復を引き出すために攻撃に踏み切ることで、「結局、KLAはNATOをコソボに連れてきたのだから」と。

そのような状況が続く中でNATOは、FRYによる現地での激しい反応が「完全に予測可能」なものであることを知りながら、空爆を開始した。のちにウェズレイ・クラーク司令官は報道陣に対して、合州国首脳部には早くから、空爆は重大な犯罪を導くだろうが、ＮＡＴＯにはそれを防ぐ手立ては何もないと告げていたことを明かした。事実はそっくりクラークの予測通りになった。新聞の伝えるところでは、三月一九日に監視員が空爆に備えて引き上げたときにはすでに、「セルビア人はＫＬＡの本拠を攻撃し始めていた。そして、彼らの攻撃は、三月二四日のＮＡＴＯ軍によるユーゴ空爆の夜に激しさを増していった」。監視員の撤退以前の状況下では、コソボ住民の中で避難を余儀なくされた者の数は減少していた。しかし、撤退後にふたたび二〇万人に増えた。空爆以前および空爆後の二日間について、ＵＮＨＣＲ（国連難民高等弁務官事務所）は避難民にかんして何も報告していない。ＵＮＣＨＲが難民の数を日付ごとに調べ始めたのは、空爆開始後一週間経ってからである。

要するに、ＮＡＴＯ幹部は、空爆の動機がコソボにおける大規模な残虐行為への対応のためではなく、逆に残虐行為を引き起こすためであることをよく理解していた。それはまさに予期されたことだった。しかも、空爆が始められるとき、二つの外交的選択肢が提案されていた。ＮＡＴＯの提案とＦＲＹの提案である（後者については西側では実質的に例外なく秘せられていた）。空爆の七八日後、ようやく両者の歩み寄りが成った。そうであるなら、事前に平和的な決着を図って、ＮＡＴＯ空爆に対する予測された反応としての恐ろしい犯罪も防げたはずなのだ。

ミロシェビッチについては、ＮＡＴＯ空爆中にコソボでの戦争犯罪にかんして告発状が出されたが、これが空爆正当化の主張の言い訳にはならない。この告発は米英の情報に基づくもので、ＮＡＴＯ空爆中になされた犯罪に限られている。唯一の例外は一月のラチャクの虐殺である。サマンサ・パワーは従来流布している説をなぞって、「クリントン政府の高官たちは憤慨し、激怒した」と書いている。

しかし、クリントンの高官たちが憤慨したり、激怒したとはとても信じられない。気にかけたとさえ思えない。過去になされたひどい犯罪に対する彼らの支援もさることながら、ラチャク後の東チモール、たとえばリキサにおける虐殺に対する彼らの反応を考えてみるだけでもよくわかる。クリントンの高官たちは、ラチャクよりはるかにひどい犯罪がリキサで行われる中、逆にこの一連の大量殺戮への加担を一層強めたのだ。

ホイーラーは、殺戮の責任比率に関する信頼できる結論を導いたにもかかわらず、NATO空爆を支持している。その理由は、もし空爆がなければ、さらにひどい残虐行為があったからだという。空爆を行えば残虐行為を導くという予測の中で、NATOはさらなる残虐行為を予防したのだと。

これが真面目な研究家による一番強力な論拠なのである。この事実そのものは、空爆の決定にかんして十分多くのことを語っている。とりわけ、あのとき外交的選択肢があったこと、空爆後に交わされた合意が両者の歩み寄りによってなされたことを思い返せば、そう言える。

コソボのアルバニア人を追い出すという、本当かどうかが疑われるセルビア側の計画なるもの、「蹄鉄作戦」を持ち出して、この種の論拠を支持しようと試みた者もいる。この作戦は、クラーク司令官が証言したように、NATO司令部の知らないもので、それだけでも論外である。空爆という暴力による犯罪を、あとから見つかった証拠で正当化するわけにはいかない。作戦は報道筋による偽造らしいと暴露されたが、それはどうでもいい。ほぼ確かなのは、セルビアが他の国と同様、緊急事態に備えてそのような作戦を立てていたということだ。しかし、これについては合州国だって、確率の低い万一の場合に対してさえ、身の毛もよだつような緊急計画を立てている。

ＮＡＴＯ空爆を正当化するさらなる驚くべき議論、それは、この空爆の決定が一九九〇年代初期に発生したスレブレニツァ〔一九九五年七月、セルビア人によるボスニアのムスリムの虐殺。八〇〇〇人が殺されたと言われる〕その他での残虐行為の影におびえて下されたというものである。だが、もしこの議論に従えば、ＮＡＴＯは東チモールでの恐るべき残虐行為の影におびえて、インドネシア、合州国および英国への空爆に向かうべきだったということになるだろう。セルビアに対する空爆の決定がなされていたとき、東チモールでは残虐行為が拡大しつつあったが、合州国と英国にとっては、そんな行為など彼らの犯罪ヒットチャートのごく小さな一部でしかなかったことに注目したい。

藁をもつかむ絶望的な議論の試みとしては、ヨーロッパは自分たちの国境すぐ近くで生じている空爆前の残虐行為に我慢できなかったのだというものもある。しかし、ＮＡＴＯは我慢できないどころか、すでに指摘したように、同じ時期に、まさにＮＡＴＯの内部、トルコで生じたもっとひどい残虐行為を強力に支援したのだ。

もはや残りの暗い記録に目を通すまでもないが、犯罪的暴力手段を正当化する根拠がこれほど薄弱であったケースなどちょっと思いつかない。しかし、絶対的正義とその行為の高貴さは、しごく当然ながら、信仰の教義へと向かう。千年紀末を飾る自己賛美の合唱を正当化するのに、また、「新しく生まれた規範」を支持するのに、これ以上のものが他にあるだろうか。この規範は、理想主義的「新世界」とその同盟国の指導者に対して、「正しいと信じる」ところで力を行使するよう権限を与えるそうだ。

ＮＡＴＯ空爆の根源的な真の理由について推測しようとする人々も一部にはいる。高い評価を受けている軍事史家アンドリュー・ベイスビッチは、人道主義的な主張を退けてこう断言する。セルビアへの空爆はボスニア介入と同様に、「NATOの結束とアメリカの力に対する信頼性」を保証するために、そしてヨーロッパに対する「アメリカの優位を維持する」ために行われたと。また、もう一人の尊敬すべき研究家マイケル・リンドはこう主張する。「コソボ戦争の重要な戦略的目的は、この戦争が「合衆国支配によるNATO同盟国」という枠内を越えてなされる独立した防衛政策の展開ではないことを、ドイツに示し、ドイツを安心させることだった」。もっとも、どちらの著者も結論の根拠は示していない。(15)

しかし、クリントン政権の最高レベルから出た確実な証拠が存在する。戦争中の外交責任者ストロブ・タルボットが同僚ジョン・ノリスによるこの戦争にかんする本に寄せた序文である。(16)タルボットいわく、「[当時、戦争に]巻き込まれていたわれわれ当事者にとって事件がどのように見られ、感じられたか」を知ろうとするなら、ノリスの報告に向き合うべきであると。この本は、「自ら事件の大部分の目撃者である著者が、多数の体験者の記憶がまだ新しいうちに、彼らに対する掘り下げた長いインタビューを行ってまとめ上げたもので、ほとんどの外交文書に接しえた者のみがもたらしうる直接情報」に基づいている。ノリスは明言している。「NATOの戦争の最も正しい解釈は、当時の外交的・経済的改革のより広い流れにユーゴスラビアが抵抗したことであって、コソボ・アルバニア人の運命とは無関係なものだった」。NATO空爆の動機が「コソボ・アルバニア人の運命」でなかったことは、すでに膨大な西側資料で明らかになっていた。空爆の本当の理由は、クリントン政権とその同盟国による外交・経済計画に対して、ヨーロッパでユーゴスラビアだけが反対したためであった。このことを最高レベルの情報源から知るのは興味深い。ただし、言うまでもないことだが、この重要な暴露もまた正規の文書からは外されている。

このように検討していけば「人道的介入の新基準」は崩れ去るが、「保護する責任」という残渣はまだ消えない。リベラル派の解説者ロジャー・コーエンはコソボ独立宣言に拍手を送り、「小さなコソボの物語はより深いレベルでの主権概念の変化の物語であり、世界の新しい幕開けを告げるものである」と書いた（『インターナショナル・ヘラルド・トリビューン』二〇〇八年二月二〇日）。NATO軍のコソボ空爆は「人権が国家主権の狭量な主張を超えた」ことを証明した（コーエンは国際政治学者トマス・ワイスを引用している）。コーエンは続けて、この成果が二〇〇五年の国連世界サミット（世界首脳会合）で承認され、「保護する責任」（R to PまたはR2P＝Responsibility to Protect）として採択されたと言う。コーエンによれば、これは、「国家がその国民を保護する能力がないか、もしくはその意思がないとき、またその国家によって人道に対する罪が犯されたとき、国際共同体はこれに介入する義務があり、必要ならば最後の手段として軍事力をも行使できるという考えを正式に認めた」ものである。したがって、「西側主要大国が認めた独立コソボは、事実上R２Pを支える考え方の最初の大きな成果である」。コーエンは次のように結論する。「世界の新しい幕開けは遅々たる歩みであるが、コソボからキューバまで、継続している」と。そして、NATO空爆の正しさは証明され、「非人道を終わらせるための理想主義的新世界」は「神聖な輝き」を放つその外交政策の「高貴な局面」に達したと。国際法教授マイケル・グレノンのことばでは、「コソボ危機は――国際法が存在するにもかかわらず――あくまで自分が正しいと思うことをするアメリカの意欲を例証している」事例だが、それでもその数年後に採択された「保護する責任」によって、国際法は「文明国家」の立場に合意することになったのだと。

しかしまだ少々問題が残っている。あの厄介な事実がいくつか残っている。二〇〇五年九月の国連世界サミットは、「NATO諸国には人権の保護のために武力を行使する権利がある」というNATO大国の主張を明確に却下した。逆に、サミットは、「[NATOのそうした行動を明らかに禁止する]国連憲章の関連条項は、国際の平和と安全保障に対するあらゆる脅威に対抗するには十分な内容である」ことを改めて宣言した。サミットはまた、「国連安全保障理事会が国際平和と安全保障を維持し、再建するために、憲章の目的と原則に従ってなされる強制的行動を委任できる権限」について再確認し、この点にかんして、「憲章の関連条項に即した国連総会の役割」を保証した。だから、安保理による委任がなかったという点では、NATOにセルビアを空爆する権利がなかったのは、サダム・フセインにクウェートを「解放する」権利がなかった以上に、より明白である。サミットは個々の国家、あるいは地域同盟に、人道的であろうと何であろうと、新たな「介入権」を認めていない。

サミットは二〇〇四年一二月に、多くの西側著名人を含む国連ハイレベル委員会の結論を承認している。この結論は武力行使にかんする国連憲章の原則を再確認したものだ。つまり、国家による武力行使が許されるのは、安保理の委任を受けるか、あるいは国連憲章第五一条に従って、安保理が行動を起こすまでの間において武力侵略を防ぐ場合だけに限られる。それ以外の武力の援用は戦争犯罪である。ニュルンベルク裁判の表現によれば、それはあらゆる悪を生む「これ以上ない国際的犯罪」である。委員会の結論は、「五一条は、これまでどおりの範囲で拡張も制限も必要としない、[…]修正や再解釈は許されない」というものだ。おそらくコソボ戦争を念頭に置いて、委員会はこう付け加えた。「このような対応に不満な者に対しては、こう答えるべきだろう。潜在的な脅威に満ちている今日の世界にあっては、これまで世界を支えてきた全体的秩序とその基となる非介入の規範を危うくする恐れがきわめて高く、したがって、共同で承認された行動から逸脱する一方的な予防行動の合法性は受け入れられない、と。そのような行動を一者に許せば、全員に許すことになるのだ」。

自称「文明国家」の立場の、これ以上明確な拒絶はないだろう。

委員会と世界サミットの両方が非西側世界の立場を承認した。その立場とは、二〇〇〇年の南側サミット宣言（G77宣言）で表明されたもので、間違いなくNATO軍によるセルビア空爆を念頭に置いた、「いわゆる人道的介入権」をきっぱりと拒否するものだ。このサミットは、世界人口の八〇％を占める非同盟諸国の運動では最もレベルの高い集まりとなった。しかしこのサミットはほぼ完全に無視された。人道的介入権にかんするこの結論が稀に短く取り上げられるときには、ヒステリーに近い反応を引き起こした。ケンブリッジ大学で国際関係論を教えるブレンダン・シムズもその一人である。彼は『タイムズ・ハイアー・エデュケーション・サプリメント』（二〇〇一年五月二五日）にこう書いた。ハバナで表明された自称「南側サミット（G77）」宣言に対する奇妙で無批判な尊敬の念は、腹立たしい限りであると。シムズによれば、彼らは人殺しや拷問者、泥棒をも含む「無分別な大衆」で、過去数世紀にわたり彼らの恩人であり続けた文明人とは明らかに異なる人々だそうだ。その文明人は、伝統的犠牲者たちの抱く世界認識がちょっとでも言及されるだけで、もう怒りを抑えることができない。しかし、この南側の新しい認識に対しては、人権を口実に暴力使用を擁護する西側の利己的宣言には明らかに矛盾するにもかかわらず、国連ハイレベル委員会および国連世界サミットによって強い支持を受けたのだ。

最後に問うべきは、人道的介入なるものがそもそも存在するのかどうかである。存在するという論拠に不足はない。二つの論拠がある。一つ目の論拠は、指導者たちの言明によって組み立てられる。どんな武力使用も気高い人道的意図にかかわる高尚なレトリックさえあれば正当化することができるのだ。これを証明するのはいとも簡単である。たとえば日本の対ゲリラ資料は、満州と中国北部に独立した「地上の楽園」を築くという日本の意図を雄弁に語っている。それらの地は、日本が無私無欲で住民を「中国の強盗」から守るために、おのれの血と富を捧げている場所だった。資料は国内用のものであるから、これを作成した多くの殺戮者と拷問者による真剣さを疑う理由はない。おそらく、一九四五年八月に降伏宣言した裕仁天皇が誠実であった可能性についても受け入れてもいい。彼は国民に語った。「われわれがアメリカと英国に戦争を布告したのは、他の国家の主権を侵害するとか、領土拡大に向かうとかいう考えではまったくなく、日本の自己保全と東アジアの安定化を確保するというわれわれの真剣な願いからであった」。ヒトラーがチェコスロバキアを分割したとき〔一九三八年、伊・英・仏による対ドイツ宥和政策として、ミュンヘン協定に基づきチェコスロバキア北部ズデーテン地方のドイツへの割譲が定められた〕、彼の宣言は西側の指導者たちに額面通りに受け入れられた。ルーズベルト大統領の腹心サマー・ウェルズが大統領に知らせたのは、ミュンヘン協定は「正義と法に基づく世界の新秩序を世界の諸国家が築くべく好期をもたらし」、そこではナチス「穏健派」が指導的役割を演じていくだろうというものだった。たとえ最悪の怪物たちでさえ、このように例外なく高潔な信条を表明するのが常なのだ。

二つ目の論拠は、たとえ動機が何であれ、有益な効果を上げた軍事介入によって組み立てられる。

それは、一〇〇％の人道介入でなくとも、少なくとも部分的にそれに近い行動として現れる。第二次世界大戦後の最も重要な二つの例証は一九七〇年代にある。一九七一年一二月、大量殺戮〔東パキスタンの自治を要求する人々に対するパキスタン政府による弾圧〕を終わらせたインドによる東パキスタン（現在のバングラデシュ）侵攻と、七八年一二月、クメール・ルージュ〔当時は、主流のポルポト派が率いていた武装革命組織〕の残虐行為がピークに達していたときに行われたベトナムによるカンボジア侵攻である。ただし、この二つのケースは西側の人道的介入にかんする原則的根拠の規範からは除外される。これらのケースは西側によって侵略がなされたわけではなく、したがって、国連憲章に違反して武力使用権を確立するという西側の目標には役立たないからだ。むしろ、より決定的なのは、二つの侵略とも、「非人道を止めさせるべき理想主義的新世界」から強烈な反対を受けたということだ。合州国は、悪者を威嚇するためにインド洋に空母を送った。ワシントンは、ベトナムがポルポトの残虐行為を理由にカンボジアに軍事侵攻したことを罪とみなし、これを「懲罰」するためにベトナムに侵攻した中国軍を支持することで、英国とともに、直ちにクメール・ルージュに対する外交・軍事援助に向かった。米国務省は議会に対する説明で、ポルポト体制の残り（民主カンボジア勢力）と東チモールにおけるポルポト同然の犯罪をなしたインドネシアの侵略者の両方を支援することにした理由さえ述べた。その注目すべき決定の理由とは、民主カンボジアはクメール・ルージュ体制と「継続性」があり、「フレテリン〔東チモールの抵抗勢力〕がチモール民族を代表する以上にカンボジア民族を代表している」からだという。この判断の根拠は説明されず、この決定は歴史から消去されている。

おそらく、純粋なケースの人道的介入も少しならあるだろう。しかし、最高レベルの正規の国際共同体が再確認した「無分別な大衆」の立場〔人道的介入権の拒否〕を真剣に考慮すべき十分な理由がある。その本質的な考え方は、一九四九年、国際司法裁判所の最も早い時期の裁定（全会一致の投票）が示している。「当裁判所はいわゆる介入権を力の政策の表れとしてしか見ない。その例は、過去においては最も重大な濫用に機会を与えてきたのであり、国際機関の欠陥がどうであれ、国際法に代わる地位を占めることはできない［…］、理の当然として、［介入は］最も強力な国々のためのものとなり、正義そのものの運用を歪める方向に容易に向かわせかねない」。この裁定は、南側、国連ハイレベル委員会、国連世界サミットが理解するように解釈するとすれば、「保護する責任」を妨げるものではない。

六〇年後の今、この裁定に疑問を生じさせる理由はほとんどない。もちろん、国連というシステムは疑いもなく重大な欠陥に苦しんでいる。最も深刻な欠陥は、安保理決議の主要な違反者にその主導権を握られていることである。決議違反をするための最も有効な手段は拒否権の行使であり、これは常任理事国の特権となっている。この四〇年来、国連が自らをコントロールできなくなってからは、あらゆる範囲の問題に拒否権を発動する国のトップは合州国であり、その同盟者たる英国が二番目、あとははるかに遅れを取る。しかしながら、こうした深刻な欠陥やその他の問題があるとはいえ、現在の世界秩序では国連に「保護する責任」の権限を与える以上にましな選択肢はない。それなのに、現実の世界でそれに代わる唯一の選択肢は、ブリクモンが雄弁に説明するように、「それが正しいと信じる」がゆえに力を行使する権利をもつと主張する、大国の「人道的帝国主義」に委ねられているのである。それはかならず、予測された通りに「正義そのものの運用を歪める」こととなるだろう。

（二〇〇八年四月）

序文

フランソワ・ウタール
（一九二五年生まれ。ベルギーの社会学者）

ジャン・ブリクモンのこの本は、現代の戦争と、その正当化のやり方に関心を寄せる科学者の、心の底からの反抗の声である。各国、各人を戦争に加担させようとするための論法に、著者はあえて別の見方を示し、その論法の欺瞞を暴く役割を果たしている。

実際今や、人権の擁護とか、人道的干渉権とか、テロリズムとの戦いなどを口実に、一方的な介入を正当化し、ついには予防戦争にまで至る状況にある。しかし、倫理的な論拠の陰には、政治的・経済的な要請が隠されている。スリランカでは、津波のあとの人道的援助によって、新自由主義的な流れが一挙に進んだし、イラクでは、国が占領されると同時に、経済が民営化し、外国資本が実権を握り、合州国のグローバル企業に特権が与えられることになった。

もっと広い見方に立って言えば、この手の行動を導いているのは、帝国主義である。それはイラクに居座り、石油資源を管理するだけでなく、全中央アジアに広がるより包括的な戦略を形成している。それはまた、アフリカ、南米における軍事基地の拡張とつながり、ロシアや中国の囲い込みとも無縁ではない。

ところで、こうした干渉を仕切っているのは、強者の利益である。西側は自分たちの価値観に腰を据えて、世界の他の地域におのれの秩序を押しつける。自分以外の連中が同じ論法で答えようとすれば、ニヤニヤ笑うだけだ。たとえば、キューバがヨーロッパ人に自国の刑務所を公開する際に相手にも同じことを要求するとき、あるいはモブツ元帥――資本主義陣営の経済政策を得意になって実行しているが、ユーモアのセンスもあるらしい――がベルギーのフーロン〔フランダース地方の町。住民のフラマン語・ワロン語問題を抱える〕に人権が尊重されていることを調査するコンゴ使節団の派遣を提案したときなど。

ジャン・ブリクモンは、干渉政策のホットな場所である、ユーゴスラビア、コンゴ、イラク、アフガニスタンの例をふんだんに引用する。そこでは何百万もの人命が奪われているのに、おためごかしの台詞を聞いて、誰も心が痛まない。さらにこれでは足りないとばかりに、別の果敢な活動もする。そこには民主主義の防衛もあれば、世界銀行が唱える貧困に対する闘いもある。この闘いは、各国の指導者が唱和して取り上げ、二〇〇〇年にはニューヨークの国連本部で「ミレニアム開発目標」を発表した。二〇一五年までに極貧状態を半分に減らすという。

こうした姿勢はどれも、偉大な原理を守れという旗印を掲げている。アメリカのネオコンたちのことばは、救世主の色合いさえ帯びている。だが、こうした原理というのは、人権であれ、民主主義であれ、人道的援助であれ、和解であれ、あるいは貧困に対する闘いであれ、すべて具体的な状況に活かされて、初めて意味がある。原理を抽象的に、絶対のものとして主張しても、経済的、社会的、政治的実践において、その原理の適用になっていなければ、それは単なるイデオロギー、つまり既成の社会関係を都合よく言い換える口実に堕してしまう。

ジャン・ブリクモンがなしとげたのは、さまざまな社会的対立の本当の次元をくっきりと浮き彫りにして見せたことだ。戦争の正当化のために使われている要因を、彼はずっと広い全体図、資本主義経済のグローバル化という図の中に繰り入れる。これは、元メキシコ国立大学学長で、社会学者のパブロ・ゴンザレス・カサノバが「武装した新自由主義」と呼んだものに他ならない。暴力が激しくなるほどに、イデオロギー生産も増大する。概念装置がすっかり変わってしまうのだ。今日、世界銀行もＩＭＦ（国際通貨基金）も、市民社会とか、参加型民主主義とか、社会正義などを誉め称えているが、実は、民衆と知識人が抵抗の中から生み出した概念を借用し、その意味を変え、自分たちの利益のために使っているにすぎない。

こうした干渉行動とその正当化は、たしかに現実の問題を基にして作り上げられている。人権侵害があり、自然災害があり、飢饉や極度の貧困がある。しかし、その解決のためにと言って、別の目標が具体化され、イデオロギー機能をもつありがたい話が繰り広げられていく。

人々の良識ある心を揺さぶり、政治の真相を告発するのは、良いことだ。それこそ倫理に叶う務めであり、そのためには、あえて激しい対立を高台から見る立場で、政治的・経済的分析をきちんと行わねばならない。ジャン・ブリクモンはわれわれが一歩踏み出すのに力を貸してくれる。

（二〇〇五年八月二六日）

人道的帝国主義

——民主国家アメリカの偽善と反戦平和運動の実像

まえがき

人間には政治行動に向かわせる感情が二つある。希望と怒りだ。本書は、ほとんど怒りから生まれたのだが、これを世に出す目的は、希望をはぐくむことだ。この怒りの源を理解していただくためには、最近二〇年の政治的展開について私なりの簡潔な見取り図を作成する必要があった。

ソビエト連邦の崩壊はナポレオンの失墜になぞらえることができる。どちらも、正当なものかどうかは別にして、理想を掲げ、ほどほどにうまくその理想を守りながら、最後にそれぞれ理想を裏切る結果をもたらした。両者の性格が複雑だったとしても、その転落の結果はわりあい単純であり、反動の全面的勝利へと導いた。今日、合州国が果たしている役割は神聖同盟(1)の役割と似ている。何もソ連(あるいはナポレオン)の崇拝者でなくとも、この事実は受け入れられる。私の世代、一九六八年世代は、ソビエト・モデルの不十分さを乗り越えようとしたのであって、その後の社会の大転換に献身する気など毛頭なかった。しかし実際には、われわれの大部分は完全に世の中に順応してしまった(2)。こうした挫折の原因を論じるには、何冊も本を書かねばならない。ただ言っておきたいのは、あまたある理由の一部についてはあとで触れるとして、わが世代の変身に私は付いていけなかったし、青春の幻滅と彼らが呼ぶもの、すべてではなくても少なくともその一部を、私は今も大事にしているということだ。

それはともかく、コソボ戦争が起きたとき、私は自分がまったく孤立していると感じた。右には、なぜフランスがセルビアと戦争しなければならないのか、なぜそうまでしてドイツと合州国を喜ばせようとするのかわからないレアルポリティーク（現実政策）信奉家がまだ存在していたし、左では、革命派、トロツキスト、コミュニスト、アナーキストの看板をなおも掲げる組織や、私が個人的に加わるのを避けてきた組織が、人道的戦争という考え方を一斉に支持していた(3)。

私はやむなく自分で文章を書いた。それは主にインターネットで流し、一部はあちこちで活字になった。当初、この本はこうしたテクスト類を集め、「ル・セルパン・ア・プリュム」社から出るはずだったが、そこが「ロシェ」社に買収され、スタッフが解雇されてしまったので、この企画はつぶれた(4)。しかし、これらの文章は喫緊のテーマに対応し、議論を呼ぶものであったから、私はさらに分析を進め、西側の干渉主義とそれを正当化する人道的理由に対して反論を加えて、一つにまとめることにした。本書の第一部〔第1章〜第8章〕をなすのがそれであり、第二部ではそれにかんするテクストをまとめた(5)。

アメリカの対外政策にかんする事実関係は簡単に触れているだけだが、この問題についての必要な情報はすべて、アメリカの著者たちの仕事を見ればわかるはずだ。彼らの本は次第にフランス語にも訳されている。主なものとして、ウィリアム・ブルム、ノーム・チョムスキー、ノーマン・フィンケルステイン、エドワード・S・ハーマン、ダイアナ・ジョンストン、ガブリエル・コルコ、マイケル・パレンティ、ジェイムズ・ペトラスなどによる著作が挙げられる(6)。

スタンダール・グルノーブル大学アメリカ学教授フランシス・マコラム・フィーリー氏には、二〇〇二年一月、彼の研究所「CEIMSA（アメリカ社会制度・運動研究センター）」で開かれた彼が主催するシンポジウムにおいて、本書で述べた私の考えの最初の形を発表する機会を与えていただき、とても感謝している。[7] フレデリック・ドゥロルカには、彼が「ル・タン・ア・スリーズ」社のためにまとめた編著『もう一つのアトラス』に序文を書くよう勧めてくれたことに感謝する。この序文と『アトラス』には、本書に共通したテーマが少なからず見られる。[8] ピエール・アスティエには、言わばインターネット上のゲリラ行為で始まった私の文章を、本の形にまとめるよう勧めてくれたことに感謝する。ジル・マルタンと「アデン出版」ご一同には、この企画を拾い上げ、成就させ、真に進歩的な考え方をよみがえらせようとし続けたその編集魂に感謝する。ジュリー・フランク、アンヌ・モレリ、マリイ＝アンジュ・パトリジオ、アラン・ソーカルには、この本のゲラ刷りを読み、コメントしてくれたことに感謝する。とりわけ、ダイアナ・ジョンストンには、本書を仕上げに際して授けてくれた貴重な助力とたえざる支援に感謝する。とは言え当然ながら、これらの方々が本書の中身に同意してくれているかどうかは別の話である。あまりに数が多いので、個々にお名前を上げるのは控えるが、参考文献や情報を教示してくれたすべての方々、また、扱われたテーマについて議論を交わしてくれた多くの方々にも感謝する。議論の際、私がつい熱くなりすぎたことをお許し願いたい。

追記（二〇〇九年）

本書の大部分は二〇〇五年に書かれた。そのあと、経済危機およびオバマの選出とともに、イラク、合州国の両方にいくつか変化が生じた。しかし、今度の危機によって、「アメリカ帝国は有害であるばかりでなく、存続不可能でもある」という本書の結論で示された考え方はさらに補強された。オバマの選出にかんして言えば、コソボ戦争時に始まった人道的帝国主義の問題がふたたび重要視されることになりかねない。実際、「安全保障」に力点を置く共和党に対して、民主党（およびヨーロッパ左翼）は人権の名の下になされる「愛他的」戦争を一番支持している。したがって、左翼版も含めた干渉イデオロギーの批判を目的としている本書は、今も現代的な意味を持ち続ける。

1　本書のテーマと目的

「資本主義世界のソビエト連邦に対する態度、英仏露三国協商のドイツおよびオーストリア - ハンガリー両帝国に対する態度、英国のアイルランドやインドに対する態度を考えるなら、現に権力を握る者が、自ら脅威を感じるとたちまち、どこまで残虐、陰険、野蛮になりうるかが、容易に察しられる。火を付けるのは宗教的狂信主義だとしても、かかる不幸を引き起こす最大の責任者は、権力をもった国にある。[…] 流血を最小限にとどめ、今ある文明の価値ある部分を最大限に残すように転換のときをうまく運ぶのは、難しい問題である。既成の世界で不当な特権を受けている側に、ある程度の穏健な態度と人道的な感情があれば、問題の解決に近づくと、私は考えたいところだ」。

バートランド・ラッセル(9)

本書のテーマと目的を説明するために、私はまず、ベルギーのエコロジー運動の重要メンバーの女性と最近会って話したことから始めたい。彼女は運動内部ではっきり左に位置している。私は彼女に尋ねた。一九八〇年代、この運動の初期は、まだ冷戦の最中で、非暴力による市民的防衛の考え方を支持していたではないか、どうしてエコロジストたちは、たとえばコソボ戦争やEUにかんして現在の態度を取るようになったのかと。彼女の答えによれば、平和主義はもう昔の話であって、個人的意見では、今起きている大量レイプをやめさせるために、アフリカへの介入を願いたいのだと言う。それから議論が続いたが、その中で彼女は、パレスチナ人を守るために介入すべきだし、三〇年代、ヒトラーに対しては予防戦争を行うべきであっと思う、とも述べた。

最近のアメリカの戦争（ユーゴスラビア、アフガニスタン、イラク）が起きた当初、ベルギー、フランス、スイス、イタリアの各地で、私は公私いずれの形でも度重なる討論に参加したが[10]、たえずこの種の反応に出会った。あらゆる傾向を含む左翼の陣営（エコロジスト、社会民主主義者、トロツキストなど）でもそうだったし、むしろこちらの方が多かったくらいだ。右や左の「極端派」も含めて、支配的論調の特徴の一つは、政治倫理は現在、いわゆる干渉という至上命令の完全支配下にあるという点にある。たえず要請されているのは、遠い国（チェチェン、チベット、コソボ、クルディスタン）で抑圧されている少数派の権利を守ること（そうした国について、たいがいの者はまず何も知らないことを認めるべきだろう）、キューバ、中国、スーダンにおける人権侵害に抗議すること、合州国に死刑廃止を要求すること、ムスリム国家で迫害されている女性を保護すること、パレスチナの抵抗を支持すること、あるいはまたアマゾンの森林を救うことだ。人道的介入権はあまねく認められているばかりか、「介入義務」になっていることもある。国民国家の内部で犯される罪を裁くための国際裁判所を急いで作る必要がある、そう強く主張する人がいる。世界は一つの村となったのだから、そこで起こることは何であれ無関心でいるわけにはいかないと。「自分の庭を耕そう」〔ヴォルテール『カンディード』の中のことば〕と言う人の知恵は、時代遅れで、反動的だと思われる。左翼は右翼よりはるかにこうした論議が得意で、右翼をエゴイストと決めつけ、労働運動の国際主義や、スペイン内戦、反植民地闘争の際の連帯の立派な伝統を受け継いでいると考える。他方で、現在の左翼は、何よりも「過去の過ちを繰り返す」べきではないことにこだわる。それで、「スターリン主義」左翼がかつてソ連に対したように、また、一部の「第三世界主義」知識人がクメール・ルージュ[11]時代のカンボジアやその他の脱植民地政体に対したのと同様に、彼らは西側と対立する政体を非難するのを差し控えることになる。

こうした論議にはどれにも共通して、何らかの混乱があり、イデオロギー的反応があり、分析不足を伴う善意がある。本書では、それらのすべてを批判的に検討するつもりだ。私が思うに、こういう考え方全体こそ、帝国主義戦争に対する有効な運動を築くのに大きな妨げになっている。反対の声がないわけではないが、弱い。特にイデオロギー面で弱いのだ。わけても、運動を組織し、指導するはずの人々の場合に、それが言える。一九九九年のユーゴスラビアに対する戦争、すぐれて「人道的な」戦争への反対はなかったに等しいし、アフガニスタン戦争でもきわめて少なかった。イラク戦争で、史上初めてと言える大デモ行進が起こり、希望のかすかな光を見せてくれたのは事実だ。しかし、ブッシュ二世政権が勝利宣言をするや、イラク各地で戦闘が続き、衰えるどころではないのに、少なくとも西側では、世論は口を閉ざしがちになってしまった。

「アメリカは戦争中の国である。〔…〕大統領の指揮の下、われわれは好きなときに、好きな場所で、好きなやり方で勝つ」。合州国の国家防衛戦力にかんするペンタゴンの最近の報告の一節である。(12) その先のくだりでは、世界における合州国の支配的地位は「恨みと抵抗」を呼ぶであろうし、「弱者の戦略」、すなわち国際世論の場や、司法手続きや、テロリズムを用いる者たち（一まとめにしてくれたことに感謝！）の挑戦をも受けるだろうと述べている。つまり、本書で取り上げるテーマは、遺憾ながらこれからも意味をもつことになる。イラク戦争が延々と続いて、イラクがアルジェリアやベトナムになるか、それとも、イラク人の抵抗が打ち負かされ、また別の戦争がどこかで起こるかだ。

もう一方で、一九九九年のシアトル大行進〔ＷＴＯ（世界貿易機関）第三回閣僚会議に対する国際的抗議行動〕以来、さまざまな社会討論の場を通じて「もう一つの世界主義《アルテルモンディアリスム》」運動〔グローバリゼーションに対する国際的抗議運動。ＷＴＯ・ＩＭＦ体制を批判する〕が生まれ、広がっている。この運動が一番注目したのは、新自由主義が南北両方にもたらした経済的結果である。またこの運動は、支配戦略の政治的・メディア的側面にも関心を寄せたが、軍事的側面や、まして軍事行動を正当化するイデオロギー的要素には、あまり意を払わなかった。だが、支配関係というのは、最終的には軍事的なものであり、自己正当化のためにかならずイデオロギーを必要とする。

われわれの時代のイデオロギーとは、戦争の正当化にかんする限り、もはやキリスト教でもなければ、共和国の「文明化の使命」でもなく、人権・民主主義にかかわる独特の論議と、第二次世界大戦の特殊な残像との組み合わせである。それは、西側の第三世界への介入を、民主主義と人権の擁護という名の下に正当化する。こうした論議と残像に立ち向かうことで初めて、現在と未来の戦争に気後れせず、徹底して反対することができる。

本書の目的は思想戦を行うことであるが、そのためには、政治行動には必須の厳密さと欺瞞暴露を心がけるつもりである。バートランド・ラッセル〔本書一八〇ページ訳注参照〕はかつて、人類に最も大きな影響を与えた四人の人物は仏陀、イエス、ピタゴラス、ガリレオだと指摘した。このリストには議論の余地があるかもしれないが、これら武器をもたぬ人たちが人間の精神に与えた影響は、帝国がかつて人間の身体の制圧に与えた影響よりも大きいはずだ。ジンギス・カンも、ナポレオンも、ヒトラーもものの数ではない。マルクスの思想はスターリンの死、ソ連の崩壊のあと、今後も長く生き続けるだろう。一方、脱植民地化とベトナム戦争の時代が終わったあとには、今度はイデオロギーの大きな流れ、「新しい哲学者」（『白人のすすり泣き』〔パスカル・ブリュックネル著、一九八三年〕、『人間の顔をした野蛮』〔ベルナール＝アンリ・レヴィ著、一九七七年〕）の流れが押し寄せ[13]〔「新しい哲学者」とは一九七〇年代後半にマルクス主義と訣別したフランスの哲学者の世代を指す。他に、アンドレ・グリュックスマン、アラン・フィンケルクロートなど〕、第三世界に同情する幾分ロマンチックな態度のフランス知識人層を著しく動揺させ、合州国の立場に次第に同調する方向に向かわせた。われわれが現在の対立関係に取り組もうとするなら、知的武装を整えて、敵のレトリックや論法と対峙しなければならない。そのためには、この三〇年もの間、潤沢な資金を使ってメディアで繰り返し取り上げられてきた本、映画、講義、議論などの効果と闘わねばならない。

本書で主張する仮説、すなわち、単に私の批判の対象である考え方が広まっているというだけでなく、それがいわば現代の支配的イデオロギーとして形作られているという仮説を証明する手立てはない。そのことを私は喜んで認める。それを証明するには、そうした考え方を弁護する個々の著者の考え方を引き合いに出すだけでは十分ではない（それでも、私はめげずにそうやっているが）。また、仮説を事実として確定するには長期にわたる社会学的調査研究が必要だろうが、私にはそれは不可能だ。しかし、「インテリ」新聞を読み、進歩的組織や平和主義運動のメンバーと対話し、議論するうちに、人権を口実にした軍事介入のイデオロギーが、こうした運動の内部に仕掛けられた西側干渉主義というトロイの木馬であることを私は確信した（運動自体は原理上このイデオロギーに反対のはずであるが）。私はそれを証明できると言うつもりはない。以下の主張の一部はたいがい条件法で述べており、確かな事実というより推測であるから、私一人の力では確定することも、さらに詳細な調査をすることも叶わない。それでも、願わくは、こうした干渉主義の考え方についての議論が、私ほどこの考え方が幅を利かせているとは思っていない人々にとっても、興味深いものであって欲しい。

干渉論は倫理的議論の形で現れているので、主にその面でこれを相手にしなければならない。だからといって、事実は重要ではないとか――ものすごく重要である――、論争は「価値観」レベルで行われるべきとか、言うのではない。そうではなく、本書の主たる目的は新事実をもたらすところにあるのではないということだ。アメリカ政治にかんする事実は、特にアメリカの著者たちのおかげでますます手に入りやすくなった。ただ、欠けているのは、それらの事実がわれわれの道徳的・政治的責任にかんしてどういう意味をもつのかをめぐる、系統だった考察である。

他方で、本書には帝国主義の内部的、経済的、その他の利害にかんする分析も、掘り下げた分析（特にマルクス主義的分析）もない。それでも私はこの帝国主義ということばを使うが、そこでは「科学的な」意味は込めずに、第三世界における西欧の植民地政策、新植民地政策を指すつもりである。たしかに、このことばは大分すたれてしまったようだが、私には「帝国」よりもはるかにましだと思われる。少なくともハート、ネグリとその弟子たちが用いているような「帝国」は、どの特定の国家の力にも基盤をもたない、あいまいな実体を指すように思われる。

帝国主義にかんして「深い」分析はしないという理由はいろいろあるが、詳しく説明すれば長くなる。ただ言えるのは、一つには、人間にまつわる現象はあまりに複雑であり、多くの要因が絡み合っているものだから、そもそも科学的手法の一部をなす合理的な懐疑精神の立場からしても、真に科学的な（単にそう自称しているのではなく）方法を取れば分析は可能だとする考え方には、疑いを抱いてしまうということだ。もちろんそうした分析手法は、適切に事実を選択し、特定の変数に注目して、社会や歴史のある側面を実際に説明しているという印象を与えることも確かだが、何分、常識的判断を越える予測には見事に失敗しているし、その説明もたちまち色あせるから、私の懐疑心はさらに深まるばかりだ。もう一つ言えるのは、人間にかんして、とりわけ人間の動機についてはほとんどわかっていないから、人間はどの程度、自分の利益、自分の社会階級の利益に応じて計算し、行動するホモ・エコノミクス（経済人間）なのか、また、人間はどの程度、宗教、ナショナリズム、権力欲のような、（純粋に経済的な観点からして）「非合理的な」情念に支配される生き物なのか、といった基本的な疑問に答えるのは不可能だということだ。もしこうした私の疑問に答えられないとしたら、戦争の根本原因とか戦争に対する経済的要因の寄与をきちんと捉えるのは難しい。

Texte ✦ マルクスにかんするラッセルのことば

自分個人の富裕化を願うのは、かなり合理的なことである。英国の正統派経済学から一八世紀の合理主義心理学を受け継いだマルクスにとって、自己富裕化は人間の政治行動の自然な目的であると思われた。しかし、現代心理学はさらに深く狂気の大海に潜り込んだ。人間理性のもろい小舟はそこに危なっかしく漂っている。人間の本性を現在研究している者には、過去の時代の知識人のオプチミズムはもう不可能である。

しかし、このオプチミズムはマルクス主義の中に残っている。だから、マルキストが本能的生活を論じるときには、融通がきかない。歴史の唯物論的概念は、この硬直性の典型的な例である。

（バートランド・ラッセル『ボルシェビキ主義の実践と理論』スポークスマン・ブックス、八五ページ）

私の目的は主として、西欧人の落ち着き払った心に疑念を抱かせ、平和運動、エコロジスト運動、進歩的運動の内部に論争の口火を切ることであって、何らかの「理論」を築くことではない。私はよく「もう一つの世界」を想像するというやり方を取るが、それは、ヨーロッパと合州国からなる地球の片隅ではない所に住む仲間たちが、どんなふうにものごとを見ているのか、それを感じていただこうと努めるからだ。実際、もし本当に平和政策を考えようとするなら、必要なのは、何よりも他者を理解すること、もし「敵」がとんでもない攻撃に出ているとすればなおのこと、その敵も含めて理解することだ。ジャック・シラク〔フランス大統領、在任一九九五〜二〇〇七年〕が述べたように、イラク戦争はパンドラの箱を開けたのであり、どうやって閉めるのか誰も知らない（もちろん、私も）。しかし、テロリズムに対する「終わりなき戦争」は、時間のかからない陽気な制圧戦争では済まなくなるおそれがある。もし西側の強国が自国内で度々テロ行為に襲われるなら、「人間理性のもろい小舟」が「狂気の大海」に漂っていられるのもそう長くはないかもしれないと、心底震え上がる事態になりかねない。われわれは世界の他の地域との関係について、根本的に見方を変えるよう迫られているのではないか。

議論を始める前に、いくつかの誤解を取り除いておく必要がある。「第三世界主義者」の立場、あるいは単に西欧に対して批判的な姿勢を取る人々の立場であっても、何らかの道徳的ないし文化的相対主義の傾向、つまり、客観的な道徳判断を述べることは不可能であり、道徳的判断の効力はそれを生み出した文化にだけ対応するという考え方に立つ傾向が強まりつつある。

帝国の政策に反対する者の多くも、この前提を受け入れている。本書の立場はそれとはまったく異なる。普遍主義かつリベラルな（政治的、古典的な啓蒙思想を受け継いだ意味で）哲学的、概念的枠組みにとどまりながら、アメリカの政策を批判することには、まったく何の支障もない。ホブソン[14]、トゥエイン、ラッセルや、最近ではチョムスキーのような人々が、こうした態度を例証している。またはっきり言えば、相対主義に基づく批判よりも、西欧が依って立つ価値観そのもので西欧を批判する方がはるかに簡単、おそらく根源的でもあるので、私はそれをやろうとするのだ。相対主義に基づく批判というのは、あらかじめ哲学論議を必要とし、結局、客観的な価値判断を不可能にしてしまう。

とりわけ、人権のイデオロギー的利用にかんして本書で展開する批判は、一九四八年の「世界人権宣言」に含まれた願いの正当性に異を唱えるものではない。しかし、ある道徳的原理に一〇〇％同意しながらも、その実際の使われ方を告発するということは十分ありうる。道徳は単なる原理の問題でなく、人間関係においても、また政治的発言においても、偽善そのものになりうるのだ。それは、自分に責任がない罪（たとえば過去の歴史の罪）のせいで自分を苦しめることが、責任がある者たちの怠慢を助長することにつながるのと似ている。

一般に蔑称の意味で使われることばをあえて用いれば、私の立場は、「人権主義左派」になるかもしれない。キリスト教の教義を受け入れながら、カトリック教会も含めて、教会が既成権力を正当化するためにその教義を使うというやり方を批判する、キリスト教左派になぞらえるなら。人権にかんして教会の役割をなしているのは、大半の西側の政府であり、メディアであり、有力な知識人たち、さらに一部のNGO(非政府組織)や進歩的運動である。

もう一つの誤解を解かねばならない。それは、帝国戦争への反対はかならず絶対平和主義か非暴力の哲学に基づくという見方が、やはり次第に強まっていることから生じる。だが、この哲学が当てはまるのは、テロに対する反応の仕方を論じるときだけだ。最近のアメリカの戦争のような、侵略戦争を批判するときに、非暴力の立場を取る必要はない。平和主義や暴力に拠らない防衛を論じるのはたしかに興味深いことではあるが、こうした議論は本書の枠からはみ出る。

これからいくつかの単語について論争的な使い方をするつもりだが、私の議論全体が論争に包まれないように、ここで使われる単語の意味を明確にしておくべきだろう。まず、「西欧」という語は、歴史的・地理的エリア(合州国とヨーロッパ)を指すが、主にこの語を使うのは、このエリアと世界の他のエリアとの間でイデオロギー面での亀裂がはっきりと存在していることを強調するためである。それを納得してもらうには、九月一一日に対する庶民の自然な反応をきちんと捉えてみるだけで十分である。もし私がアラブ世界で、合州国はイラクを攻撃する代わりに「親ユダヤ勢力」(仮にそういう言い方をすれば)を手なずける方がいいと述べたとしたら、あるいは、もし私がラテン・アメリカやアジアの多くの地域で、合州国がユーゴスラビアで一番やってはいけなかったのは自分たちの一方的な介入権を正当化するために勝手にあのような悲劇を起こしたことだと述べたとしたら、それほど抗議を受けることはなかっただろう。それも、ほぼどんな政治傾向の人たちに述べたとしても、そうであっただろう。一方、もし私がヨーロッパや合州国で同じような指摘をしたとすれば、たちまち、やはりどの政治傾向の人たちからも、「スターリン」「ポルポト」「反ユダヤ主義」「反米主義」といった怒りの声を浴びせられただろう。この反応の違いが亀裂の広がりを示している。

Texte ✦ 九月一一日にかんする別の見方

ローレックスの店とBMWの販売店の間にマクドナルドがあるが、そこには恵まれた学生たちで一杯である。アメリカ製の衣服を身につけた彼らエジプトの学生は、合州国がエジプトに何十億ドルもの援助をしている事実を知っている。この一角は合州国の立場に対して共感が得られそうなたぐいの場所と言える。

だが、彼らの言うところを聞いてみよう。

「焼きたての美味しいマックウィングス」の広告の下で、一八歳の女子学生ラドワ・アブダラが話している。世界貿易センターとペンタゴンへのテロ行為でおそらく何千人ものアメリカ人が死んだと聞いて、彼女は喜んだという。「みんなお祝いしたわ」、そう彼女が言うと、そこにいたまわりの友人たちは笑った。「みんなクラクションを鳴らして喜んだのよ。アメリカはついに当然の報いを受けたと」。［…］殺戮にぞっとした人たちの間でも、支配的な見方は、次のようなものだった。ニューヨークやワシントンで起きたことは、他ならぬアメリカがイラク、パレスチナ、スーダンの人々や、その他のムスリムに対してやったことと、それほど変わりはないのだと。マラケシュでの反応も、それよりほんのわずか穏やかなだけだった。この古い街の中央広場にあるカフェ・グラシエでレモン・シュベップスを飲んでいた二九歳の技師、アブドゥー・ハマウイはこう言った。「巻き込まれた人には恐ろしいことだったろう。けれど、アメリカ政府にとっては当然のことだ」。（『ウォール・ストリート・ジャーナル』二〇〇一年九月一八日）[15]

「人権イデオロギー」と私が呼ぶものは、本書第4章でより詳しく定義されるが、本質的にそれは、西欧の国々が人権の名の下に他国の内政に干渉する権利ないしは義務をもっているという考え方だ。論争を挑むように、私は「人権を擁護すると自称する者」、あるいは「人権イデオロギーを軸にして政治行動を組み立てる者」を縮めて指すために「人権擁護派」ということばを用いている。

まとめて言えば次のようになる。権力とその自己正当化を批判しようとすれば、その正当化論の偽善とともに、権力の行使が人間にもたらす結果も暴くことができる。たえず偽善的な言辞を弄する権力が、一般にプラスの結果をもたらすことは当然期待できない。しかし、偽善とその結果は別々のものとして捉えねばならない。われわれの社会に普通に見られる偽善の問題については、イデオロギーの働きについてとともに次章で明確にするが、西欧政治批判は往々にして、その偽善性批判を強調する議論にとどまる嫌いがある。第4章の人権イデオロギー批判で私が明らかにするように、西欧政治の偽善はたしかに普通言われているより、ずっと深刻であるにしても、主に帝国主義の「結果」にかかわる批判（第3章）の本質は、そこにはない。人権イデオロギーを批判すれば、反戦運動にまつわるイデオロギー上の問題の議論へと自然に向かう（第5章〜第7章）。問題とは、いくつかの混乱や幻想、また罪責感のメカニズムの内面化である。最後の第8章では、イデオロギー面、行動面の両方について、いくつかの立場が示される。

2　権力とイデオロギー

人が他人に力を振るう場合、それが主人であれ、貴族であれ、独裁者であれ、君主であれ、高級官僚であれ、植民者であれ、すべて自己を正当化するイデオロギーを必要とする。そして、この正当化の基本の骨組みはいつも変わらない。XがYに力を振るうとき、Xは「相手のために」そうする。言い換えれば、権力はつねに愛他主義者として姿を現す。ナポレオンが失脚したとき、ロシア、オーストリアの皇帝とプロシア王は揃って、「神聖同盟」の綱領となる文書に署名した〔一八一五年九月二六日〕。その中で、君主たちは、自分たちの行動方針は「救世主キリストの永遠の宗教に含まれる崇高な真理」と「正義と慈愛と平和の教えと真正な宗教の」原理に基づいていると主張し、「臣下に対して、父親が子どもに対するのと同じ立場で」ふるまうと約束した。ボーア戦争〔英国とオランダ系ボーア人が南アフリカの植民地を争った戦争。一八九九〜一九〇二年〕時、英国の首相、ソールズベリー卿は、「これは民主主義のための戦争であり、われわれは鉱山も領土も求めていない」と宣言した。バートランド・ラッセルはこのことばを引用した上で、この「厚かましい外国人」は「われわれはしかしながら鉱山と領土を獲得した」とわざわざ述べたことを付け加えている。[16] ヒトラーの場合は、ヨーロッパをボルシェビキ主義から守るために戦争をした。

ベトナム戦争の最中に、アメリカの歴史家アーサー・シュレジンジャーは、アメリカのベトナム政策を、「国際的善意の全体計画」の一部だと説明した。[17] この戦争が終わったとき、『ニューヨーク・タイムズ』のリベラルな（アメリカ的な意味で）解説者の主張では、「四半世紀にわたって、合州国は第三世界において善行を重ね、政治的自由を奨励し、社会的正義を促進しようと努めてきた」。しかし、そうするつもりで、「われわれは自己の道徳的力量の限界を超え、偽善に陥ってしまった[18]［…］」。むき出しの厚かましい権力というのは、そうざらにない。好例があるとすれば、それは社会の埒の外に生きる者たち、ギャングやマフィアに見られる。

だが、正当化のための演説にこれほど愛他主義が広まると、聴衆の心に疑念を抱かさずにはおかない。日常生活では、まさにその通りのことが起きることに注目したい。愛他主義をおおっぴらに言い立てると、疑いの目で見られ、ことばよりも行いを重んじるよう勧められるだろう。しかし、公にかかわる世界では、始終その反対のことが生じている。

その原因の一つは、イデオロギーの効果がたえず民間司祭職の存在によって高められていることにある。[19] 民間司祭職の存在は、かつて司祭職が伝統的社会で果たしていたのと同じ役割を現代社会で果たしている。この職業は人と神との仲立ちとして登場し、神の意志をうまく通訳することで、支配層の権力を正当化してきた。しかもそのついでに、現世の権力の庇護下で、かなり特権的な地位をもしっかりと得るようになった。ヨーロッパで啓蒙思想と民主革命が盛んになるにつれ、権力を正当化する宗教の役割はどんどん小さくなっていった。民主主義を引き合いに出した先のソールズベリー卿の話は、宗教を援用した「神聖同盟」の話よりも、現代的な音色がする。

より注目すべきは、ブッシュ二世ほどの信仰篤い人間でさえ、その戦争の正当化には宗教よりも民主主義と人権を名目にしたことだ。もっとも、ヨーロッパの彼の支持者たちが彼の宗教臭にしばしば悩まされ、人権の話だけに限定するよう願っていたことも、忘れないようにしたい。

■民主主義社会におけるイデオロギーのメカニズム

現代の民間司祭職の構成は、世論形成者、メディアに乗る哲学者、大勢の教師、ジャーナリストである。イデオロギー強化における最もよく見られるメカニズムの一つは、権力が自分の役割だと自称する愛他主義の目的を達成するために、その手段について議論を集中させることだ。そこでは、想定上の目的が本当に彼らの追い求める目的なのか否か、あるいは目的を追い求めると称する彼らにその権利があるのか否かについての議論は、なおざりになる。逆に言えば、たとえば、合州国には中東に民主主義を押しつけるに足る十分な手段と才覚があるのか否か、場合によっては、（戦争に）支払うべき費用は合州国にとって高すぎるか否か、それだけが議論の対象となる。こうした議論を通じて一層打ち固められるのは、建前上の意図（民族を解放する、民主主義を広める）を本音の意図にするという考え方、あるいは、あまり高潔ではないが、石油資源の管理や、アメリカの（世界的な）覇権とイスラエルの（地域的な）覇権の強化といった結果を寛容な企ての副次的効果にすぎないものにするという考え方である。

意見にニュアンスの差があることもここで触れておきたい。それほど広がってはいないが、一部の知識人には違う意見もある。彼らは、ブッシュ二世政権、さらにはこれまでのアメリカ政府の動機が高潔でなかったことを進んで認める。にもかかわらず、政府の行動の結果はプラスであったと主張する。コソボ介入——民主党政権が行った——がその例証として挙げられる。この手の論法に対しては、アメリカ政治全体をよく検討し、また国際法の効力を擁護することが必要である。これは、第3章と第5章で取り上げる。

現代社会におけるイデオロギーの機能を理解するには、個人の行動が主に恐怖によって抑えられている専制的な社会の現実的機能と区別することが有効である。自由にものを言い、投票できる社会において「頭と心」を支配するには、より深く、よりしつこい働きかけが必要となる。だからそこでは、議論を手段の有効性という狭い限界の中に閉じこめ、目的の性質と正当性を隠してしまうことが大事となる。専制的社会ではそうした議論そのものが許されないのだ。われわれの社会では、きわめて有効な議論ほど歓迎される。その任を自負する左翼は、この正当化のプロセスに多大な役割を果たしている。左翼こそ、論点を最初のタイプの問題（手段の有効性）に絞り、第二のタイプ（目的の性質と正当性）を脇にやることが多いからだ。権力の正当化メカニズムをきちんと捉え、公式声明を額面通りには取らない権力分析のやり方は、ローマ帝国、ナポレオン帝国、ソビエト連邦に適用する際によく見られる。しかし、現代のわれわれの社会を論じるときだけは、このありふれたやり方が避けられているように思われるのだ。

立派な左翼が始終用いるもう一つのメカニズムは、「全体主義的」洗脳システムへの告発儀式である。その多くは、オーウェル〔一九〇三～五〇年。英国の社会主義作家。『カタロニア賛歌』『一九八四年』など〕流の宗教的とも言える指摘を重ね、われわれの社会システムからは程遠い、きわめて特殊なこの洗脳システムのあり方を告発する。そうやって、既成権力による精神の管理と操作といった普遍的メカニズムが、どの社会にも固有なものとして存在するという考えに拍車がかかる。ただし、われわれの社会だけには当てはまらないとされるのだ。

逆に、われわれの社会を批判しようとする者が、たとえば過去に共産主義者がやったように、われわれの社会もまた全体主義社会と実質的には違わないと主張したならば、具合の悪いことに、簡単に反論されてしまう。われわれの社会にはそうした批判を表現できる自由があるというただそれだけで、すでに全体主義社会とは違うことになるからだ。だがとりわけ困るのは、そうした角度からの批判の結果、今ここで機能しているイデオロギーのメカニズムの理解が、また少し妨げられてしまうことだ。全体主義社会に存在しうる洗脳システムは、われわれの社会で動いているものとはまったく違うと思わせてしまうのだ。

もう一つ最後に重要な指摘をしておく必要がある。イデオロギーは虚構ではない。民間司祭職のメンバーたちは、たいがい自分の言うことを信じているのであり、このイデオロギーの内面化こそ、彼らの効果的な働きの必要条件なのだ。それに、彼らのものの言い方と、中身のないイデオロギー演説をする連中の硬直した口調との違いは、容易に見て取ることができる。

政治的にも、経済的にも、実際に権力をもつ個人にかんしてはもう少し複雑だが、それでもよく言われる「厚かましさ」という仮説は彼らには当てはまらない。イデオロギーの効用は、人々があまりものを考えず、心穏やかに暮らすことも可能にする。だから、支配者の側、あるいは民間司祭職側の誠実さの欠如を批判するときには、正確に批判しなければならない。問題は、彼らが嘘をついているのでも、わざと本当の目的を隠しているのでもなく、歪んだ世界像、歴史観を自然に身につけているということだ。それによって彼らは心安らかに特権的な地位を享受しているのだ。こういうことは、日常生活でも、よく見られる。自分が立派な価値観をもち愛他主義者であろうとすることと、道徳的要請に自分の利益を一致させようと現実を分析することとは、うまく両立する。しかし、真の誠実さとは、単に自分の言うことを信じているだけでなく、自分のやろうとする行動が、自分の掲げる立派な目的のために実際に役立つのかどうか、正直に自問することである。残念ながら、こういう指摘ははるか昔から行われてきた。われわれの社会システムを何らかの面で批判する者は、現代のイエズス会士に立ち向かうパスカルであると自任してもいい〔パスカルは『プロバンシャル』で当時のイエズス会の体制寄りの道徳を批判した〕。

　ここまで述べたことはありふれているかもしれないが、しかし大変重要である。というのは、イデオロギーの描く世界像は単なる嘘偽りではないからである。イデオロギーは思いがけない効果を上げることもある。しかし、ときには、正当化するつもりの権力をあまりの狂信主義と頑迷さで弁護しようとして、実際には害をなす結果をもたらすこともある。アメリカによるイラク攻撃がそうした状況の実例であると言うのは早すぎるかもしれない。しかし、一九四一年のドイツによるソ連侵攻も、またアメリカによるベトナムへの固執も、間違いなくその例に当てはまる。どちらも「人々を共産主義から解放する」という表向きの目的をもっていた。

3 第三世界と西欧

脱植民地化が終わるとともに、第三世界と西欧との対立は、とりわけ西欧側の論調では、次第に過去のものとみなされるようになった。そこで強調されたのは、第三世界が一つではなく、多くの指導者たち（あるいは指導層内部の批判勢力の人たち）が昔のナショナリズムを捨て、「リベラル」で親西欧派になったことだ。しかし、それでもやはり、少なくとも対立が潜在的な形で存在し続けていることに変わりはない。ちょうど、歴史の各時期で、階級対立が敵対の度合いを変えて残っているのと同じだ。交換、負債、原料の供給をめぐっての対立があり、それは湾岸戦争などのように、むき出しの対決になることもある。ラテン・アメリカやムスリム世界では、「われわれ」と「彼ら」の関係に対する見方は、西側世界の見方とはきわめて異なる（この二つの世界が互いに違うのは当然としても）。一般に、前者の世界のものの見方は、特にムスリムの場合、狂信主義と嫉みのせいにされる。

そこでまず始めに、第三世界への西側の干渉について、いったい何が悪いのかを要約してみよう。

一方で普遍的観点に立ちながら、他方では黒人貿易とその他のおぞましい植民地主義の過去にまではさかのぼろうとしない、一九四五年以後の、特にアメリカが行ってきた政策に焦点を当ててみよう。客観的にその政策を検討するなら、九月一一日以降有名になった表現を使えば、「なぜ彼らはわれわれを憎むのか」が理解できる。つまり、「われわれ」を憎むのでないにしても、少なくともわれわれの政府が支持してきたアメリカの政治家を憎むのは、しごく当然である理由がわかる。また、もしわれわれが第三世界の立場だったら、おそらく彼らと同じ気持ちを抱くであろう理由もわかるはずだ。

西欧の第三世界政策のコストは、四種類の違う効果に由来すると考えることができる。

■帝国主義のコスト1　直接の被害者

まず、合州国の行った戦争を考えてみよう。とりわけ朝鮮、インドシナ、中米、そしてイラクで行った戦争では、総計一〇〇万人もの多数の死者を出した。それに加えて、アメリカに保護された指導者、すなわちスハルト、モブツ、ピノチェ、それにアルゼンチン、グアテマラ、ブラジルの将軍たちによる犠牲者、あるいはアンゴラやモザンビークでアメリカと南アフリカの支援を受けた反乱者たちによる犠牲者がいる。元米国務省役人、ウィリアム・ブルムが「アメリカのホロコースト」と呼んだものである。(20)この表現にはショックを受けるかもしれないが、本当にショックなのは、こうした犯罪に対して人々が概して無関心であること、また、人々がそれを一貫した政策の結果だとはまず思わないことだ。誰もがルワンダの悲劇が一体どうして起こったのか不思議に思い、また時折、広島のことを嘆く。おそらく、それらの出来事が短期間に起きたからだろう。しかし、ある支配システムがかくも多数の死者と苦痛を「産み」、その産出がかなり組織的なものであったとするなら、たとえそれらがより長い期間にわたっての出来事であるとしても、恐ろしさがより少なくなるなどとは言えないだろう。しかも、人種差別が公的に許されなくなった一九四五年以後の世界にあって、自分を文明人とみなす人々が、十分に文明人ではないとみなされたかくも多数の人々を殺したという事実は、驚くべきことなのである。われわれは過去の犠牲者については元に戻すことはできないが、アメリカの支配システムは現在に属するものである。われわれはまだこれに反対することが可能なのだ。

Texte ✦ 誰が誰を攻撃したのか？

九月一一日以前に起きたこと

- 一九八一年、リビアの飛行機二機撃墜。
- 一九八三年と一九八四年、ベイルート爆撃。
- 一九八六年、リビア爆撃。
- 一九八七年、イランの船舶空爆・沈没。
- 一九八八年、イランの飛行機撃墜。
- 一九八九年、リビアの飛行機、さらに二機撃墜。
- 一九九一年、イラク大爆撃。
- 一一年間〔一九九一～二〇〇一年〕、イラクに対する連続爆撃と制裁。

●一九九八年、アフガニスタンとスーダン爆撃。
●たえざるイスラエル支援。
●パレスチナ人の抵抗に対する変わらぬ非難。
●サウジアラビアにおける米軍の存在と、イランのシャー（イランの支配者の称号）からサウジアラビア王政にいたる独裁体制の支援。[21]

これらはすべて近い過去に属する。もっとさかのぼれば、スエズ動乱〔本書原注(35-2)参照〕、アルジェリア戦争、そしてイスラエル国家やクウェート国家の創設などについて語らなければならない。

■帝国主義のコスト2　希望を殺す

しかし、本当の問題はもっと深いところにある。遠回しな言い方をすれば、第三世界のための機会が失われたのだ。今日、「もう一つの世界がありうる」というスローガンが広くこだましている。だが、もしそれが今日本当なら、なぜ昨日本当でなかったのか。そのような世界を試しに想像してみよう。コンゴ、キューバ、ベトナム、ブラジル、チリ、イラク、グアテマラ、その他の場所が、西欧の干渉なしに発展できたはずの世界を。アラブ世界が、シオニズム[22]〔パレスチナにユダヤ人国家を建設しようとする運動。一九世紀末に起こり、一九四八年イスラエル国家を実現した〕と封建的愚民化政策という西欧が手を貸した二重の障害に立ち向かう必要もなく、中東を近代化し続けられたはずの世界を。アパルトヘイト〔アフリカーン語で分離、隔離を意味することば。特に南アフリカ共和国における非白人隔離政策を指す〕がずっと昔に克服され、悲惨な状況と戦争を引き起こすことがなかったはずの世界を。

当然ながら、このような「もう一つの世界」があったとしても、地上の楽園ではないだろう。やはり内戦もあれば、飢饉もあるだろう。西欧は楽園ではないし、近代化が進められてきたどの過程でも、楽園であったためしはない。鉱山で働く子どもたちがいたし、植民地で働く半奴隷もいたし、世界大戦の名で通る、二回のヨーロッパ大内戦による数千万人の死者がいた。それでも、もし第三世界が、われわれが彼らに押しつけた指導者に従う代わりに、独自の発展の道を進むことができていたなら、状況が良くなっていないわけはない。知性と人間性と誠実性の面で、「彼ら」第三世界が産んだリーダーたちと西欧が対抗し支えた連中とを比べてみよう。グアテマラのアルベンスと独裁者たち、インドネシアのスカルノとスハルト、コンゴ（ザイール）のルムンバ〔本書二二七ページ訳注参照〕とモブツ、ニカラグアのサンディニスタたちとソモサ、ブラジルのグラール〔一九六四年、軍事クーデターによりブラジル大統領辞任〕と将軍たち、チリのアジェンデとピノチェ、南アフリカのマンデラとアパルトヘイト体制、イランのモサデグとシャー体制、ベネズエラのチャベスとクーデター首謀者。[23]

もし中国やキューバで、あるいは一九五〇年代初頭のグアテマラで行われた公衆衛生や農業改革の実験が、西欧のたえまない敵意に出会わなければ、その有効な政策の成果を他の貧しい国々にもたらしたかもしれないと考えることも必要だ。よく考えてみるなら、正確な計算は不可能であるにしても、西欧の政策によって何百万ではなく、何千万、何億もの人命が失われたことがわかる。実例を一つ挙げると、経済学者ジャン・ドレーズとアマルティア・センの一九八九年の推定では、中国とインドは同様の基礎からスタートしたのに、違う発展をたどり、両国の社会システム（とりわけ衛生管理の面で）の違いがインドに毎年三九〇万人も多い死者をもたらしている。そして、この推定に従えば、一九五八年から六一年までの大飢饉のときの中国の死者の合計よりも、「インドは丸八年間でそれ以上の死者を出している」。中国の飢饉はいつもかならず共産主義のせいにされる（特に『共産主義黒書』[24]の著者たちはそう言う）が、しかし誰も、これらインドの余分な死者を資本主義や民主主義のせいにすることを思いつかない[25]。

『Texte ✦ キューバにおける健康』

キューバの平均寿命は、アメリカ大陸の平均値よりも六年長い。

幼児死亡率は、平均値の四分の一である。もしラテン・アメリカ全体がキューバと同じ水準になれば、一年で二八万五〇〇〇人の子どもが救われる[26]。

中米だけで、七五〇万人の子どもが働かされている[27]。大陸全体で、四〇〇〇万人の子どもが遺棄されており[28]、売春に身を落とす子は一二万人と見積もられている[29]。子ども全員が学校に行くキューバには、こうした現実は一切ない。

（マルク・ヴァンデピッテ『溝と出口―発展への協力にかんする暗い視線』アントワープ、EPO、二〇〇四年、五五ページ[30]）

ここに述べられた批判が、古典的植民地主義についてのどんな考察とも無縁であることを強調した方が良いだろう。植民地主義は現代の帝国主義よりもはるかに暴力的ではあったが、間接的ながら、医療と科学の知識、それにそれまでなかった自由で民主的なものの考え方を広めてくれた。だからと言って、そうした考え方を広めことが、何千万人もの人を殺した植民地主義の言い訳にはならないし、他に手立てがなかったわけでもない。しかし、ここで強調したいのは、現在の状況が根本的にそれとは異なっているということだ。アメリカの植民地政策は、多くの場合、本質的にはたとえばバンドン会議[31]〔アジア・アフリカ会議〕から生まれた「近代化路線」であり、（モサデグ、グラール、アルベンス、アジェンデが目指したように）自分たちの社会が科学の恩恵と民主主義の恩恵のみを目指すような運動とは敵対して進められた。もう一つ記しておくべきは、チリのアジェンデやグアテマラのアルベンスの政策は、実は一九三一年以後のスウェーデン社会主義の政策や、一九四五年以後の英国労働党の政策に比して大して過激なわけではなかったはずが、いずれの場合も、スウェーデンや英国の場合には考えられないような、外国からの激しい反対に突き当たったということだ。

西欧人は、第三世界に生まれたこうしたすべての運動に敵対して、たとえば、アンゴラ、アフガニスタン、インドシナが働きかけるきわめて封建的で愚民化主義的な社会の傾向にてこ入れしてきた。結局、西欧人は近代性と啓蒙思想のチャンピオンとして登場しながら、資源の略奪政策やイスラエルの全面支援政策といった道を選んできた。こうした事実は、西欧人の思想の信用を、特にムスリム世界において失墜させるばかりである。西欧人のエゴイズムと短期ヴィジョンは、普遍的な思想の熱烈な擁護者を自認しながら、自らその力を削ぐことにしかならない。

■帝国主義のコスト3　バリケード効果

以上の指摘は、実はずっと広い範囲にあてはまり、バリケード効果とでも呼ぶべきものにかかわる。人は攻撃を受けると、しばしば単に自分を守るだけでなく、閉じこもり、外の世界から孤立するという、過剰で無分別な守り方をする。そして、しばしば危険から身を守ろうとして、逆にその危険を深刻にする。九月一一日のあとのアメリカの反応については、誰もが理解しているようだ。二つの国への侵攻と占領、何千もの死者、加えて、滑稽なくらいの安全措置だ。だが、九月一一日に比すべき事件が毎日、一〇年間アメリカの地で起きると仮定してみよう。アメリカはどういう反応を起こすだろう。報復として何百万人の敵が殺されるだろうか。アメリカ人がかくも自慢する、あの民主的自由はどうなるだろうか。どれほどの人間が、「アムネスティ・インターナショナル」がすでに「アメリカの強制収容所」と呼ぶ、グアンタナモ〔キューバの米海軍基地〕その他の収容所に、何の裁判手続きもなしに放り込まれるだろうか。これら一連の仮定の出来事で生じる犠牲者の総数は、第二次世界大戦でソビエト連邦が受けた人命の損失か、あるいは、一九一七年のロシア革命のあと、西欧列強が介入して強力に支援した反革命による「内戦」での人命損失にも匹敵するだろう[32]。

しかし、冷戦の間、ソビエト政治の大部分は、東欧支配を含めて、世界の覇権を目指す攻撃的なものであるどころか、逆に、不器用にも過度に防衛的であり、新たな攻撃の危険に備えて、少なくとも九月一一日後のアメリカの起こした戦争に比べれば、かなり穏やかな対応の仕方だった。この攻撃の危険は、一九四五年後のソ連では誇張して受け止められていたとしても、当時ヨーロッパで騒がれていた共産主義の危険や、現在振りかざされているイスラム原理主義の危険よりも、ソ連にとっては現実のものだった。同じことは、ソ連にあったとされるスパイ行為や弾圧の多くについても言えるだろう。西側の支配的な論調では、こうした恐怖政治は純粋に国内的な原因、「スターリニズム」のせいにされる。しかし、もしソビエト連邦が、外部要因としての「内戦」の恐怖の中で成立したのではなく、また、ナチスの脅威に対抗して産業・軍事両面における一〇年計画で西欧に追いつこうという、実に正しい判断をすることもなかったならば、どうなっていただろうか。このような暴力に耐え忍んだソ連社会が、人道と中庸と民主主義の模範となれなかったのは当たり前だろう。

それに、ソ連について語る左翼と極左の姿勢、とりわけトロツキスト、アナーキスト、現代の共産主義者の大半についても、「スターリニズム」告発に忙しく、こうした当時の状況を十分考慮しないことが多いのは、問題だろう。スターリニズムを基本的に外部の攻撃と威嚇に対する反応としてみなせるならば（やはりここでも、一〇年間毎日合州国に繰り返されるかもしれない九月一一日を想像してみよう）、この告発は、革命的な立場を掲げているにしては、帝国主義擁護の悪質なやり方と言える。人気のある極左の態度、つまり帝国主義とスターリニズムを同時に断罪するというやり方については、第7章の「…でも…でもなく」の節で少々論じるつもりである。

議論や論争の際にこうした斟酌に触れると、いつも同じ反応に出くわすことは承知している。「それですべて説明できるわけではない」、そんなふうにしても「正当化不能である」、すなわちスターリニズムは正当化できないと。ナチズムの起源の一つは第一次世界大戦を終わらせた「ベルサイユ条約[33]」がもつ殊のほか報復的な性格にある、といった指摘をしたり、ニューヨーク、マドリード、ロンドンで発生したテロ行為は西欧のイラク、パキスタン政策と無関係ではない、といった考えを示すと、同様の反応に合う。しかし、「それですべて説明できるわけではない」と言う前に、まず「正当化不能なものを正当化する」問題について考えてみよう。

　何が正当化可能か否かを論じるにあたっては、倫理にかんして根本的に対立する二つの態度があるという事実から出発しなければならない。一つは、宗教的と呼んでも良いもので——かならずしも人格神の概念の上に成り立たないとしても——、「新しい哲学者」の著書（本書六五ページ参照）にもブッシュ二世の演説にも色濃く現れている。それによれば、「悪」は「善」と同様に存在し、「それ自体で」、つまり一定の歴史的状況から独立して対立する。「悪者」、ヒトラー、スターリン、ビン・ラディン、ミロシェビッチ、サダムなどは、箱から飛び出した悪魔であり、原因のない結果である。「悪」と戦うには、ただ一つの解決法しかない。「善」に動員をかける、眠りから覚まし、武器をもたせ、「悪」を襲わせることだ。これは、つねに変わらぬ安心立命と、果てしなき戦争の哲学である。

　これと対立する「政教分離的」というか、「唯物的」考え方は、悲劇も犯罪も大小取り混ぜて、それらを因果の連環に組み入れる。人間の自由を、あるいはこう言って良ければ、善と悪の存在を否定するのではなく、人間が「本当に」自由であるかどうか——そしてもし自由なら、どのような場合に自由か——について知ることを実際上棚上げして、原因を理解し、その原因に働きかけることでしか、結果（「悪」）と戦うことはできないと考える。この考え方は今日普遍的に受け入れられている。ヨーロッパで、普通の犯罪行為に対して取られる態度がそうだ。しかし、ことが歴史的悲劇や国家関係に及ぶと、変わってくる（次の本文挿入テクスト参照）。とはいえ、国際的権利を構築し、平和を求める努力の過程は、ほとんどこの哲学と結びついている。これはまた、節度と批判精神を育てることに役立つ。われわれのテーマにかんしては、西欧の政治の何が絶望と暴力的反応を引き起こしているのかを考えさせてくれる。こうした反応が起きるときに、天に腕を突き上げて、「悪」を弾劾しても仕方がない。

先ほどの例、「それですべて説明できるわけではない」に戻れば、スターリニズム、ナチズム、イスラム原理主義テロがもっぱら外部の要因、すなわち、内戦、ベルサイユ条約、パレスチナとイラクの占領の結果であると見るのは、たしかに馬鹿げているだろう。あらゆる社会現象は複雑な原因をもっているから、どんなに科学的な分析をしても、どれが一番重要な原因かを確定することはできない。そこにはもちろん内部の要因もある。九月一一日のアメリカの反応、あるいは一〇年間毎日九月一一日が繰り返されたとして起こりうるアメリカの反応にも、それはある。そこには、大半の他の国々をはるかにしのぐ、安心を脅かされたという感情がある。

こうした感情の例証として、ヨーロッパでは、反米主義への非難がかなり頻繁に見られることを挙げておこう。しかし、合州国では、反欧主義や反仏主義への非難は存在しない。二〇〇三年のイラク戦争時、アメリカの議員がフレンチ・フライ（フライドポテト）をフリーダム・フライと呼び代えるよう提案したときも、アメリカにおいては文句は出なかった。アメリカのメディアには、フランスへの不作法な敵意の表現が山ほどある。言うまでもなく、このような非対称が典型的に見られるのは支配‐被支配の関係においてである。たとえば、植民地時代、独立を要求するアルジェリア人は「反仏」であったが、それに反対するフランス人は「反アルジェリア」ではなかった。
少なくとも合州国とその同盟国における支配的な論調はこうである。アメリカの反応は、危険が存在する以上「正常」なものであり、それに対して、過去のソ連、あるいは今日のムスリム世界の反応は、どんな脅威とも関わりのない理不尽なものである、と。しかし、人間はみな過剰な防衛反応をするし、美しいとは言えない復讐の欲望を抱く。まともであろうとするなら、まずやるべきは、われわれが自分に向けると同じ視線を他者に向けることである。

【Texte ✦ ロシア革命に対する西欧の政策】

三国協商〔一九〇七年、ドイツに対抗して英・仏・露三国間に結ばれた〕は絶望的な状況のせいでどこかの産業が滅びるたびに、またどこかで専制的規則が生まれるたびに、それを自己の政策の正当化に利用する。もし誰かある人間に飲むものも食べるものもなければ、衰弱し、気が狂い、ついには死ぬだろう。一般には、人々を飢えさせ、死に至らしめるのは、正当なこととはみなされない。ところが、こと民族にかんする限り、衰弱も対立抗争も道徳的に非難すべきものとされ、追加制裁の理由になるとみなされる〔…〕英国人側からの人道的感情の声高らかな表明がソビエト・ロシアで冷たく迎えられたのは、当然ではないか。
（バートランド・ラッセル『ボルシェビキ主義の実践と理論』スポークスマン・ブックス、一九九五年、五五ページ）

今日、西欧人、わけても好戦的な連中は、冷戦における勝利に鼻高々で、その勝因は、ドイツのウィリイ・ブラントによる「東方政策」〔一九七一年になされた東側諸国との融和政策〕のようなヨーロッパの妥協政策よりも、レーガン政権下のアメリカの非妥協性にあるとし、同じような徹底した態度で「テロへの戦い」に新たな勝利をもたらすことを願っている。しかし、ソビエト・システムの改革がなぜ進まなかったかを考えると、まさにたえず脅かされているという感情、西欧の攻撃的態度がいつまでも変わらないという感情のせいだとも言える。システム内部の「保守派」はいつも、スターリンの政策によって少なくとも勝利と平和と安全保障がもたらされたという論拠をもち続けてきた。しかし、このシステムは最後には崩壊し、その結果、国民の大半の生活水準は最悪に落ち込んだ。もし外部からの圧力がもっと小さく、フルシチョフの下で始まった、よりゆるやかな経済発展が続いていれば、この大災厄はおそらく避けられたかもしれない。そう考えるのが妥当だろう。旧駐ソ米国大使で、(ソ連に対する)「封じ込め」理論を練り上げたジョージ・ケナンは、一九九二年にはっきりと述べている。「冷戦の行き着いた先の全体効果は、ソビエト連邦に起こる大変化を早めるのではなく、遅らせることだった[34]」。

Texte ✦ 旧ソ連における健康

旧ソビエト連邦諸国の平均寿命は、特に男性の場合、劇的に低下した。ロシア連邦において、男性の平均寿命は、一九八〇年代の七〇歳から今日では五九歳に下がり、インドよりも低い。この原因は、主に経済崩壊、社会保障制度の劣悪化、そしてアルコール依存症と病気の蔓延である。心臓疾患のような非伝染性の病気と外傷が、死亡増加の理由の大半を占める。もちろん、感染病も繰り返されている。もしロシアで今の死亡率が変わらなければ、現在一五歳の少年の四〇％は六〇歳で死ぬ。（『人間の発展にかんする世界報告、二〇〇五』PNUD（発展のための国連計画）、パリ、エコノミカ、四四ページ）

同様のことが植民地を脱した国々についても考えられる。もし繰り返される戦争、強いられたアヘン取引、パレスチナ占領、サイクス・ピコ協定(35-1)、スエズ危機(35-2)などがなかったとしたら、アルジェリア、ベトナム、朝鮮民主主義人民共和国（北朝鮮）・韓国、中国、中東はどうなっていただろうか。しかし、現実は、革命の暴力に先行して生み出されたのは反革命の暴力、伝統的支配階級の永続的抑圧、外国の侵略であって、その逆ではない。

さらに、社会主義体制はみな独裁制であるという指摘がしばしばなされるが、そのほとんどは、独裁制が民主制に比べ、倒したり覆したりするのが難しいという事実に起因する。西欧の指導者階級はどんな形態の社会主義に対しても、内・外からの攻撃を繰り返した。それによって一種の人為的淘汰が行われ、その結果、「社会主義」の場合には、唯一、独裁制が生き残ることになった。CIAのカーミット・ルーズベルトは、イランでモサデグを倒したのち、シリアに攻撃を仕掛けた。しかし、この国はすでに独裁制を取っていたので、失敗に終わった(36)。キューバ社会主義政権は、チリのアジェンデが倒されてから長く経つ今も、生き延びている。

ピカソは「ゲルニカ」について、あるドイツ人将校から「これを作ったのはあなたですか」と尋ねられたとき、「いや、あなたですよ」と答えたという。革命体制や第三世界の脱植民地体制下での残虐行為に憤激する少なからぬ西欧人にも、もっと間接的な言い方にせよ、同じ答えを返せるのではないだろうか。

Texte ✦ モサデグの転覆

一九五三年、CIAはクーデターを企て、イランのモサデグ政府を転覆させた。この保守派のナショナリストは、イラン原油の支配権を英米資本の会社から取り戻し、自国の利益を守ろうとする過ちを犯したのだ。『ニューヨーク・タイムズ』は一九五四年八月六日、この事件を祝って、社説に書いた。(37)「豊かな自然資源をもつ低開発国は、もし狂信的なナショナリズムに踊らされたら、高い代価を払わなければならないという教訓を、まざまざと見せられた。イランの経験で、モサデグのような政治家がまた現れることはないと期待するのは、多分行きすぎだろう。しかし、この経験は少なくとも、より分別のある指導者のてこ入れになる」。

本書の目的は社会主義について論じることではないが、実は、社会主義は、リベラル派が言うように「試みられたどこでも」挫折したどころか、どこでも試みられたためしがないと言える。実際、根本的社会変革が可能であったところでは、あまりにも暴力的な状況の下でのみそれが可能だったのだから、社会主義の可能性というのは実はありえなかった。少なくとも、このことばが一九世紀ヨーロッパ社会主義運動(一九一四年まで)で理解されていた意味、つまり、ラッセルの言う「現にある文明の価値あるすべて」、とりわけ平和と民主主義を保存する形での、生産手段の共同保有による資本主義の超克という意味においては。「二〇世紀の悲劇」の根源がどこにあるかと言えば、主として、一九一四〜一八年の戦争が独裁という武器を一番使いたがる社会主義者、ボルシェビキを権力に就かせ、それ以外の社会主義者たちを完全に外に追いやるか、死に至らしめたことにある。それ以外の、とはジャン・ジョレス〔本書一八〇ページ訳注参照〕、カール・カウツキー[38]、ローザ・ルクセンブルク、知識人としてはバートランド・ラッセル〔本書一八〇ページ訳注参照〕らを指す。「二〇世紀の悲劇」をお決まりのように引き合いに出す人たちが、歴史のこの側面を大きく取り上げることはまずない。彼らが導きたがる「歴史の教訓」とは正反対の、平和主義的感情を呼び覚まさせてはならないという警戒が働くからだ。

　こうした配慮があってこそ、西側干渉政策の弁護者たちの主要な根拠の一つ、すなわち、ポルポト体制の犯罪、ルワンダの虐殺、そしてスレブレニツァの虐殺〔一九九五年七月、ボスニア・ヘルツェゴビナ紛争中に起きた〕を基に作られた根拠が生きてくる。彼らの言い分では、われわれが臆病だったために、あるいは、反帝国主義運動の圧力が強かったために不幸にも実行されなかった介入の正当性を、これらの悲劇は証明している。だが実際は、三つの悲劇はどれも、過去の干渉政策の結果として起きた部分があると考えられるのだ。カンボジアでは、もし合州国が「密かな」大規模な空爆によってこの国を戦争に巻き込み、シアヌーク殿下を倒してお抱え独裁制を敷くようなことがなかったなら、クメール・ルージュが権力を握ることなどありえなかっただろう[39]。ルワンダにかんして言えば、ベルギーの植民地政策はすべて「分割統治」の原則に基づいており、したがってその目的は、ツチとフツを対立させることにあった。もし将来、シーア派とスンニ派、あるいはクルド人とアラブ人の間で内戦が起きたとすれば、西欧の人道主義者たちは、アメリカ人が両者を対立させるためにわざと仕掛けたことなどすっかり忘れ、粗野な宗教的、民族主義的文化の中に閉じこもっている連中の「野蛮さ」だけをひたすら嘆くだろう。これは完璧に予測できることだ。

一方、コンゴ東部における虐殺は、ルワンダの殺戮より酷くはないにしろ、同じくらい血が流れたはずだが、介入を要求する声ははるかに少なかったことに気づく。その理由はおそらく、ルワンダのケースはまさしく、提案された唯一の解決策が合州国による迅速で一方的な介入（まさに支配的論調が正当化しようとしていたもの）だったのに対して、コンゴのケースは、とても超大国とは言えないルワンダとウガンダの介入に対して、彼らの軍隊をコンゴから撤退させるよう要求するだけで十分だったからだ。それだけで、ルワンダとウガンダに支援された反乱軍はたちまち崩れると思われたのだろう。この撤退要求は国際法に完全に合致したはずである。だがこの要求は、合州国によるルワンダへの一方的介入を要求する声とは逆の行動であり、したがって、一方的介入を禁じる国際法の「弱点」を見せつけたがる議論の役には立たなかった。おまけに、少なくとも新生コンゴ民主共和国の初代大統領に就いたカビラの時期〔一九九七年〕には、すでにルワンダ軍による介入は、西欧に評判の悪いこのナショナリスト政権を弱体化させつつあった。おそらくそのせいもあって、西欧列強にはこの争乱を決着しようとする熱意が見られなかったのだろう。

スレブレニツァの虐殺は、一方的介入にとりわけ有利な論拠になり、国連の失敗とされるシンボルにもなったが、これについては多くの論点があり(40)、ここではこの虐殺をもたらしたボスニア紛争の始まりについて述べるにとどめる。何といっても、紛争の過程で起きる虐殺を避けようと願うなら、どうやって戦争を予防するかが問題になるはずだ。そこで、この戦争が始まる前に、さまざまな交渉の一つとして、ボスニア・ヘルツェゴビナ「分割」協定を結ぶための交渉がリスボンで行われた。バルカン専門のアメリカのジャーナリスト、ダイアナ・ジョンストンは書いている。
「分割案は、一九九二年三月一八日、ムスリム、セルビア、クロアチア各共同体を代表する、イゼトベゴビッチ、カラジチ、ボバンによって署名された。それぞれが、戦争回避のために、自分たちの要求の一部を放棄していた。セルビア人とクロアチア人にとっては、分割は安全保障の手段であり、ムスリムが多数を占める州で少数者になることを受け入れるという事実に対する補償であった。しかしこの妥協策にムスリム代表のイゼトベゴビッチ氏は満足しなかった。なぜなら（と合州国駐ユーゴスラビア大使ウォレン・ジンマーマンは説明する）、分割は彼自身と彼のムスリム党から、共和国における支配的役割を奪うからだ」。ジンマーマン大使は急いでサラエボにイゼトベゴビッチ氏を訪ね、リスボン協定について話し合った。「彼は、「あれは気に入らなかった」と言う。私は、「気に入らないなら、なぜ署名するのか」と聞いた」。のちに大使がインタビューで説明した通りだった[41]。イゼトベゴビッチは、大使からさらに要求を積み増すよう促されて大喜びし、合意の意志を一変させ、リスボン協定への賛成を取り下げた。

合州国大使のこの干渉の意図と結果については十分検証する余地がある。しかし、一方でユーゴ人民軍に国の統一を維持するのを禁じ、そのあとで、同じ大使がイゼトベゴビッチの党に、ボスニア・ヘルツェゴビナの統一を維持すべく戦うよう励ましたのは、確かなことである。道徳面で言えば、矛盾した態度であり、実践面では、常軌を逸していた。ユーゴ人民軍は、NATO諸国の反対がなければ、ユーゴスラビアの統一を維持する手段をもっていた。やろうと思えば、対立する諸勢力に平和的妥協を求めさせることができたはずだ。反対に、イゼトベゴビッチのムスリム軍は、言われるほど弱くはなかったけれども、外国の相当の軍事援助なしに、ボスニア・ヘルツェゴビナの統一を保つ能力には明らかに欠けていた。(42)

Texte ボスニア戦争にかんするオーエンのことば

「すべての希望に反して、また私の期待にも反して、われわれはどうにかこうにか合意に達しているが、一つ問題がある。ムスリムを加わらせることができない。それは大部分、アメリカ人のせいだ。ムスリムは、いつでもワシントンが駆けつけて、味方につくと考えている限り、動かないからだ。[…] それ［合意］は、ありうる限りの最良の［紛争の］解決なのだが、辛い皮肉は、クリントンの周囲がそれを妨げている状況だ」。

（デイヴィッド・オーエン（旧ユーゴスラビアにかんする国際会議の主要な交渉者の一人）(43)）

ボスニアにおける、また部分的にはクロアチアとコソボにおける紛争の問題は、ユーゴスラビア内のこれらの共和国ないしは県の自決権を、そこに住むセルビア人が受け入れられなかったことに由来する。それらの集団の中で、彼ら自身の自決権は否定されていたのだ。

とはいえ、根本的な問題はこれらの悲劇における細部、みなが取り沙汰する細部ではなく、その種の議論の筋道にある。もちろん、誰も、西欧人がルワンダの大虐殺を阻止するために介入したと非難することはない。そもそもそういう介入はしなかったのだから。問題がどこにあるかと言えば、支配的な論調が、介入が正当化できる状況下での非介入（もしそのようなときに介入していたなら、実際に何が起こっていたか考えるべきだが）を利用して、まったく違う状況下で起きた別の介入における免疫作用を準備していることだ。「歴史の教訓」は、いつも同じ方向に向かう。われわれの無関心と言われるものを告発し、干渉を奨励することだ。しかし、それとは別の教訓も引き出せるはずだ。たとえば、カンボジアではシアヌーク体制を不安定にしない方がよかった、あるいは、イゼトベゴビッチに対してはリスボン協定を拒否するよう促すべきではなかった、つまり、介入を控えめにする方がよかったという教訓だ。クリントンは、合州国の名において、自国のグアテマラ政策について謝罪したが、(44) 彼も他のアメリカの指導者も、他国の内政問題には立ち入らない方がいいという教訓を引き出すことはなかった。支配的な論調にみられるこうした主張の偏りは、事実の面でも論理の面でも根拠をもたず、ただ単に、外国での軍事行動に対する自国民のためらいを抑えたいという政府の願望を反映しているだけにすぎない。

■帝国主義のコスト4　未来へのリスク

最後に、「北‐南」経済関係の二つの側面を取り上げておく必要がある。何しろ、両者の経済関係は支配の問題と潜在的な軍事対立の問題に直接結びつくからだ。最初の問題は第三世界に対するわれわれの「依存」にかかわる。

「依存」という表現は、「われわれ」が「彼ら」を援助していると考えるのに慣れている者には驚きかもしれない。おまけに、脱植民地関係の文章はこぞって、植民地主義が西欧の経済発展に大した役割を果たしてはこなかったと、懸命にわれわれを説得してきた。この議論についてはこのあとで簡単に扱うつもりだが、仮にその主張を受け入れるとしても、状況は依存が強まる方向へ進む一方であることを認めないわけにはいかない。実際、原材料を供給するという植民地の伝統的役割は増すばかりである。われわれの発展様式は、ヨーロッパと合州国が石油の輸入に決定的に依存するという結果をもたらした。他方、工業製品のますます多くが、旧植民地や旧半植民地から来ている。この問題は一般に、海外移転や雇用減少の視点から取り上げられているが、依存の形態としても見ることができる。もしこれらの商品が供給されなくなるか、高騰したら、われわれはどうするだろうか。さらにまた、これらの商品の販売で貯め込んだ金が、たとえば中国と合州国との間のように、力関係を変えるのに使われるとしたら？　もちろん、依存は相互的であり、彼らは原材料と単純労働を提供し、われわれは高度なテクノロジーを提供するのだという答えはありうる。だが、中国とインドの科学・技術の発展は、そういった論法を疑わしいものにしている(45)。

それに加えて、頭脳の移転がある。経済一辺倒と娯楽文化の普及の結果、われわれの教育システムは次第に壊れつつある。破壊はヨーロッパよりも合州国で進んでいるが、ヨーロッパはそれに追いつこうと努力し、成果を上げているかのようだ。われわれの産業、特に軍事産業は「頭脳」を必要としている。アメリカの大学やヨーロッパの研究所を一巡りするだけで、貧しい国々の教育制度が豊かな国々の足りないところを次第に補い始めていることがよくわかる。

Texte ✦ 頭脳障害

アメリカの中高校では科学、数学、技術の教育レベルがたえず低下を続けている。そのために、冷戦以来の科学者の世代交代がうまくいかなくなっている。われわれはこの赤字を中国、インド、その他の国から来た頭脳で埋めてきた。しかし［…］外国の技術者たちはもうあまりやって来なくなっている。

（トマス・L・フリードマン『ニューヨーク・タイムズ』二〇〇四年一二月五日）

アメリカ陸軍は科学者をロサンゼルスに派遣し、科学者に好意的なイメージを与えうる映画やテレビ番組を作らせようと、その講義のために何十万ドルもの予算を使っている。これは、合州国の安全保障上の最も困難な問題の一つ、科学教育、技術者教育を受ける学生数の激減に対する根本的な解決策とされている。

この減少は産業全体にとって問題であるが、防衛にかかわる研究施設にとっては、安全保障上の理由から移民を雇えないので、とりわけ深刻である。

（「U・S軍は科学者を映画学校に送る」『ザ・ガーディアン』二〇〇五年八月五日）

こうした状況の道徳的な問題はさておいて、これがずっと続くものかどうか、考えるべきだろう。たとえば、資本の蓄積に頼るという中国の戦略は、巨大な借金で軍備の蓄積をまかなうというアメリカの戦略と同様、長期的に見ればあまり有効ではないのではないか（結局、中国の戦略は一九世紀の合州国が選んだ戦略とよく似ている）。以下に引用するホブソンのテクスト（本文挿入テクスト一〇六ページ参照）は、それを説明する見事な先駆けとなっている。ただ、中国もインドも、もうこちらの意のままにはならないという本質的な違いはある。ほぼ一世紀前、英国人が上海の公園に、「犬と中国人は入るべからず」という立て札を掲げていたことを忘れてはいけない。少なくとも言えるのは、こうした挑発はもう今日では通用しないということだ。戦争と革命の二〇世紀は、過去の世紀に築かれた西欧と第三世界の力関係が逆転するのを目のあたりにした。植民地主義は新植民地主義に代わり、ヨーロッパは合州国と交代した。しかも、その支配システムは、前のよりもはるかに弱くなった。その上、至るところで水漏れしている。アジアではその大部分が実質的な独立を果たしている。つまり、パキスタンと一部の旧ソビエト領アジア地域[46]を除いて、新植民地主義からも脱している。ラテン・アメリカは、独裁とそのあとの政治的落胆の時期を経て、今また本物の独立の方向に向かっているように思われる。残るはアフリカとアラブ世界で、いまだ西欧支配が続いているが、それが終わるのはあとどれくらいだろうか。もしイラク人の抵抗が簡単につぶされるのでなければ、いや、今のところそうなる気配はまったく見られないのだから、アルジェリア革命やナセル時代の例にならって、この抵抗が、残った世界のこの部分に新たな反-（新）-植民地運動を呼び起こすことも十分ありうるのだ。

一九世紀の支配大国は英国だった。直接の対立もなく合州国にその地位を譲ったが、合州国は二度の大戦をくぐらねばならず、当時のし上がってきた強大国、ドイツと張り合う羽目になった。今後もし、中国やインドの発展で交代が避けられなくなったとき、合州国はおとなしく引き下がるだろうか。これは問題である。はっきりしているのは、ブレジンスキー〔アメリカの政治家。冷戦時代、対ソ強硬対策を主張〕からネオコンに至るあらゆる傾向をつき混ぜたアメリカ戦略の意志が、新たな予測不能な危険の源となる宇宙の軍事化に踏み切ってでも、なんとしても交代のシナリオを防ぐということだ。[47]

　さて、「北‐南」経済関係におけるもう一つの問題は、端的に言うと、自然資源の枯渇にかかわる。資源をめぐる争いは戦争の要因になる恐れが強いから、環境汚染や地球温暖化の問題よりも、はるかに危険を秘めている。西欧は地球の自然資源を無闇に飲み込み、自分の生活モードを模範とするよう奨励しているのだ。

　もちろん、テクノロジーの変革、たとえば核融合の制御や太陽エネルギーの有効利用にかんするめざましい進歩、あるいは根源的な新技術の開発などがこの問題に奇跡的な解決をもたらすだろうと期待をかけるのもいい。だが、現在の知識レベルで言えば、こうした解決策がかならず現れるかのように振る舞うのは、分別に欠ける。「自然」には、人間に対して親切になり、その気まぐれに応じる義務などまったくない。われわれの状況は、梯子を上って一番上に達し、梯子を引き上げてから、他の者にあとからついて来いと言っているようなものだ。中国のエネルギー需要の増大に西欧が不安をかき立てられるのは、実に滑稽な眺めだ。今日の中国の姿は、西欧が求め続け、自ら大喜びしている発展の必然の結果なのだから。

　支配戦略の直接的、間接的結果とそれによって引き起こされた暴力の数々をよくよく考えてみるなら、西欧人とは、何よりも普遍的で立派な価値を所有し、その価値を誰よりも上手に応用する者であったとは到底みなされず、逆に、苦痛と抑圧の主な発生源であったことが見えてくる。

Texte ✦ 物言わぬ大殺戮

一九九〇年から二〇〇三年にかけてイラクに課せられた制裁は、この国が九一年の戦争で生活インフラをねらい打ちされ、徹底的に破壊されたあとだけに、国民に惨憺たる結果をもたらした。この制裁で、何十万もの子どもが死んだ。国連のイラク人道援助調整官デニス・ハリデイは九八年、次のように述べて、辞任した。「われわれは一つの社会全体を破壊しつつある。これは恐ろしくも単純明快である。これは不法であり、反道徳的だ」。制裁の結果の責任は自国の国民に無関心だったイラク政権の側にあると言われて、ハリデイは答えた。「たわごとだ。事実として［イランとクウェートの戦争以前］彼らは生活インフラに大規模な投資を行っていた。［…］アラブの隣国みんなが羨む教育・保健システムがあった。イラクは、われわれが介入する前は、広く行きわたった食料流通システムをもっていた」(48)。

ハリデイの後任者、ハンス・フォン・スポネックは同じ理由で二〇〇〇年二月に辞任したし、WFP（世界食料計画）のイラク担当責任者ジュッタ・バーガートもすぐそのあとに、同じ理由で辞めた。惨憺たる制裁政策にかんするリポートの中で、マーク・ボースイットが記している。「イラク制裁体制の明白な目標は、イラク国民を完全にであれ部分的にであれ、荒廃させるべく計算された生活条件（食料と医薬品の欠乏など）を強いることだ。この故意の物理的荒廃がその地域の安全確保における公式の目的とされていることは、さておく。しかし、何千人もの市民が死に、何十万人もの市民がやがて死ぬことを示すデータがある以上、もし安保理が制裁を続けるとしたら、これらの死者はもはや不測の副次的結果ではないだろう。安保理は自らの行動のあらゆる結果に責任がある。この制裁を実行した機関は、「イラク国民を荒廃させる意図」の罪を免れられない。合州国国連大使は、実際にそれを認めた。五〇万の死者を出すに価したのかと聞かれて、彼女は答えた。「価するとわれわれは考える」。制裁を課している国々は、虐殺協定を結んでいると言ってもいいのではないか(49)。

さらに、あまり理性的な反応ではないかもしれないが、強者が弱者を痛めつけるとき、私は格別な嫌悪の情を感じることを抑えがたい。それは、イスラエルが自ら占領した「領土」にチェックポイントと植民地を築いたり、合州国がインドシナ全土を何年にもわたって空爆したときであり、また、サンディニスタ革命をつぶそう、キューバへの保健衛生資材の供給援助を妨げようと執念を燃やしたり、何十万ものイラク人を緩慢な死で殺そうとしたときだ。何世紀かのちに、現代の大部分の西欧市民・知識人の態度は、これらの国の後世の人々の目にはおそらくそう好意的には映らないだろう。われわれのシステムでは少なくとも人は自由だ、そう繰り返しているだけの思想家は、おのれの特権がその立場を危うくしていることに気づくべきだろう。彼らはなぜおのれの自由を、一番責任のある政治家たち、つまり自国の政府の政治家たちと戦うのに使わないのか。彼らのうちの何人が、イラク戦争に反対の声を上げたか。反対したとして、そのうち何人が、単にこの戦争には危険が多すぎるという理由からではなく、道義に反するという理由で反対したか。同じ問いをベトナム、パレスチナ、南部アフリカ、中米のケースに対しても発するべきだろう。おそらく後世の人々はわれわれの現在の世界を、犯罪的政治への無関心が蔓延する完璧な平静さの時代として記憶にとどめるだろう。平静さの象徴は、ラムズフェルド〔一九三二年〜。アメリカの政治家。二〇〇一〜二〇〇五年、ブッシュ二世政府の国防長官〕のような厚かましさを間接的に正当化する、クシュネル〔一九三九年〜。フランスの政治家・外相〕の類の道徳主義によって体現される。

Texte ✦ 帝国主義の未来にかんして一九〇二年にホブソンが述べる

西ヨーロッパの大部分は、現在の英国南部やリヴィエラ〔いずれも保養地として有名な地域〕、あるいは観光客に溢れ、富裕層が住むイタリア、スイスのような一部の地方がもつ外見や性格を備えるようになるだろう。そこには配当と年金を受け取る一握りの豊かな貴族階級、それより少し多い専門職従業員と商人、それに手工業製品関係の産業と運送にたずさわる多くの使用人や労働者がいるだろう。主要な産業分野は姿を消すだろうし、膨大な量の食料製品と半製品がアジアやアフリカから貢ぎ物のように流れ込むだろう。

これが、西欧の国々の拡大された同盟、強国のヨーロッパ連合の可能なあり方となるだろう。この連合は普遍的文明をさらに発展させるどころか、西欧を寄生的存在に化す恐ろしい危険をはらむ基になるかもしれない。この連合は先進産業国の一部のグループを切り離し、その上流階級はアジアとアフリカから莫大な貢ぎ物を受け取る一方、大量の従業員、使用人からなる従順な大衆をこの貢ぎ物によって養う。従順な大衆はもはや農産品や工業製品を大規模に生産する仕事ではなく、個人企業の仕事や新しい金融貴族の監督の下で二流の産業労働に従事する。こうした見方を検討にも値しないとして頭から拒否しようとする人がいれば、すでにこの状況に至っている英国南部地方の経済的・社会的環境についてどうかじっくりと考えていただきたい。もし中国がこのような金融グループの支配下に入れば、このシステムがどこまで拡大するかを考えていただきたい。「資本の親元」とその政治役人、商業・産業従事者は、潜在的な最大の宝庫から史上最高の利益を汲み上げ、それをヨーロッパで消費することができるのだ。たしかに、状況は複雑であり、世界各国の力のバランスを計算するのは難しいから、一方向だけを指し示すこの予測がかならずしも的中するとは限らない。しかし、西ヨーロッパの帝国主義を支配する現段階での流れはこの方向を指しており、もし抵抗にぶつかって別の方向に外れるのでなければ、その流れはまさしくこのプロセスを仕上げるように働くだろう。

（ジョン・A・ホブソン「帝国主義試論」レーニン『帝国主義―資本主義の最高段階』普及版、パリ、ル・タン・デ・スリーズ、二〇〇一年、一八一～一八三ページに引用）

■付属文書　グアテマラの教訓（50）

一九五〇年に選出されたアルベンス大統領は、五二年六月一七日、実に理想的な農業改革法を採択させた。新しい小地主に土地を有効に利用できる手段を与えるために、低利の農業融資制度が作られた。この融資は、地方に導入された識字教育を農民に提供するためにも利用された。また、政府は輸送の外国独占を廃し、生産者自らが産物の流通にかかわれるよう道路建設計画も立案した。改革は、ソビエト式に土地を共有化するのではなく、小規模家族農家の自立を奨励した。国を半封建制から脱け出させ、近代資本主義社会へシフトさせる条件を作るのが目的であった。農業改革実施二年後の五四年六月二七日、ハコブ・アルベンスは軍事クーデターによって政権を追われた。黒幕はアイゼンハウアー政権下の国務大臣ジョン・フォスター・ダレスの弟、アレン・ダレス、当時のCIA長官である。二人の兄弟は、この国の広大な農園をいくつも所有するユナイテッド・フルーツ社と深いかかわりがあった。たとえアルベンスの改革がこのアメリカの巨大資本にとって直接の脅威ではなかったとしても、悪い先例は除去しなければならなかった。「解放」軍が隣のホンジュラスで仕立てられた。アルベンスは、アメリカの脅威を感じた自国の軍によって追放された。同胞に裏切られたアルベンスは、改革の中でせめて救えるものを救うことに望みをかけ、最後の犠牲的精神で辞職した。合州国は、われわれはただ「アメリカの民主主義を脅かす」「赤い」大統領に反対するのであって、改革に反対しているわけではないと言い張っていたからだ。だが、アルベンスが去ったあと、グアテマラは軍の手に渡り、軍は改革を無効とした。その結果、この国では流血と貧困の独裁が何十年も続き、何万人もの農民が虐殺の犠牲となった。この悲劇は、北米の超大国が実践している「民主主義の擁護」の典型的な実例である。その特徴は次の通り。

●おのれの秩序に針の先でも傷付くと騒ぎ立てる超大国の偏執狂。
●対立者の悪者扱い。当時は「コミュニスト」として生け贄扱いするだけで、十分だった。やがてそれは、「テロリスト」に取って代わられる。いずれにしても、対立者を悪者扱いすれば、彼らの訴えに耳を貸さずに済むし、彼らの言い分を考慮しなくても済む。
●傲岸な無知。ワシントンが外国について知っていると思われる事実は、（ユナイテッド・フルーツ社のように）外国を搾取する大会社か、彼らとつながる反動的ロビーから出ている情報だ。幾人かの外交官、あるいは程々にものが見えるＣＩＡ要員からのもう少しましな知識は、政策決定者の部屋にはまず届かない。

●メディアの体制順応。アメリカのメディアは事件の公式見解を調べもせずに受け入れ、「敵」の説明を馬鹿げているとみなす。

●指導者階級の「二党連立的」一致団結。グアテマラの軍事クーデターは民主党のトルーマン大統領によって計画され、共和党のアイゼンハウアー大統領によって具体化された。

●国際法の完全無視と国際法を適用しようとした者への威嚇。一九五四年六月、フランスが国連安保理で、グアテマラによる緊急動議（合州国に従属する隣国ホンジュラス、ニカラグアから派兵された軍事侵略を阻止するもの）を支持しようとしたとき、アメリカの外交団は憤然とフランスの「狭量な行動」に反撃した。ワシントンの脅しに屈して、フランスは英国と同様、棄権にまわった。当時の国連の事務総長ダグ・ハマーショルドは、グアテマラ問題に対するアメリカの拒絶反応を、「国連に対する最も深刻な打撃」と断じた。それ以後、これと同じ打撃が次々と襲うことになる。

●「第三の道」と称するものに道を開くとの口実で、一国のきわめて民主的で進歩的な勢力を壊滅させる。この道はこれまで以上に民主的というが、実はそういうものは存在しない。

偽善と狂信は実にうまく共存する。そのことをわれわれは認めなければならない。人を戸惑わせる基は、まさにアメリカ的な狂信が「節度」、つまり、現状維持を願う金持ち連中の「節度」に役立ちたいと願っているところにある。しかしながら、アメリカ帝国主義の推進力は、世界をアメリカン・ドリーム風の「アメリカ化」という公然の（しかも多分本音の）方向にではなく、想像を絶する悲劇的な混乱へと徹底的に陥れる方向に導くのだ。

4　人権を擁護する者への質問

最近出た本（題名『原則の問題』(51)とはご大層なものだ）は、かなりの数の人権擁護者による、しかもすべてイラク戦争に同意する者の寄稿からなるが、われわれがこれから批判しようとする類の考え方の好例である。著者たちにとって、卓越した軍事力を用いて介入し、イラク人をサダム・フセインの独裁から解放するのは、合州国の権利であるばかりか義務でもあった。イラクに大量破壊兵器がなかったことも、このような介入が国際法をないがしろにしたことも、まったく意に介さない。彼らの目には、人権は国際法の尊重よりもはるかに根源的な価値なのだ。彼らのうちの多くは政治的見取り図の中央か左に位置し、他の左翼がきっぱり人道的戦争の側に立てないというためらいに非難を加える。彼らによれば、このためらいは冷戦中にソ連に対して十分反対の声を上げなかったという、さらにはヒトラーに対する予防戦争に踏み切らなかったという西側諸国の犯した罪とも結びつく。

Texte ✦ イラク侵攻の始まり

受け入れられる唯一の戦略は、イラクが大量破壊兵器を使う可能性、あるいは使うと脅す可能性を排除することだ。短期的には、外交の失敗が明らかな以上、軍事行動を起こす意志を示し、長期的には、サダム・フセインとその政権を倒すという意味である。これがアメリカの対外政策の目標となるべきである。われわれは、貴政権〔クリントン政権〕にこの目標を明確に伝え、関心をサダム体制転覆戦略の実行に向けるよう要求する。［…］われわれが思うに、合州国には国連決議に従い、湾岸におけるわれわれの重要な利益を守るために軍事措置を含む必要な措置を講ずる権限がある。いずれにせよ、アメリカの政策は、安保理の全会一致に基づく誤った頑迷さにいつまでも妨げられるわけにはいかない。

（一九九八年一月二八日付クリントン大統領宛の手紙からの抜粋。署名者――エリオット・アブラムズ、リチャード・M・アーミテージ、ウィリアム・J・ベネット、デフリー・バーグナー、ジョン・ベルトン、ポーラ・ドリアンスキー、フランシス・フクヤマ、ロバート・ケーガン、ザルメイ・カリザド、ウィリアム・クリストル、リチャード・パール、ピーター・W・ロッドマン、ドナルド・ラムズフェルド、ウィリアム・シュナイダー、ヴィン・ウェーバー、ポール・ウォルフォビッツ、R・ジェイムズ・ウールジー、ロバート・B・ゼーリック。著名者のうちの多くの者がブッシュ二世政権の重要なポストを占めているか、占めていた。http://www.newamericancentury.org）

フランスではたとえ破壊兵器が存在していたとしても、イラクの大量破壊兵器の脅威を真面目に取る者は少なかったが、そのフランスでも、イラク戦争賛同者の主要な論拠――たとえばベルナール・クシュネルの――は人道的介入権だった。それに今日振り返っても、人権と民主主義の擁護以外のどんな根拠が、この戦争とその継続、占領の継続を正当化できたと言えようか。侵攻が不法であり、持ち出された口実が誤りだったことを認めるのなら、なぜアメリカ人がイラクから出ていくことを他国は率直に要求しないのか。実際、どの政府も、ほぼどの運動も、こうした要求は支持しない。なぜか。それはイラクを「安定化し」、そこに「民主主義」を打ち立てねばならないから、等々。したがって、たとえ多くの人権擁護団体やその支持者である知識人が当初戦争に反対だったとしても、彼らの行動の論理からして自然に、状況が「安定する」まで戦争支持に転じることになる。

イラクに固有の問題については最終章で扱うことにして、まずこの種の論理づけの根底を分析する必要がある。これは実は、三〇年前に始まったイデオロギーの行程の帰結なのだ。

ベトナム戦争が終わり、ニクソンが失脚したあと、合州国の威信は最低に落ち込んだ。カーター大統領は、キッシンジャーやニクソンのあからさまな図々しさとは対照的な無邪気な政治姿勢の持ち主で、人権を「アメリカ外交政策の核心(52)」としてうまく打ち出した。たしかに、ことばの表現で一定の改良があったことは認めるべきだろう。それまで合州国が明言してきた目標は、民主的であろうとなかろうと第三世界に断固反共主義の政府を持つ強い国家を作ることだった。まさにその政策によって当時の合州国は、ベトナムでこの手のいくつもの政府を支持し、また作りもして、破局を招いたばかりだった。人権擁護の論理は図々しい限りの政治行動と結びついていたのに（次の本文挿入テクスト参照）、フランスや他のヨーロッパの国々では、特に革命幻想が消滅した左翼の間では異例の成功を収めた。ちょうどこの頃、フランスのインテリたちは急カーブを切り始め、サルトルやフーコーに象徴的な反権力の立場から権力擁護、とりわけ合州国権力の擁護へと立場を変えるのだ。その象徴が「新しい哲学者」〔本書六五ページ参照〕である。社会主義諸国と（反植民地主義革命から成立した）第三世界諸国の両方に反対しての人権擁護が、この新しい動きとその主な論拠のライトモチーフとなった。

Texte ✦ アフガニスタンへのソ連介入の起源

ズビグネフ・ブレジンスキー——公式版の歴史では、CIAによるムジャヒディン〔アフガニスタン共産政権に対抗して各地で組織された民兵〕援助は一九八〇年中に、つまり七九年一二月二四日、ソ連軍によるアフガニスタン侵攻のあとに始まった。しかし現在まで秘せられてきた事実はまったく違います。七九年七月、カーター大統領は、カブールの親ソ政権への敵対者に内密の援助を行うとする指令にサインしたのです。その日、私は大統領にメモを書き、自分の意見ではこの援助はソビエトの軍事介入を引き起こすと説きました。

『ヌヴェル・オプセルヴァトゥール』誌——ソ連が「われわれは合州国のアフガニスタンでの秘密干渉に対して戦うのだ」と言って自分たちの介入を正当化したとき、誰も信じる者はいませんでしたが、根拠はあったわけですね。今の時点で、後悔はありませんか。

Z・ブレジンスキー——なぜ後悔することがありますか。この秘密作戦は素晴らしい案でした。ロシアをアフガンの罠にまんまとはめたのに、何を後悔するのですか。ソ連軍が正式に国境を越えた日、私は大統領に概ねこう書きました。「われわれはこれでソ連にベトナム戦争を与えてやるチャンスをもった」と。

(『ヌヴェル・オプセルヴァトゥール』によるズビグネフ・ブレジンスキーへのインタビュー、一九九八年一月一五〜二一日、七六ページ)

新しい知的勢力の基本的な考え方は単純である。民主的権利と人権は他のどこよりも西欧で尊重されており、これを人類の他の部分に広げるようにするのが、われわれの権利であり、義務でさえある、という考えだ。その上、この義務には優先権が付いている。他のすべてに優先する人権は、残りのすべての前提条件、たとえば開発の前提条件だからだ。このイデオロギーの穏健版では、他の場所で犯された人権侵害に対して、デモをしたり手紙を送ったりして、抗議することを求められるだけだが、強硬版では、経済的・外交的制裁措置を取り、もし必要なら、軍事介入に踏み切ることさえ求められる。

このイデオロギーの成功は、西欧左翼の変容に驚くべき働きをした。一九七〇年代には、人権の援用は合州国がベトナムで大敗北したあとの名誉挽回策だったのに、やがて多くの進歩的運動にとっての、唯一ではないにせよ主要な行動目標となった。さらにひどいことには、知的左翼のかなりの部分が、自分たちの使命は西欧政府の臆病と弱腰を批判することだと考えた。彼らの主張を聞いていると、現在の根本的な問題は、西欧が十分な場所に(コソボ、チェチェン、チベット、クルディスタンなどに)、十分な力で介入し、西欧の真の価値、民主主義と人権を奨励・輸出するのをためらっていることだと言っている気がしてくる。

軍事介入を持ち上げる人権イデオロギーの一番の弱点は、「…のためにわれわれは介入すべきだ」と言うときの「われわれ」のあいまいさにある。「われわれ」ということばは普通、この論をなす者が属する限られた集団を指すのではない。スペイン内戦時の「国際旅団」のメンバーの場合には使われなかったはずだ。実際にこのことばが使われるのは、今日の場合、介入に十分強力な国、とりわけ合州国の軍隊を指すときだ。ボスニアおよびコソボの事件のとき、一部のフランス知識人は、マルロー、オーウェル、ヘミングウェイのスペイン〔知識人がファシズムと闘う共和国軍に義勇兵として参加〕の再現を見たらしい。だがスペインのときとは微妙な違いが二点ある。一点は、実際には彼ら今日の知識人はほとんどパリの部屋に具合良く座っていたこと、二点目は、スペイン共和国軍はU・S空軍に取って代わられていたことだ。ところで、合州国の政治を見る限り、人権や民主主義の進展に対する真面目な関心などかけらも見あたらない。少なくとも、その価値の実現を優先するために戦争をするのは矛盾である。人権のための戦争をするよう軍隊に要求するためには、戦争の本質にかんして無邪気な見方が要るし、短期のきれいな戦争神話を信じることも必要となる。だが、イラクの例で明らかなように、戦争というものは、いつ始まるかはわかっても、いつ終わるかはわからないし、たえずゲリラに狙われている軍隊に、情報を得るのに拷問に頼らぬよう期待するのは、おとぎ話の世界だ。フランス軍はアルジェリアで頻繁にこの手段を使ったし、米軍はベトナムで、またイラクでもやっている[53]。フランス兵もアメリカ兵もそのとき「人権を尊重する、民主的な国」の市民だったはずだ。しかしそれはあくまでも比較的社会が平和だったときのことだ。

Texte ✦ クシュネルと真実

リチャード・ホルブルック〔アメリカ国連大使〕を前にしたベルナール・クシュネルとアリア・イゼトベゴビッチの対話。クシュネルが切り出す。

――ミッテラン大統領の訪問のことを覚えていますか。

――今も感謝しております。

――フランソワ〔・ミッテラン〕との対話の中で、あなたはボスニアの「絶滅収容所」のことに触れ、記者たちの前でもそれを繰り返した。それで、世界中が大騒ぎになりました。フランソワは私をオマルスカ〔ボスニア北部の町。セルビア人によるボスニア人・クロアチア人収容所があった〕に派遣し、われわれは他の監獄の中にも入りました。恐ろしい場所でしたが、組織的な絶滅は行われていなかった。ご存じでしたか。

――知っていました。私の暴露が空爆を早めるかもしれないと思っていました。フランスとその他の反応を見ていました。〔…〕私は間違っていました。

ホルブルック氏がことばを継いだ。

――あなたはヘルシンキで、ブッシュ一世大統領は反応しないだろうと理解していた。

――ええ、何とか反応するように努めたのですが。でも私の確言は嘘でした。たしかに恐ろしい場所ではあったけれど、絶滅収容所はなかったのです。

クシュネルは最後に言った。

――素晴らしい会話でした。死を前にしたこの男は自分の果たした歴史的役割を包み隠さずわれわれに話してくれた。リチャード〔・ホルブルック〕と私は彼に心からの敬意を表した。

（ベルナール・クシュネル『平和の戦士』パリ、グラッセ、二〇〇四年、三七三〜三七五ページ）

人権イデオロギーは間接的にはなかなか見事な効果を挙げている。イラクの場合、拷問はほぼみんなに非難されるが、占領についてはそうではない。だが、拷問を非難し、占領を非難しない者は、アメリカ軍のところに行って、軍はどう行動すべきかを講釈してみるが良い。力ずくで情報をもぎ取って攻撃に備えるようなことなどせず、水中にいる魚のように住民の中に隠れたゲリラにおとなしく撃たれること。世界のどの軍隊もそんなことなど受け入れはしないだろう。介入を望む者は戦争を望むことになり、戦争を望む者は拷問を望むのだ。

善意の人が、拷問は有効でないと時折言うが、残念ながら、そうした発言は絶対の真理からは遠い。拷問は間違いなくアルジェのＦＬＮ（民族解放戦線）を壊滅させることができた（もちろん、それによってフランスがアルジェリアの後見を維持できたわけではなかったにしろ）。多くの反乱、たとえば、キューバ革命後のラテン・アメリカでの反乱も、最後にはことごとく敗北している。このとき拷問が重要な役割を演じていたことを忘れてはならない。

合州国では、ペシミストはイラクがベトナムであると考え、オプチミストはイラクがエルサルバドルであると考える。(54) だが誰も、もはや人権の尊重が、晴れやかに微笑む未来であるとは本気で信じてなどいない。

Texte ✦ 暴力の独占

アメリカの部隊が一軒のドアを破って入るごとに、そして市民を一人撃ち殺すごとに——それが度々だ——、当面の状況は悪化する。それでも、占領の最初の任務が、作り上げた政府による最初の任務、つまり独占的暴力の確立であることに変わりはない。

（ジョージ・ウィル『ワシントン・ポスト』二〇〇四年四月七日）

強硬版人権イデオロギーのもう一つの根本的誤り、それは、ある社会がたとえ内政面で民主的だとしても、その社会が自分以外の世界に対して愛他主義的態度を取るわけではまったくないことを、認めようとしないことだ。極端な例を一つ挙げれば、イスラエルを考えれば良い。この国がユダヤ系に対して、いや非ユダヤ系でもいいのだが、ともかく住民に対して近辺の他の国々よりも民主的であることは間違いない。しかし最低限言えるのは、占領地域のパレスチナ人や、一部占領地域だったレバノンの人々に対する権利の保護にかんしては、この国を信頼できないということだ。それと同じ指摘は植民地帝国時代の被植民地の住民についても言えるだろう。本国は当時より「人権を尊重する民主国家」であったはずだ。そもそも「人権擁護」はすでに植民地計画の正当化の道具として使われていたのだ。(55) 空爆や経済制裁の被害者について見る限り、合州国が言論の自由を備えた自由な国であるという事実は、一般に考えられているほど大して良い方向には働いていない。というのは、「自由な」報道は呆れるほど同質であり、自由であることそれ自体がプロパガンダの道具として有効性を高めているからだ。政府による報道規制が行われている国の市民はやがてそのことに気づき、いずれは発表の中身を信じないようになる。たしかにアメリカの報道機関も、最後は自国が行うベトナムへの武力投入を批判するようになったが、一体それまでに何年を要し、何人の死者を出したことか。また、その批判にしても、一九六八年のテト攻勢〔一月三一日に始まる北ベトナム人民軍とベトコンによる大攻勢。ベトナム戦争最大の転機となる〕のあと、アメリカのエリートたちがこの戦争は軍事面でも国内の混乱の面でも高くつきすぎると認めたのちに初めて行われたにすぎない[56]。一方、イラク国民に課された殺人的な輸入禁止措置に至っては、同様の抗議の声はついぞ上がらなかった[57]。二〇〇三年の戦争について言えば、アメリカのマスコミはありとあらゆる公式の偽情報を入念に流し続けた。そしてまたもや、頑強なイラクの抵抗が顕著になって初めて、各メディアの間では戦争報道について微妙な違いを見せるようになった。

Texte ✦『ランセット』誌の調査

二〇〇四年一一月、世界で最も権威のある医学雑誌、英国の『ランセット』は、イラク侵攻がもたらした死亡者数の調査結果を発表した。下した結論は次の通り。「保守的な仮説を立てれば、二〇〇三年のイラク侵攻以来、およそ一〇万人か、それ以上の死者が出たと、われわれは考える。増加した死者の大部分の原因は暴力であり、暴力による死者の大部分の原因は他国軍による空爆であった[58]」。保守的な仮説とした理由は、激戦地ファルージャにかんする資料を考慮に入れなかったためであるようだ。一方、アメリカのメディアは直ちにこの調査結果を信用性の低いものとし、英国のメディアもやや穏やかながら同じ論調で、「ヒューマン・ライツ・ウォッチ」〔アメリカの国際人権NGO〕の軍事専門家マルク・E・ガルラスコのコメントを中心に繰り返し報じた。彼は「これらの数字は誇張されている」と言明したのである。だが彼は自分が『ランセット』の調査を実際には読んでいないことも同時に認めている。

この調査のメンバーの一人レスロバーツは、コンゴ東部の紛争を調査したときにも同じ手法を用い、推定死者数一七万人を割り出した。この数字には西側のメディアも政治家もまったく疑いを抱かなかった。それどころか、トニー・ブレアとコリン・パウエル〔一九三七年〜。アメリカの政治家。当時、国務長官〕は二人ともこれを引用しさえした。レスロバーツが指摘するように、「新薬や健康へのリスクにかんする事柄では毎日のようにジャーナリズムでも取り上げられている疫学の論理が、こと死をもたらす機構である自国の軍事力との絡みで取り上げられると、途端に通用しなくなるのは奇妙なことである」[59]。

アメリカ軍を人道目的のために活用するという、美辞麗句的な考え方に根底から批判を加えるとするなら、一言で済む。軍隊の目的は最良のケースで自国を守ること、さもなければ他国を攻撃することに尽きる、と言えば良い。その目的はいずれも（たとえ前者の目的が正当であるとしても）、愛他主義ではない。ところが、人道的介入派は軍隊が愛他主義とみなされる行動に使われることを期待する。なぜそうなのか。

たしかに、人道的介入派は、「近代」軍の目的は単に自国を守るだけでなく、他国を助け、抑圧された住民を救うことでもあると主張する。しかし、そのためには「解放者」の側にあまりコストのかからない、死者の出ない戦争であることが前提となる。そうでなければ、兵士の家族が自分たちの子どもは何の目的のために死んだのかと尋ねてくるだろう。二〇〇五年夏、その通りのことが起きた。

イラクで殺された兵士の母親シンディイ・シーハンがブッシュのバカンス先、テキサス、クロフォード牧場の前にテントを張って泊まり込んだ。彼女がブッシュの面前で聞きたかったことはただ一つ、「私の可哀想な息子はいかなる大義名分の下で死んだのか」[60]。当然、戦争支持者らは彼女に激しい怒りをぶつけた。彼女の反論は単純明快だった。軍隊は定員不足で募集している、あなたがたはどうして志願しないのか、と。現在、アメリカ軍は女性も男性も雇い、四〇歳以上の人間を「再召集」しているのだから、この質問から逃れるのは容易でない。この戦争が短期でも楽なものでもなくなったら、この質問をすべての人道的戦争支持者に投げかけてみても良いだろう。

　支配的な論調で注目されるのは、また右に挙げた問題が少なくとも暗示しているのは、実はそこに二つの言説があるということだ。一つは、干渉権、人道的介入などを論じる、知識人やエリートに向けての言説、もう一つは、危機に対する自己防衛を口実として対テロ戦争、大量破壊兵器を語る、その他大勢に向けての言説だ。実際のところ世間の大半は、もし政府が愛他主義的行動を果たしたいなら戦争以外にやるべき仕事がいくらでもあることを理解できる十分な良識をもっている。反面、こうした人々は自分たちの身を守るためなら自己犠牲をも厭わない。不幸にして、彼らはたいていテレビ以外の情報手段をもたない。テレビは恐怖を植え付ける天才だ。知識人の方はより情報が入手しやすい立場にいるから、権力が煽る脅威がオーバーであるという事実をわきまえている。それゆえ、戦争を正当化するために人道的戦争イデオロギーを作り上げ、またそれを必要とするのは主にこの知識人たちなのだ。レイモン・アロン〔一九〇五～八三年。フランスの社会学者・哲学者〕はマルクス主義を皮肉って、「知識人のアヘン」だと言った。ある時期にはそれが本当だったとしても、今日では人道的介入イデオロギーこそが知識人のアヘンだと言える。

人権イデオロギーの穏健版、かならずしも戦争を称えはしないが、第三世界のさまざまな国への何らかの干渉を勧め、その国を苦しめる状況をたえず告発している穏健版も、厳しい批判の対象となるべきだ。実際、この連中は事態のある側面だけにこだわり、別の側面を陰に追いやることで、歪んだ世界観を打ち立てる。そのおかげで、人権イデオロギーの強硬版が勢いを付け、帝国戦争反対派がおとなしくなっていく。

繰り返して言うが、この批判は何らかの文化相対主義に基づくものではない。私は一九四八年の世界人権宣言に含まれている権利全体の実現が最も望ましい目標であることを一〇〇％認める。また、個人の自由、たとえば表現の自由がかつての社会主義諸国におけるよりも、あるいは大部分のムスリム諸国におけるよりも、「われわれの」国々においてははるかに尊重されていることを喜んで認める。この事実は報道にかんして先に述べたことと何ら矛盾しない。少数・異端の意見が許されるという事実は、マスメディアのレベルで真の討論や真の多様性が存在しているということを意味するわけではまったくない（次の本文挿入テクスト参照）。

しかし、このような認識に立ったとしても、基本的な考え方にかんする三つの問題が出てくる。まず、第三世界における移行の問題。人権という考え方がまだ形をなしていない封建的あるいは植民地的状況から、現在西側に存在しているような状況への社会の移行はどのようにして可能となるのか。付け加えれば、この点にかんして、われわれには他の世界に教えるべき何かがあるのか。二番目は、一九四八年の世界人権宣言にある二つのタイプの権利、すなわち個人的・政治的権利と社会的・経済的権利の存在から生じる問題。この二つはどの程度たがいに両立可能なのか。もし可能でないなら、どちらに優先権を与えるのか。三番目は、力関係と世界におけるわれわれの地位の問題。豊かな国のさまざまな組織が貧しい国における人権侵害をお決まりのように告発しているが、こうした告発の効果とその道徳的価値はどこにあるのか。

Texte ✦ 自由なメディア

ニューオーリンズの悲劇〔二〇〇五年九月、ハリケーンに襲われたニューオリンズは政府の無策で大被害を受ける〕から間もなく、アメリカの黒人歌手ケイニイ・ウェストは犠牲者支援のライブ放送の折、こう断言した。「メディアの奴らがわれわれについて言う言い方にはうんざりだ。黒人の家族を見ては「あいつらは盗む」と言い、白人の家族については「彼らは食べ物を探している」と言う。おまけに、［連邦の援助を待つのに］五日もかかった。待っているのはほとんどが黒人だったからだ。[…] ジョージ・ブッシュは黒人なんてどうでもいいんだ」。中でも面白かったのはテレビ・チャンネルNBCの弁解である。「今夜の放送はライブで、感動的です。ケイニイ・ウェストは彼のために用意されたコメントを語りませんでした。彼の意見は当チャンネルの意見とはまったく違ったからです」。

われわれはソビエト・メディアを今でも非難していなかっただろうか。

（『ワシントン・ポスト』二〇〇五年九月三日、C01ページ。http://www.washingtonpost.com/wp-dyn/content/article/2005/09/03/AR2005090300165_pf.html）

■移行あるいは発展の問題

マフィアの一員が年老い、法と秩序を守ろうと決心して、自分の部下を責め立て、隣人愛と命の尊さを説く様を想像してみよう。その彼が、一方では不法に貯め込んだ財産を守り、そこから生まれる利子で悠々暮らしていたとすればどうだろう。とんでもない偽善がそこにある、そう非難しない者はいないだろう。しかしながら、人権の擁護者、西欧に対して同じ反応を示す者はほとんどいない。この態度の理由を理解するのは難しい。

まず、われわれがどのような歴史的過程を経たのちに、かくも誇りにしている現在の文明状態に達したのか考えてみよう。もちろんそれは、単に民主主義によってだけでも、自由市場や人権尊重によってだけでもない。あるいはキリスト教の本質のおかげだけでも、啓蒙思想の偉人たちのおかげだけでもない。幾多の戦争、植民地主義、子どもの労働、暴君、略奪もまた、われわれの文明の土台をなしている。ビスマルク、ヴィクトリア女王、二人のナポレオン、レオポルド二世〔ベルギー王、在位一八六五～一九〇九年〕、セオドア・ルーズベルトたちのやったこと、いわんやコンキスタドール〔一五世紀から一七世紀にかけてのスペインのアメリカ大陸征服者〕や奴隷主義者たちの行動も、われわれの発展に貢献しなかったと思うのは難しい。間違いなく言えるのは、これらの行動は人権になじむものでは到底ないということだ。

人権は普遍的な価値なのだから、今ではどんな経済的、文化的特殊性も人権侵害を正当化できるはずはないとの反論が聞こえてきそうだ。だがまさにそこが問題なのだ。たしかに、論理的に言えば、マフィアの一員が合法性や隣人愛を守るのは正しいことだろう。だが、彼の態度は偽善であろう。同じ批判が同じ理由で人権をめぐる西欧の論調に向けられても当然なのだ。人権が西欧で尊重されるようになった（少なくとも国内で）のは、長い歴史の果てに、特に文化的、社会的、経済的な長い発展期間を経てからである。このことを認めるなら、社会・経済的発展において別のレベルにある国々がどうしてわれわれのレベルに到達しうるのか、また、われわれの社会が彼らの発展段階にあったときにはまったく尊重などしていなかった人権をどうして今彼らがわれわれの基準に合わせて尊重することができるのか、考えてみるべきだろう。ここでまたもや反論が出るだろう。人権の尊重と発展とは対立するどころか、むしろ相互補完的ではないかと。しかし、残念ながら、ことはそれほど単純ではない。その理由は、われわれの発展に疑いなく役立った要因、すなわち第三世界の国々が今日自由にならない要因の例を挙げれば十分だ。それこそが、われわれの過去と彼らの現在との不均衡をなし、ひいてはわれわれが言う意味での人権とは矛盾する根源となるのだ。

その要因として第一に挙げるべき最も重要な例は、当然ながら**植民地主義**である。この植民地主義がわれわれの発展と非西欧社会の低開発に与えた影響については正確に測ることは難しい――そういう主張がしばしば聞かれるが、まさにそこにこそ問題の核心がある。ある社会の経済的発展を可能にするものは何か、とりわけ文化的要因がもつそこでの役割とは何か、それを本当に知ることは誰にもできない。たとえば、われわれの発展にとって、植民地という大冒険とともに抱いた人種的優越感がわれわれにどれだけの自信をもたせることになったのか、マックス・ウェーバーが主張したプロテスタント精神はどれくらい重要だったのか、その果たした役割の程度など誰が測れるというのか。答えにくいこの種の論争の主題は、ベールの端をちょっともち上げてみるだけで、その陰には数多くの問題が隠されている。

このことを考える手がかりとして、次のような世界を想像してみよう。地球の地表に現れた部分はヨーロッパだけであり、その他は水中にあるような世界。この世界には黒人貿易も、アメリカ大陸の黄金も、植民地の拡大も、中東の石油も、北アフリカ出身の労働者も、シベリアの天然ガスも、何もない…。この場合、われわれの世界はどんなふうになっているか。もしこの問いに答えられないなら、「植民地主義がわれわれの発展に影響を及ぼすことは大してなかった」という言い方にどんな意味があると言うのか。

もう一つの要因の例として挙げるべきは**移民**の問題である。ヨーロッパ人が「たくさん子どもを作っていた」とき、子どもたちを世界の他の地域に送り込んで住まわせるのは、簡単なことだった。それが争乱や革命を避けるうまいやり方だと考える者さえいた。騒ぎを抑え込むには、ちょうど今多くの貧しい国々で見られるのと同じ「人権侵害」がわれわれの同胞に対しても行われていた（次の本文挿入テキスト参照）。しかし第三世界で人口爆発が危機をもたらすとき、その過剰な人口はどこに輸出されるか。われわれのところしかない。それも、われわれがやりたがらない仕事だけをやらせるために、そしてその労働力が必要とされる範囲内で。ローデシアに移住した白人の場合とはまったく異なる。彼ら白人は馬で一日走れるだけの土地を自分のものにすることができたのだから。

Texte ✣ 帝国と腹

スラテッド記者は語る。彼の親友セシル・ローズが一八九五年、帝国主義の考え方について持論を述べた。

「私は昨日イースト・エンド〔ロンドンの労働者街〕に行き、失業者の集会に出てみた。そこで激しい演説を聞いた。パンを！パンを！という、声を揃えた叫びだった。帰る途中、その光景を思い出して、私はますます帝国主義の重要性を確信した。〔…〕私の切実な考え、それは社会問題の解決、つまり、英国連合王国の四〇〇〇万の住民を血なまぐさい内戦から救うために、われわれ植民地担当の政治家は新領土を獲得し、過剰な人口をそこに住まわせなければならない。そうすれば、わが工場と鉱山の産物の新たなはけ口ができる」。帝国とは、と彼は続けて言った…胃袋の問題である。「もし内戦を回避したければ、帝国主義者になるべきだ」。

(『ディ・ノイエ・ツァイト』一八九八年、一六年目第一号、三〇四ページ。レーニン『帝国主義、資本主義の最終段階』所収、普及本、パリ、ル・タン・デ・スリーズ、二〇〇一〔一九二〇〕一四三〜一四四ページ)

現代の問題に戻れば、「迫害を逃れるために自国を出る権利」(世界人権宣言第一四条に保障されている)を合州国は異常なほど恣意的に利用する。(61) たとえば、一九八一年から九〇年の間にアメリカ官憲に阻止されたハイチ人難民二万四〇〇〇人以上のうち、被保護権を得たのはわずか一一人だけ(一万一〇〇〇人ではない)である。これに対して同期間のキューバ人難民は七万五〇〇〇人中の七万五〇〇〇人が同権利を得ている(つまり自動的に得られる)(62)。一方は全員が「経済難民」、他方は全員が真正の「政治難民」であるとみなすには、並々ならぬ熱意が必要だろう。「自国を出る権利の賦与」にかんする人権宣言第一三条のことも考えてみよう。冷戦中、合州国はこれを援用してソビエトのユダヤ人の出国要求を支持することに熱意を燃やした。一方、この条文は同時に、自国に戻る権利も認めている。人権宣言批准の翌日、国連は土地を追われたパレスチナ人に自分の土地に戻る（もしくは、代償金を受け取る）権利の賦与にかんする決議一九四を採択した。だが、世界の秩序が根底から覆らぬ限り、これが実現しないことは誰でも知っている。ついでに記すと、パレスチナのガザ地区を不法に占拠しているイスラエルの植民者の場合は、その地を去るに際して一家族平均二五万ドルを受け取っている。(63)

結局のところ、この「自由な人間交流」についての西側の大宣言から得られるきわめて残酷な真実は、次の逸話を挙げるだけで一目瞭然だ。中国の指導者、鄧小平が合州国を訪れたとき、彼は国境を開くよう求めたカーター大統領にこう答えたそうだ。「結構です、何百万人くらいの中国人を受け入れてくれますか」。

さて、われわれの発展に疑いなく役立った要因の三つ目の例、それは強力で安定した**民族国家の建設**であり、これには建前上最も自由主義的な国家でさえ、異常なほどの経済的役割を担ってきた。すなわち、自国の新しい産業の保護、インフラ整備、通貨規制、教育などに対してである。合州国の「防衛」予算、すなわち、今日では世界全体の防衛費の四七％を占めている予算(64)（つまり、それ以外の世界全体とほぼ同じ予算）は、少なくとも部分的には軍事的ケインズ主義に基づいて使われ、自国のハイテク産業に莫大な援助をしてきた。とはいえ、西欧の強国が理想的な建国をしたわけではない。

外部との戦争や、先住民族の絶滅、内部での遠心力的暴力。暴力による迫害はしばしば何世紀も続いた。もしロシア人がチェチェン人に対して、かつてアメリカ人がアメリカインディアンに対してやったことと同じ行為をしていたら、今日チェチェンには紛争なんてないはずだ(もちろん私は、アメリカインディアンに対してやったことをチェチェン人にもやればいいと言っているのではない。ただ、西欧人がこの紛争について語る際には、もう少しチェチェンに理解を示して謙虚な態度を取ってほしいと言いたいのだ)。もしユーゴスラビアや中国が自国の経済発展のために長い時間を費やせていたなら、そしてこれらの国が世界の中で支配的地位にいることができていたとしたら、コソボ人やチベット人はおそらく今のコルシカ人やバスク人と同様の状況にいるはずだ。およそ完全に満足というわけではないにせよ、分離を要求する状況にはほとんど至らなかっただろう。

これらに加え、**金の流れ**が四つ目の要因の例となる。われわれの対外援助予算はGNP(国民総生産)のごくわずかな部分でしかない。しかも、純粋な対外援助と言う場合にはそこから軍事目的や経済振興のための援助額を差し引かねばならない。しかし、第三世界の多くの国々が負わされた「借金の返済義務」は、それをはるかに上回る金額である。西欧の国々の場合、その発展時には――少なくともそんなにたくさん――払ったことのない借金である(65)。さらに、インドネシア、アルゼンチン、ブラジルの場合には、その借金の一部は借り手の国民のものではなく、貸し手の国々(すなわち西欧)が「選んだ」独裁政権から引き継いだものだ。言ってみれば、X氏がY氏に借金の利子の支払いを求めたとして、この借金はY氏の預り知らぬまにY氏の名でZ氏が取り決めたものだから、X氏とZ氏は実は共犯関係にあるということだ。

この借金という最後の要因が、貧しい国々をして本来の政治的権利よりも経済的・社会的権利にかんする義務を重んじる方向に傾かせているのは確かである。この二つのタイプの権利の関係についてはあとで扱いたい。それにしても、国家が破産し、それが反乱を引き起こし、しかもその反乱がしばしば外国の後押しで企てられたものだとすれば、政治的権利の実現に必要な最小限の安定というものはどうやって保持されればよいのだろうか。ユーゴスラビアの悲劇はこの種の状況がよくわかる例である。もっとも、この特殊なケースでは、問題の当の側面についての分析はほぼ完全に無視され、代わりに「民族主義」、主にセルビア人の民族主義を糾弾する分析が幅を利かせた。セルビア人は、たまたま旧ユーゴスラビアでは西欧の強国に「ゴッドファーザー」になってもらえなかった唯一の民族をなし、ドイツを後ろ盾にしたクロアチア人や、合州国にその役をやってもらったボスニアのムスリムとは対照的だった(66)。

さまざまな国の発展をめぐるこうした側面について考えてみると、二つのことに驚かざるをえない。一つは、発展には山ほどの苦しみが伴ったこと、もう一つは、発展の行進の先頭グループにはあとに続こうとする国に対して実際に自分たちを真似るのを妨げる手段があったことだ。最初に英国の産業化があり、そのあとにフランスが続いた（強国の話に限るとして）。両国の間で深刻な対立が生じることはなかったが、いずれの発展も植民地での恐るべき犯罪と並行して行われた(67)。ついで、合州国、ドイツ、日本が参じる。合州国の場合は、インディアンの虐殺とラテン・アメリカでの新植民地主義の拡大として現れ、あとの二国の場合は、「先進」国に追いつき、自前の植民地をもとうとする意志が両次大戦へと導く一要因を作り出した。ソビエト連邦がこれに続き挽回競争に乗り出す。この国の場合、残虐な行為は特に国内に向けられた。植民地拡大の可能性がなかったからだ。そのために西側の知識人は、ソ連の状況を同時期の、たとえば英国やフランスと比較し、いつも糾弾した。同時期の、もしくは産業化時代初期の、自国の植民地の状況と比べることはしなかった。

第三世界の国々に対する国際機関の勧告は主に「西欧を見習いなさい」といった内容である。これを見ると、何を考えているのかと問いたくなる。インドとパキスタンがカシミール問題を扱ったように、あるいはフランスとドイツがアルザス-ロレーヌ問題を扱ったように解決せよと言うのだろうか。インドと中国の現在の発展は理想的と言うには程遠く、ディケンズの英国〔ディケンズは一九世紀ヴィクトリア朝英国を代表する作家〕の拡大版にすぎない。恥ずべき労働力の搾取、児童労働、農民層の不安定化である。この状況はしばしば西欧で非難される。どうしろと言うのか。彼らがわれわれを植民地化すれば良いのか。

結局のところ、人権を擁護して議論を支配する者は、どうにも抜けられないジレンマを前にしている。仮に、西欧が選んだのとは別の発展の道、民主主義と人権を尊重する道が存在すると主張したとしよう。しかしこの場合、われわれの生活様式を全人類に広げるには資源が枯渇するという先に述べた問題は脇に置くとしても、この道がどこにあるのかをまず説明してもらわなければならない。単に存在すると言うだけでは困るのだ。

あるいは、発展は大して重要ではないと言い切ったとしよう。大事なのはいくつかの大原理だけで良いと。しかし、第三世界の指導者たちは決まってこうした西欧の偽善を告発するし、これに反論するのは容易ではない。何しろ高い生活水準と政治的安定は当の大原理を侵害した結果なのに、西欧にはそれを放棄する気などさらさらない。少なくとも言えるのは、発展の放棄が「人権擁護者」の優先事項ではないらしいということだ。

Texte ✦ 人権にかんする別の視点

一部の人々の人権が侵害されたという理由で一〇万人もの人間を殺すことは矛盾のように思われる。にもかかわらず、人権チャンピオンたちの狂信主義がやったことは、救けた人間の数よりも多くの人間の人権を奪い、その中の多くの命をも奪う結果をもたらしたことだ。［…］

無辜の民の血、すなわち、イラク人、アフガニスタン人、パナマ人、ニカラグア人、チリ人［…］の血にまみれた手をもつ人々、国際法を無視し、軍事攻撃を始めた人々、［…］この人々にわが国〔マレーシア〕の人権について批判する権利などあるのだろうか。［…］

イスラエルにさまざまな武器、軍事ヘリコプター、劣化ウラン弾を供与し、反撃の手立ては自爆攻撃しかない民族に戦争を仕掛けている。［…］

こうした強国と仲良しでない国々に対して、強国はその政府を転覆させるために、それを望む非政府組織〔ここでは市民社会組織としてのＮＧＯではなく、武装集団を含む反政府組織を指す〕を支持し、強国の言うことを聞く候補だけが勝つよう裏金を支出する権利があると考えている。［…］

イスラムの名において、また他の宗教の名において数知れない悪事がなされてきたように、さらにひどい悪事が民主主義と人権の名において犯されている。

（二〇〇五年九月九日、ＳＵＨＡＫＡＭ（マレーシア人権委員会）人権会議でなされた前マレーシア首相モハメド・マハティールの演説からの抜粋。西欧の外交官たちはこのとき退席した。http://informationclearin-ghouse.

info/article1 0305.htm）

最後に強調したいのは、ここに描かれた批判は、通常よく聞かれる批判、すなわち、合州国が民主主義を守ると言いながら、あれこれの独裁制を支持しているという批判よりも、はるかに本質的であることだ。人権尊重にかんし、われわれがどのようにして現在の段階にまで至ったか、その過程こそが、われわれが世界の他の地域に教訓を垂れるなどとんでもないという事実を示している。

■さまざまな権利の間の優先順位の問題

一九四八年の世界人権宣言は、個人的権利、政治的権利のほか、健康への権利、教育を受ける権利、社会保障の権利など経済的、社会的権利をも掲げている。[68] 健康への権利以下についてどう考えるにしろ、実際にこれらは宣言の一部をなし、他の諸権利と同様、宣言の署名者たちを一つにつないでいる。ところが、レーガン政府の国連大使ジーン・カークパトリックは、これらの権利は「サンタクロースへの手紙[69]」であると言い切った。しかもこの発言は大した騒ぎにもならなかった。もし第三世界の指導者が「個人的権利と政治的権利はサンタクロースへの手紙である」と言い切ったなら、われわれの新聞と知識人は何と言うだろうか。

西欧の支配的な論調では、個人的・政治的権利は絶対的優先事項とみなされ、その他の権利——経済的・社会的権利——は発展の恩恵を受けてその後に続くと思われている。しかし、すでに見てきたように、西欧の歴史はこのようなものの見方を何ら証明していない。それどころか、キューバの例が明らかにしているように、こうした優先順位の付け方は別の問題にぶつからせる。

いつの頃からか、キューバに対する民主化要求をヨーロッパ左翼が口を揃えて唱えている。話をわかりやすくするために、ここではキューバ政権が（西側のメディアが伝えるとおり）「全体主義的」であると認めたとしよう。しかし、キューバに求められている「民主主義」が存在するはずの他のラテン・アメリカの国々では、保健や教育が著しく劣悪であり、人口のかなりの部分を占める貧しい人々がその恩恵に預かれていないのは明らかである（本文挿入テクスト八五ページ参照）。もしキューバの保健政策が他のラテン・アメリカの国々でも行われたなら、何十万人もの人命が救われるはずだ。さらに注目すべきは、健康と教育にかんするキューバの努力は、ソビエト連邦がこの国に対する援助を停止してからもなお、長く続いている。しかもそれは、強大国アメリカによる厳しい通商禁止と数々のサボタージュ行為に苦しんできたキューバ政府が、防衛とスパイ防止にも相応の財源を充てざるをえない環境下にあった上でのことだ。

この状況はヨーロッパ左翼の多数派を深刻なジレンマに陥らせる。一方の選択は、合州国の影響下にある貧しい国々の現実の条件下での民主化は（新聞報道のあり方や選挙キャンペーンの財源の出所を見ればわかるように）国民全体の健康とは相容れないことを認めることである。しかし、それならなぜ、国民全体に行きわたる保険制度をラテン・アメリカで実現すべく、そのための改革を要求しないのか。(70) なぜ、キューバに民主化実現を要求するのと同じ熱心さでそれを要求しないのか。

Texte ✦ 選挙

在米外国人が直接、あるいは第三者を介して、政治的職業を選ぶ選挙あるいは予備選挙［…］に参加することは、すべて違法であると宣言される［…］。（連邦修正法第二条四四項1e(a)）

【合州国が他国の特定の政党や候補者に資金を出して介入した国々とその年代[71]】

イタリア　一九四八年
フィリピン　一九五〇年代
レバノン　一九五〇年代
インドネシア　一九五五年
ベトナム　一九五五年
英領ギアナ　一九五三〜六四年
日本　一九五八年〜七〇年代
ネパール　一九五九年
ラオス　一九六〇年
ブラジル　一九六二年
ドミニカ共和国　一九六二年
グアテマラ　一九六三年
ボリビア　一九六六年

チリ　一九六四年、七〇年
イタリア　一九六〇年代〜八〇年代
ポルトガル　一九七四〜七五年
オーストラリア　一九七二〜七五年
ジャマイカ　一九七六年
パナマ　一九八四年、八九年
ニカラグア　一九八四年、九〇年
ハイチ　一九八七〜八八年
ブルガリア　一九九〇年
ロシア　一九九六年
モンゴル　一九九六年
ボスニア　一九九八年
プエルトリコ　二〇〇一年
ニカラグア　二〇〇一年
ボリビア　二〇〇二年
スロバキア　二〇〇二年
エルサルバドル　二〇〇四年
アフガニスタン　二〇〇四年

もう一方の選択は、「現に存在している」民主主義をキューバに導入することは、資本主義的な意味での経済改革を不可避にし、結局はＩＭＦの介入を招き、必然的に国民全体の健康が損なわれる結果になると認めることである。つまり、このケースでは、少なくとも貧しい国々では、無償治療か複数政党制かの選択をしなければならなくなる。旧社会主義国のその後を見れば、この危険が現実味を帯びることに納得がいくだろう。それでは、何を基にしてこの選択を行うのか。相当数の政治犯と相当程度の検閲・弾圧は、何千人もの子どもの飢え死によりも、ひどいと言えるのだろうか。そして、おそらくもっと重要なのは、この選択がたいてい、健康への配慮も民主的自由も両方とも享受している人々（ヨーロッパの知識人や「国境なき記者団」〔一九八五年、言論の自由の擁護のために設立されたジャーナリストのＮＧＯ〕の指導者たち）によってなされることだ。一日一ドルか二ドルで暮らす二〇億、三〇億の人々にどんな選択ができるだろうか？　こうした問いに満足のいく答えがあると言うつもりはない。しかし、これまでこうした問いが出されることは稀であったし――これは、はっきりと言える――、なぜ問われなかったのかを理解するのは容易である。

一九四八年の世界人権宣言の内容がどれも望ましいものであることは明らかだ。したがって、宣言の一部――社会的、経済的権利を指す――を「除去する」ことは、他の一部を除去するのと同様に不当である。一方で、政治的権利から社会的権利への道が開けるという考え方もありうる。だが、ことはそれほど簡単ではない。ここで、次のような惑星について想像してみよう。この惑星にはわれわれと同様な存在が住みついているが、長い歴史の過程の中で、あからさまな暴力が実権を握り、ごく少数の個人が富の全体と生産・通信手段を所有している。残りの住民は窮乏状態で暮らし、教育からも福祉からも遠ざけられ、富める個人の欲望を満たすために重労働をしている。また、この惑星には自由選挙もあれば、批判的知識人もいないわけではないが、いずれも完全に脇に追いやられ、富の分配レベルはどうやっても変わらない。実際、富んだ小グループはメディアを支配しているから、より平等なシステムを求めるすべての者に対して脅しと恐怖のキャンペーンを繰り返し流すことができ、その財力で政治的人材とインテリの主力を買い取ることができる。もちろんこの惑星はわれわれの地球とはまったく異なるが、個人的・政治的権利にかんする人権宣言の一部は充足されている。しかしだからといって、これが公正で望ましい状況だとは言えないだろう。

われわれの地球がこの想像上の惑星ときわめてよく似ているとはいえ、まったく同じでないことは、はっきりと言わねばならない。実際、地球では政治的権利がついには経済的次元で変革を起こすことも期待できる（ヨーロッパの組合および左翼の発展でそれはある程度まで実現した）。しかし、この考え方は、政治的権利を他の一切を配慮せず優先させるという考え方とは真っ向から対立する。

人権イデオロギーが生まれる以前は、政治的権利を優先させないという考え方は等しく認められていた。とにかくあらゆる傾向の左翼ではそうだったし、右翼のかなりの部分もそうだった。今日ではもはやそれほど確かではないが…。みなが認めていたのは、生き延びる展望が他のすべてに優先すること、この展望を得るためには何らかの社会組織、ときには強制的な組織を必要とすること、いずれにせよ、ミニマムな経済的条件が満たされなければ、政治的権利など現実には存在しえないということだ。古典的左翼のスターリン版でさえ、原則的には達成すべき目標としての個人的・政治的権利を拒みはしなかったものの、実践上、その権利は無期延期されていたのだ。原則自体においても、またそれを実現するための手段の次元においても、人権と真に対立するイデオロギーは一部の宗教的、貴族主義的、共同体主義的イデオロギーだけであった。マルクス主義と自由主義の意見の違いは、それらのすべての修正版を含めて、手段と優先順位にかんしてであり、目的にかんしてではなかった。

人権の問題にかんする左翼の根本的変容は、次の逸話に見事に現れている。チュニジア訪問時、シラク大統領はこう演説した。「人権の最たるものは、食べること、治療を受けること、教育を受けること、そして住居をもつことであり、その点でチュニジアは他の国々よりはるかに進んでいる」、さらに付け加えて、「[チュニジアにおいて]リベラルで、諸々の自由を尊重する性質が次第に強まってきたことは疑いない」[72]と。そしてこの演説は、当然ながら抗議の声を浴びたと言われている。チュニジア固有のケースにかんするこの演説内容を弁護するつもりはない。私は状況をよく知らないし、シラクがご都合主義を発揮しただけのことかもしれない。しかし、この演説に対する人権派の怒りの反応には、チュニジア固有のケースと建前としての原理(「人権の最たるもの」など)との明確な区別は意識されていなかった。仮に、「ブラジルはキューバと違って民主制である」と言う者がいたとしよう。この種の表現は、一般にブラジルの社会状況を弁護するための方便とはみなされず、どの人権擁護団体もこの表現にショックを受けることはないし、「市民的、政治的、経済的、社会的、文化的権利は不可分である」と強調して、怒ることもないだろう。だが明らかに、ブラジルの経済的、社会的権利はおよそ守られてはいないのだ。一方、シラクの演説、あるいはチュニジアについての似たような他の演説の場合には、自動的にチュニジアの政治状況の弁護、独裁の擁護とみなされ、批判の的となる。世界人権宣言の二つの部分の扱いの違いは、こうした反応の違いに見事に現れている。シラク訪問の際には、フランス共産党までがこの演説に怒りをあらわにしたものだ。しかし、このとき大統領が口にしたのは、共産党絶頂期のイデオロギーの穏健版に他ならない。(73)「新しい哲学者」のこれ以上完全な勝利はない。

■力関係と世界におけるわれわれの地位の問題

最後に、人権イデオロギーの最も穏健な版、つまり第三世界の貧しい国々でなされているこの権利の侵害に抗議すべく、われわれに手紙を書き、請願に署名するよう求める立場について考えてみよう。私の意図は、しばしば良い効果を上げるこうした行為の形態を決して排除するものではなく、その行為の底に含まれる前提の一部を明らかにし、検討してみようとするだけである。

次のようなシナリオを取り上げてみる。アフリカの貧しい国の市民たちが、たとえば中国における人権侵害に対して抗議のデモを考えたとしよう。しかし、これが行動に結びつくことはありえないし、その理由も明白である。アフリカの貧しい国の市民は、中国の指導者たちが抗議を無視するだろうことをよく知っているからだ。無視する理由は二つある。悪い理由と少しはましな理由との二つである。前者は、貧しい国の市民には当然ながら中国に圧力をかける手立てなどもっていないという考えに基づく。後者は、貧しい国の市民には他国のことに口出しするよりもまず自国の問題の解決に努める必要があるという考えに基づく。

遠方の国での人権侵害を抗議する西欧の富める国の市民たちは、この二つの理由が自分たちの抗議活動に対して持ち出されることなどないと内心では考えている。ある程度はその通りだが、まさしくこの点にこそ問題がある。第一に、われわれの世論が圧力となりうる根底には、われわれの国が外交的、軍事的に豊かで強力であるという事実がある。つまり、これは、世論が発揮する影響力は本質的に抗議先の国の市民に直接及ぶのではなく、経済制裁その他の措置を取りうる自国政府の行動を通じて、間接的に及ぶことを意味している。こうした力には、格別高貴な面も愛他的な面も何もない。

しかもこの場合、抗議の声を直接聞く相手は主に、呼びかける先の国、たとえば中国やイランではなく、われわれの国とその指導者たちである。もしわれわれの行動が効果をもたらしていると評価したいなら、まずはそのことを考慮に入れるべきだろう。他国の人権侵害に抗議すれば、かならず西欧では安心感が深まる（「少なくともわが国では、こうした権利は守られている」）。

中国が想像上のアフリカの抗議者に返すであろう二番目の答え、「まず自分たちの問題を解決せよ」についても、そのような答えがわれわれに向けられるはずはないと、西欧人のほとんどが信じ切っている。ことが人権と民主主義の問いにのみとどまる限り、この確信は大丈夫だ。(74) しかし、これまで触れてきたありとあらゆる問題がある。われわれの天然資源の度はずれな使い方と、そこから強まる一方の、第三世界の国々に対するわれわれの依存、これについてはすでに批判した。地球温暖化に対するわれわれの責任については言うまでもない。中国の指導者たちの返事はこうなるだろう。人権と民主主義の講義をしてくれる代わりに、まずはあなた方西欧人が自分たちの消費の仕方を変え、少なくとも消費の一部は世界の他の人々に残して、利用できるようにした方がいいのではないかと。この問いに西欧介入主義の擁護者が用意できる答えは、決して明快とはならないはずだ。

5　反戦の弱い論拠と強い論拠

反アパルトヘイトの闘士スティーブ・ビコ〔一九四六～七七年。南アフリカ共和国、黒人意識運動の活動家〕は、抑圧者が手にする最強の武器は被抑圧者の頭脳であると言った。これに付け加えてこう言ってもいい。イデオロギー・システムは、一番過激な批判者がそのシステムの前提を共有してくれるとき、力を発揮する。現在行われている戦争に対してより強固な反対の立場を築くには、さまざまな反戦の論拠の中でも堅固なものとそうでないものとをはっきり区別し、戦争容認の支配的な論調が反対論に及ぼしている影響と闘わねばならない。「弱い論拠」とは、少なくとも部分的には支配的な論調の前提の上に立つ論拠である。

▣弱い論拠

イタリアの友人が説明してくれた。若いときには、革命を輸出できると思っていたが、今はもうそうは思わないし、また民主主義を輸出できるとも思わない。したがって、イラク戦争には反対だと。これはきわめて広く見られる議論の原型で、一言に要約すれば、民主主義を押しつける目的ならば「それ（戦争）はうまくいかない」というものである。もちろん、何はともあれ、この論拠でも戦争賛成よりは反対の方が良いに決まっているが、反対の立場としてはすごく弱い。その理由を説明するには、この論拠を別の状況に置き換えてみるだけで良い。極端な例を一つ取れば、誰かがこう言うのを想像してみよう。私はナチスの侵略に反対だった、なぜなら、それはヨーロッパをボルシェビキ主義から守るのに役立たなかったからだと。あまり極端ではない例としては、私はソ連による一九六八年のチェコスロバキア侵入、あるいは八一年のアフガニスタン侵攻に反対だった、なぜなら、それは社会主義を守るのに役立たなかったからだと。論拠としての弱さは、このように状況を置き換えてみれば一目瞭然だ。この友人によるイラク戦争反対論の本質は、ナチスやソ連の場合にはほとんど誰も認めない二つのことを同時に容認することにある。すなわち、一方で、建前としての目的を自分たちが遂行しようとする目的にしてしまうこと、他方で、建前としての目的のために行動すると称している主体にその遂行の権利を与えてしまうことだ。まさにその点こそ、アメリカの戦争のケースについてはあえて問わねばならない。

道徳的に疑わしい面は別にして、こうした実用主義的な論拠（「それはうまくいかない」）においては、少なくとも部分的には、時にそれが「うまくいく」という不都合が生じる。そのとき、反戦論者はどうするだろうか。もし落胆したイラク人が抵抗をやめ、親米的な安定政権がバグダッドにできたら、これをどう説明するというのか。結局、コソボ戦争時に起きたことは、それに近かった。アルバニア系コソボ人はNATO軍を解放者として歓迎し、セルビア人は侵略者にお気に入りの政府を選ぶに至った。もう一つの例を取れば、一九八〇年代の中米におけるアメリカの戦争は何十万人もの死者を出したが、「うまくいった」。つまり、住民が「良い」候補を大統領に選ぶに至り、各国のゲリラ政府はたいてい整理されてしまったからだ。(75)

もちろん、公の目的は達せられなかったと反論はできる。たとえば、コソボの場合、その多民族性を守るのがいわゆる目標だったはずなのに、戦争前に比べてその比率は減ってしまったという反論はできる。しかし、それに対して介入賛同者は、完璧なものはない、何もしないより一部でも実現した方が良いと答えるだろう。

やはり反戦の弱い根拠としてもう一つよく聞かれるのが、戦争のコスト（たとえば、人命）が高すぎるというものだ。しかし、ハイテク戦争がこのコストダウンに寄与するとしたら、どうだろうか。

これらの疑問への答えを示唆する三つの例（うち二つは現実の、一つは架空の例）を考えてみよう。まず、一九六八年のソ連によるチェコスロバキア侵入ではわずかの死者しか出なかった。次に、一九三八年のヒトラーによる同じチェコスロバキアのズデーテン地方の併合では住民による大歓迎を受けた。(76)もう一つは架空の例、九月一一日の攻撃がインドで起こり、そのあと、民主制のインドが住民を「解放する」ために、アフガニスタンとイラクに侵攻した。さて、右の二つの現実のケースについては、歴史的状況からして侵略を正当化するにはまったく不十分であったとわれわれは見なせるし、架空のケースについては、もしそれが現実のものなら、この「解放」に対して西欧が全面的に反対することは間違いない。ここでさらに、現実の例を引用することができる。ベトナムによるカンボジア介入は血塗られたポルポト政権を打倒したが、西欧では一斉に批判された。[77]他方、インドでは少なからぬテロ行為が発生しているが、だからと言って、国際法を無視して果てしなき対テロ戦争をしても良いとは誰も言わない。

要するに、これらの例が示唆するのは、戦争や侵略に対して取る態度は個々の状況だけではなく、より一般的な原理にもかかっているということだ。その原理として第一に挙げられるのが、今日存在している形での国際法である。その基盤の上にこそ、最近のアメリカの戦争に反対する「強い論拠」を築くことができる。まったくのところ、アメリカの戦争のどれもが国際法には合致していない。[78]にもかかわらず、国際法は次第に攻撃を受けている。その理由はまさしく、この法が一方的な介入の可能性というものをどの国にも与えていないからなのだ。

■強い論拠1　国際法の擁護

カナダの法学者マイケル・マンデルがいみじくも説明しているように、現代の国際法は、国連憲章の前文を引用すれば、「戦争の災厄から未来の世代を守る」ことをその目的としている。そのための根本的原則は、いかなる国も他国にその政府の同意なく軍隊を送る権利をもたないことである。ナチスはその原則を繰り返し破ったので、ニュルンベルクで裁かれた最初の罪は「侵略」であった。侵略こそ他のすべての罪を含み、すべての罪を生む罪なのだ。

「政府」とここで言う意味は、「選ばれた政府」や「人権を尊重する」政府ではなく、単に「軍事力を現に掌握している」政府のことである。軍事力をもつということは、国境が破られた場合に、戦争が起こるかどうかを決定する要因になるからだ。この根本的原則を批判するのはたやすいので、人権擁護派はもちろん忘れずにそうしている。一方で、国境が恣意的なものとなることもよくある。国境はまったく非民主的な昔のプロセスでできたのであり、多くの少数派民族集団を満足させるものではないからだ。また、政府が民主的に自国の住民の福祉を最低限気遣うという保障もどこにもない。さらには、国際法が自らすべての問題を解決すると主張したことも一度もない。ほとんど他の法と同様、この法の取りえは、法の不在に比べれば、まだましなことである。だから、国際法を批判する者には、むしろそれに代わるどんな原理原則があるのか説明してもらいたいところだ。イランは隣のアフガニスタンを占領できるだろうか。少なくとも合州国と同じくらい民主的なブラジルは、イラクに民主制を打ち立てるべく、そこを侵略できるだろうか。コンゴは自衛のためにルワンダを攻撃できるだろうか。バングラデシュはアメリカの内政問題に干渉し、自国が蒙るおそれのある地球温暖化による被害を「予防する」ために、温室効果ガスの排出削減をアメリカに押しつけることができるだろうか。もしアメリカによるイラクでの「予防」戦争が正当なら、イラクのイラン攻撃やクウェート攻撃も正当ではなかったのか。もっと極端な例では、なぜ日本の真珠湾攻撃が正当な予防戦争ではなかったのか。(79)この種の問いを出してみて、すぐわかるのは、現在の国際法に代わる唯一の選択肢は、カオス状態でなければ、世界の最強国が好きなところに好きなように介入する可能性しか見出せないということだ。ただし、この強国が自らの同盟国にそれをやらせることもある。

ところで、一七世紀以来さまざまなリベラル思想が生まれたが、いずれもその社会生活の形態は本質的に次の三種類であるという考えの上に立っている。

（1）万人の万人に対する戦い

（2）力で平和を押しつける絶対君主

（3）まだましな悪としての民主的法秩序

専制体制は人権擁護者の批判するところだが、絶対君主には利点もある。秩序を維持し、万人の万人に対する戦いを避けることだ。現在、この戦いは失敗国家〔国家機能を失い、内戦や政治の腐敗などで国民に適切なサービスを提供できない国家〕、「失敗した国家」の状況を見れば、よくわかる。だが、このような絶対君主による不都合はよく知られている。彼は自分の利益のままに行動し、彼の権威は臣下の内面では受け入れられていないから、果てしない反抗と弾圧の循環を引き起こす。こうした現象を観察した上で、三番目の解決策が議論されるようになった。

今述べたことは、民主国家の国内的秩序を論じる上では常識とみなされている。では国際的秩序を考えるときにはどうだろう。もし、国際法の原理を放棄しなければならないとしたら、君主とは否応なく合州国ということになるだろう。この君主も当然ながら自分の利益を追い求める。人道的介入の支持者が決してそれを否定していないことに注目したい。ということは、彼らは随分身勝手な歴史解釈の下で、こうした利益追求が人類の他の部分に、害悪よりも恩恵をもたらすと主張していることになる。私がこの結論に賛成しない理由はすでに説明したが、ともかく、この絶対的な権力の行使によるしっぺ返しは、まさしく古典的リベラル派が予期していたはずのものだった(80)。たとえば、ビン・ラディンが生まれたのは、ソ連時代のアフガニスタンで合州国がムジャヒディンを支援したからであったし、西欧は、イラクへの武器販売で心ならずも現在のイラク抵抗運動に貴重な援助を提供した。一九五四年、合州国はグアテマラのアルベンス政権を倒した。苦労もなく、また一見危険もなさそうだった。しかし、それによってアメリカは、当時そこにいたアルゼンチンの若い医師の政治的成長にも貢献した。その人、チェ・ゲバラは、現在世界中のTシャツの胸を飾っている。

第一次世界大戦後のベルサイユ会議の際、ベトナムの民族主義者の青年がやって来て、民族自決のチャンピオンとして有名だったウィルソン政権下の国務大臣、ロバート・ランシングにベトナムの民族自決の大儀を弁じようとしたが、会ってもらえなかった。この青年の話を聞くのに、何の危険があっただろうか。(81) この青年はその後自分の政治教育の仕上げにモスクワに発ち、有名になった。彼の名はホー・チ・ミンである。

今日、アメリカとイスラエルの政策から生み出される憎悪が将来何をもたらすか、誰にも予測は付かないだろう。

国際的秩序における第三の解決策、リベラルな解決策は、国連を通じて世界レベルでの民主主義の実現を目指す。バートランド・ラッセルは言った、第一次世界大戦の責任について語ることは交通法規のない国で自動車事故の責任を論じるに等しいと。国際法は尊重すべきであり、国家間の紛争は国際機関によって管理すべきであるという考えが自覚されたのは、それ自体人類の歴史上大きな進歩である。それは、君主制や貴族制の廃止、奴隷制の廃止、表現の自由の発展、社会的権利や女性の権利の認知、さらには社会保障の考え方などに比すべき進歩だ。

まさしくこうした国際秩序の確立に反対しているのが、合州国および人権の名においてそのアメリカの行動の支持している国々である。そして、現在予定されている国連改革は、それらによる一方的行動のさらなる正当化をもたらす危険が大いにある。一番よく持ち出される議論は、国連、特に人権委員会に、民主的な国とそうでない国が同席しているのはまことに嘆かわしいというものだ。しかしこれは、非同盟国のどの会合を見ても、また人類の七〇％を代表する南側のどの首脳会議を見ても、大国による通商禁止であれ、経済制裁であれ、戦争であれ、あるいはさまざまな一方的干渉であれ、すべて断罪されている事実を忘れている。しかも、それらを断罪しているのは「専制国家」だけではないのだ。同様のことは国連総会の投票で、たとえば合州国のキューバ制裁に対してもなされている（本文挿入テクスト一五四ページ参照）。民主主義の論拠が、もし世界世論の尊重を意味するなら、一方的干渉権に対しては圧倒的な反対の声が響きわたるはずだ。結局のところ、リベラルな帝国主義者たち、つまりアメリカ民主派の大部分やヨーロッパの社会民主主義と緑の党のかなりの部分は、国内的には民主主義を擁護しながら、国際的には干渉、つまりただ一つの国かごく少数の国の独裁を推奨しているのだから、完全に矛盾している。

Texte ✦ 非同盟諸国の視点

国家元首・政府は、人道的性格をもつ国際問題の解決のために、国連憲章を十全に尊重する国際協力の強化運動に加わることを再確認し、また非同盟国の運動を通じて国連憲章や国際的権利にいかなる根拠ももたない人道的介入「権」なるものを重ねて拒否する。

（第一三回非同盟国運動会議の決定資料、クアラルンプール、二〇〇三年二月二四〜二五日、三五四条。http://

www.bernama.com/events/newnam2003/readspeech.shtml?declare/dc2502_final)

結局、国連の無効性を嘆く声がよく聞かれるが、それなら、主に合州国の反対で実現しなかったすべての軍縮、大量破壊兵器禁止の条約・協定のことを考えるべきだろう。(82) 大国こそ、武力(彼らの切り札)が権利によって阻止できるという考えに一番敵対しているのだ。しかし、国内において法律に対するマフィアの敵意が法律の廃止に有利な論拠になろうなどとは誰も言い出さないのと同じように、国際社会において国連に対する合州国の妨害行為が国連の信用失墜に有利な論拠として用いられるようなことがあってはならない。

『Texte ✦ 京都だけではない』

ブッシュ政権は京都議定書に加わらず、クリーン・エネルギー国際計画に反対したのみならず、人種差別国際会議からも脱退し、対人地雷・爆弾の生産・使用を禁止する一二三カ国の協定への参加も拒否し、不法な小武器の国際的流通の制限にも反対し、生物・有毒兵器にかんする一九七二年の協定の受け入れをも拒否し、国際刑事裁判所への参加をも拒否し、反弾道ミサイルにかんする七二年の条約からも脱退し、わけても核実験全面禁止条約をも拒否した。そして一方で、より簡単に使用できるための洗練された核兵器や、宇宙に設置するための軍事ステーションを開発し、好きなときに予防戦争を仕掛けることのできる権利を通告した。

(エドワード・S・ハーマン「ミカエル・イグナチエフの疑似ヘーゲル派帝国主義擁護論」『Zマガジン』二〇

〇五年一〇月）(83)

しかし、国際法に有利な、アメリカの戦争に反対する最後の論拠、おそらく他の論拠よりも重要な論拠がある。第三世界にとって国際法は、脱植民地化の際、西欧の脅威から自分たちを守ってくれると思うことのできた盾であったのだ。国際法の根底を掘り崩そうと、「介入権」の名において人権を利用する人々は、もし植民地化時代に西欧がその支配下の国々に人権を行きわたらせたいと思えば、どんな専制君主も、どこの国境も、その妨げにはならなかったことを失念している。最低限言えるのは、仮に西欧が人権を行きわたらせようと望んでいたのだとしても、植民地の人々にはその意図が伝わらなかったということだ。「介入権」が南の国々からこれほど厳しく非難される理由の一つは、多分そこにあるだろう。

Texte ✦ 東チモールと国連

一九七五年一二月、インドネシアがこの独立した旧ポルトガル植民地、東チモールに侵攻したとき、国連は無力だった。もっとも、国連が非難されたのはこのときだけではなく、たとえばボスニアでもそうだった。だが、なぜ国連は有効な働きができなかったのか。当時の合州国の国連大使ダニエル・パトリック・モイニハンは、回想録で説明している。「米国務省が望んだのは、国連が実行しようとしたあらゆる措置をまったく無効にすることだった。その任務は私に委ねられ、私はそれを何とかうまくやり遂げた」。そしてその少し先で、東チモールへの侵攻による死者の比率は

「第二次世界大戦時のソ連の犠牲者とほぼ同じ、住民の一〇％」(84)であると述べた。取るに足りない歴史として、モイニハンは自らヒトラーの虐殺になぞらえる虐殺に協力さえしながら、その年、国際人権連盟の最高の栄誉を受けたことに注意しよう。また最近の話では、彼は二〇〇二年、アフガニスタン戦争を正義の戦争とみなす「アメリカからの手紙―戦う理由」の六〇人の署名者の一人としても名を連ねている(85)。

〚Texte ✦ 合州国と国連〛

一九八三年、国連が合州国によるグレナダ侵攻を非難したとき、アメリカ大統領レーガンは言い放った。「国連の一〇〇カ国がわれわれの介入にかんしてほぼすべての点で反対しているが、そんなことは私の朝飯の妨げにさえならない」。

■国連総会決議の実例（数字は賛成国と反対国の数、括弧内は反対国の国名）

一九八〇年一二月一一日　占領地におけるイスラエルによる人権尊重。一一八対二（合州国、イスラエル）。

一九八〇年一二月一二日　非核保有国に対する核兵器使用禁止宣言。一一〇対二（合州国、アルバニア）。

一九八一年一〇月二八日　反人種主義。南アフリカ、ナミビアに対するアパルトヘイト弾劾。一四五対一（合州国）

一九八一年一二月九日　中東における非核地帯創設。一〇七対二（合州国、イスラエル）。

一九八一年一二月一四日　人権の完全な一部としての教育、労働、公衆衛生、十分な栄養補給、経済発展への権利。一三五対一（合州国）。

一九八二年一二月一三日　化学・細菌兵器の禁止にかんする合意の必要性。九五対一（合州国）。最後に、毎年、キューバに対するアメリカの通商禁止に解除を求める圧倒的多数の投票がある。

（これらの情報と多くの同様の例については、ウィリアム・ブルム『ならず者国家』パリ、パランゴン、二〇〇二年参照）

▣強い論拠2　反帝国主義の見方

ある日、アルゼンチンの友人が、借金がなければ自分の国は「天国」だと言った。おそらく彼は誇張した言い方をしたのだろうが、私はすぐに尋ねた、「では、どうして君たちは払い続けようとするの？」。アルゼンチンでは、借金の大半、少なくとも相次ぐ独裁時代から受け継いだ借金の部分が、不当なものであることを誰もが知っている。彼は答える、「でも、奴らはわれわれを無視するね」。奴らとは当然、合州国であり、その支援を受ける金融機関である。なるほど、これらの機関に何ができようか。

もっと一般的に、もしある国がATTAC《アタック》〔一九九八年設立の通貨取引課税・市民運動連合〕や他の「もう一つの世界主義者《アルテルモンディアリスト》」運動の考え方を実行するとしたら、どういうことになるか。たとえばトービン税〔アメリカの経済学者ジェームズ・トービンが一九七七年に提唱した税制度。投機目的の短期取引を抑制するために国際通貨取引に低率の課税をする〕が導入され、それがうまく実施されたら、大した支障もなく今のシステムに受け入れられるだろうし、そればかりか、借金の拒否、天然資源の再国有化、強力な公共サービス部門の（再）構築、収益への大幅課税など、より過激な手段も採用されていくだろう。私が思うに、それに対する反応は、アジェンデ、カストロ、モサデグ、ルムンバ、アルベンス、グラール、その他多くの指導者の時代と違わないだろう。この反応には、いくつかの段階がある。まずは、何らかの自然発生的な経済サボタージュ、たとえば資本流失、投資と「援助」の停止などだ。それで不十分なら、国内の反乱が促される。実現困難な、特殊な社会的、民族集団的、宗教的権利要求をもつグループがこれを引き起こす。そうした活動は違法であり、他所でも同様に禁止されているはずだが、こうしたグループを弾圧することは、人権の名において断罪される。複雑な経済的・社会的状況は忘れられてしまう。それと並行して、軍事クーデターの脅威がたえずつきまとう。「混乱」にうんざりした住民の一部が、これを歓迎しかねないからだ。こうしたすべてが不調なとき、そのときが合州国とその同盟国による直接軍事介入の出番だ。たとえこの最後の手段が危機の下で即刻講じられなくても、それが他のさまざまな方策の背景にあることだけはよく理解しておかなければならない。経済制裁や国内不安定化で不十分なら、いつでも第二のコション湾〔一九六一年、アメリカの支援を受けたキューバ亡命者による軍事侵略〕、第二のベトナム、第二のコントラとなるのだ。

【Texte ✦ コントラと人権擁護派】

一九七九年、ニカラグアにおいてサンディニスタ運動〔サンディニスタ民族解放戦線の呼称〕が勝利し、ソモサ親米独裁政権が倒れると、合州国はニカラグアに通商禁止を宣告し、またコントラの名で知られる反革命ゲリラを組織した。ゲリラに軍事的勝利のチャンスはまったくなかったが、特に経済面においてはサンディニスタ政権の力を弱めることができた。九〇年、サンディニスタは選挙で敗北し、合州国は通商禁止を撤回した。アメリカの行動は、八六年に国際司法裁判所によって弾劾されていたが、国連総会の票決で、修正条項を直ちに適用するよう求められたのに、合州国はつねに従うことを拒み続けた。

ここに、一九八五年三月二一日木曜日付『ル・モンド』紙六ページに掲載された意見広告の抜粋がある。これは合州国連邦議会に、ニカラグアの全反対勢力、特に「全体主義政党」サンディニスタを倒すべく、これと対峙するコントラを援助するよう求めたものである。テクストも、その署名者リストも、同じくらい興味深い。

「コントラへの援助の継続は戦略的観点から必要である。このサンディニスタ革命政府は、全中米を一つのマルクス・レーニン主義政体に統合するという目的を公然と掲げている。そうなれば、USAは主要な海外条約の一つから手を引かざるをえなくなり、まさにソ連の戦略の望むところとなってしまう。それはすなわち、合州国に、自分たちと「自由世界」にとって至上の意味をもつこの地域から撤退させることを意味する。［…］この援助は道徳的観点からも必要である。西欧は、アメリカ自身の「独立宣言」によって譲渡不能とされた権利、したがって西欧の全員に属するとされるこの権利の下で、これを享受するために闘うすべての人々への支援を一貫して行うべきである」。

署名者の一部――フェルナンド・アラバル（劇作家）。アラン・ブザンソン（歴史家、哲学者）。レオン・ブービアン（レジスタンス・流刑者国際同盟国際代表）。クロディ・ブロワイェル（作家）。

ジャック・ブロワイィエル（作家、ジャーナリスト）。ピエール・デックス（流刑者、レジスタンス活動家、作家、ジャーナリスト）。ウージェーヌ・ヨネスコ（劇作家、アカデミー会員）。ロベール・ジョラン（民族学者）。ベルナール＝アンリ・レヴィ（哲学者）。ジャン＝フランソワ・ルヴェル（哲学者、ジャーナリスト、作家）。レオニード・プリウッチ（作家）。オリヴィエ・トッド（作家、ジャーナリスト）。リケ神父（流刑者、レジスタンス活動家）。エマニュエル・ル＝ロワ＝ラデュリ（歴史家、コレージュ・ド・フランス）。ウラディミール・ブコフスキー〔ソ連反体制運動家、作家〕。シモン・ヴィーゼンタール（ナチス体制に迫害されたユダヤ人にかんする資料センター代表）。

サンディニスタは独裁制を倒し、この国に初めての民主的選挙を組織し、そして勝利したが、次の選挙で敗北し、その結果、権力の座を降りたと報じられている。「全体主義政党」としては立派なことだ。それに対して、レーガンがコントラと呼んだ「自由の戦士」向けのマニュアルには、次のようなことが奨励されている。

「サンディニスタ政府のすべての公務員、職員を誘拐すべし。［…］入念に選ばれた標的――裁判所判事、治安判事、警察官僚、公安官僚などを無力化することは可能である。ゲリラへの参加を拒む人間を警察に告発するのも容易である。サンディニスタ運動と無関係の市民が偽りの証言を旨とする手紙を書けばよい(86)」。

こうして、本来の民主的な社会改革の試み、オックスファム〔世界の貧困と不正の根絶を目指す国際ＮＧＯ〕が「良き手本としての脅威」と呼んだものに終止符が打たれた。

他方で、選挙民、とりわけ選挙民大衆はこうした事情を知り尽くしている。だからこそ、彼らは政治的左翼よりも「ありがたい」人間たちに簡単に引き寄せられる。事実、扇動的なポピュリストは、世界レベルで実権を握っている連中の怒りを買わずに、システム内での一時的な改良を行うことができる。第三世界の国々の大多数の住民にとっては、長い目で見れば、根本的な変化の方が好ましいはずだ。しかし、左翼が民主的なやり方で権力に就くには、どれほど厚い壁に立ち向かわねばならないか。それを住民に信じてもらえるよう説明していかない限り、どんなに苦しい戦いを強いられるかわからない。言ってみれば、あらゆる選挙をゆがめてしまう本質的な脅迫行為がたえず存在している。真の左翼の側に投票する者は、かならずその報いを受けるだろうと。

　このシステム全体の鍵を握り、間接的ながら、実に邪悪な意図による干渉をかくも有効なものにしているのが、合州国とその同盟国の巨大な軍事力に他ならない。その上、彼らは第三世界のあまたの軍隊に軍備を提供し、訓練しているのだから、その軍隊の存在は、社会変革のあらゆる試みの上につねにダモクレスの剣のようにつるされている。そうである以上、もう一つの世界主義《アルテルモンディアリスム》運動は反干渉主義か反帝国主義の態度を取らざるをえないのだ。ベネズエラで進行中の一連の流れ〔チャベス政権による反米主義路線を指す〕を見れば、すでにこの国が経済的サボタージュ、あるいは選挙勢力地図の不安定化とクーデター計画に立ち向かわねばならない事態になっていることは明らかだ。これまでのところ持ちこたえてはいるが、いつまでもつかは予測できない。しかし、いずれにせよ、ウゴ・チャベスは社会変革と反帝国主義との関係を間違いなく理解している。彼は二〇〇五年八月、カラカスで開かれた世界青年・学生祭典の際に、反帝国主義法廷を準備したのだから[87]。

Texte ✦ 人種差別と似非科学的専門用語

カオス理論の創作者たちは詩人だった。彼らはまさしく大数学者だったのだから。だから、世界の片隅での一羽の蝶の羽ばたきが地球の反対側に嵐を巻き起こすという、例の有名なイメージは彼らの説だ。この見事なたとえ話の背景には、自然界における複雑な因果性が作用していて、それ自体大した力をもたない無視しえるほどの事物が、突然激しい仕組みの中に入り込むと、当初の小さな力とはまったく無縁の効果をもたらしうるという事実を、理解する必要がある。[…]

われわれは今ラテン・アメリカを通じて、こうした状況の前夜にいるのだが、われわれの想像は、詩的というよりも乱暴さの中にある。たとえば霊長類の顎が突然パクンと閉じると、火山の爆発を誘導するといった、まあそれと似たようなカタストロフ理論をわれわれは考える。霊長類かゴリラか、それはベネズエラの独裁者見習いチャベスのこと、火山の爆発とは、新大陸の内部で起こる史上初の対決を意味する。その考えられる帰結の一つは、原油・第一次資源市場を覆う新たな緊張であり、もう一つは、中国と合州国の前例のない地政学的緊張の、全面的な前触れである。

（アレクサンドル・アドラーの論説「チャベスの試み」二〇〇五年五月一一日付『フィガロ』）

結局のところ、最近の戦争に反対する論拠としては次の二つのことを考えるべきだろう。一つは、国際法が戦争状態の広がりを回避する唯一の手段であること、もう一つは、第三世界のいかなる社会的進歩に対しても合州国が自国の力の弱体化を恐れて全面的に敵対していることである。

6 幻想と欺瞞

残念ながら、良い論拠と悪い論拠があるという問題だけでなく、そもそも議論にすらならない問題もある。つまり、しばしば繰り返されるものの、その結果は明らかな形では表明されたこともなく、しかも反戦運動の内部に一定のマイナス効果を与え続けてきた類の議論である。そこにはまず、進歩的運動によく見られるいくつかの幻想がある。次に、「平和主義者」の贖罪メカニズムという問題がある。後者は不幸にしてしばしば内面化される。

▣「反ファシズム」幻想

イスラエル軍による一九八二年のレバノン侵攻の際、この戦争に反対するイスラエル人、ウリ・アヴネリ〔一九二三年〜。イスラエルの作家、平和活動家〕は、メナヒム・ベギンに宛てて「首相閣下、ヒトラーは死にました」という題の公開状を書いた(88)。どうしてか。それはベギンが、ベイルートに閉じこもった「第二のヒトラー」アラファトを攻撃すると言い張ったからに他ならない。ナセルが「ナイル川のヒトラー」であったスエズ運河事件以来、西欧に楯突く者、サダムも、ミロシェビッチも、イスラム原理主義者も、すべてが「第二のヒトラー」とされ、「ファシスト志願者」とされた。反戦主義者が不器用にも逆の比較(ブッシュやイスラエルのシャロンをヒトラーになぞらえる)をしようものなら、不幸にして彼らはたちまちナチズムを月並みなものにしたと批判されるだろう。当然、ヒトラー以前なら、どんな新たな敵(たとえば第一次世界大戦中のドイツ人。彼らは第二のアッチラ〔四〇六頃~四五三年。内陸アジアのフン族の王としてヨーロッパに大帝国を築く〕に率いられるフン族だった)も、こうした用語法は単に低次元の戦争プロパガンダとみなされるだけで済んだ。

しかし、第二次世界大戦となると、それは単なる用語法ではなく、干渉の正当化に大きな役割を果たす見方として現れる。一般的には、ユダヤ人を救えたはずの西欧は、臆病と無関心のせいでヒトラーに対する予防戦争に遅れを取ったと見られている。この議論はとくに心理的に有効とされるが、一九六〇年代に成長した世代に向けて使われるとき、とりわけ有害な働きをする。彼らは、ユダヤ人に対する犯罪が一九四五年直後から過小評価されたという事実にすごく敏感なのだ。

最近の戦争はいつもこの状況との類推で正当化される。アルバニア-コソボ人を、クルド人を(イラクのクルド人であって、トルコのクルド人ではない)、アフガニスタンの女性を救わねばならない等々。コソボ戦争のとき、私はいつもこの種の議論と衝突した――でも、一九三六年を反省すれば、われわれはヒトラーと戦争してはいけなかったのではないかと――。ところが、原則的に「マルクス主義」教育を受け、これ以上望めないほど理解力のある政治活動家の側にさえ、この手の議論が見られた。コソボの例はさらに、この類推の悪用によって、事の現実を真剣に捉える妨げになったことを示している。

ちなみに指摘しておけば、ことばの古典的な政治的意味合いとしてのリベラル派にとっては、戦争は国家権力を強化するものであるから、最高度の緊急時以外は避けるべきものである。商業、交渉、文化交流こそ、戦争や通商禁止よりはるかに望ましいものとなる。「第二のヒトラー」の類のイデオロギーはこうしたリベラルな考え方に真っ向から歯向かうものであり、したがって、これを採用するのは大体が元革命派である。彼らは自分たちの過去のすべてを投げ捨て、ひたすら暴力への反リベラルな共感のみで動く。一方、このイデオロギーの下での知識人の役割は、「遅きに失する前に」世論に動員をかけることである。

この議論に対する反論は二通りある。考え方そのものにかかわるものと、歴史にかかわるものだ。考え方の面で言うと、それは予防戦争の正当化から国際法を守ることであるが、これについてはすでに述べた。一方、歴史的な面、つまり、第二次世界大戦以前とその最中に何が起こったかについては、ここで思い起こすだけの価値がある。この期間に生じた事件を干渉政治の正当化に利用するのは、事実誤認か、歴史の根本的書き換えの現れと言えるからだ。もっとも、本書は歴史論文ではないので、これについては短く記すにとどめたい。

「人民戦線よりもヒトラーを」は、フランスのブルジョワ階級だけでなく、（当然違いはあるにしても）英国の貴族階級、アメリカの経営者層、そしてヨーロッパ各国の支配層の態度を反映するスローガンであった。当時、ヒトラーとの戦争が起きなかったのは、何よりもファシズムの「社会的実現」――左翼政党を排除し、組合主義と国家主義の旗印の下で労働者を統一する――が、どこでも支配社会層の賞賛の的になっていたからだ。この支配社会層とは、今日「第二のヒトラー」に対する予防戦争をわれわれに呼びかけている層と同一である。もう一つの忘れられている側面がある。もし、ヒトラーに対する防衛同盟、すなわち一九一四〜一八年の勝利に導いたロシア帝政との同盟、およびこれを引き継いだソビエト社会主義共和国連邦との同盟が成立していたら第二次世界大戦は回避できたはずなのに、ヨーロッパ指導者層の反共主義ゆえに、まさしくそれが不可能になってしまったことだ(89)。しかも、もし戦争を避けることができたなら、ユダヤ人の大半は助かったことも記しておきたい。事実は、彼らの大多数が戦争の過程で命を落とした。一九三六年に始まるスペイン内戦時、もし西側強国がスペイン共和国を援助し、その勝利に貢献していれば、おそらくファシズムの野望を潰えさせたかもしれないが、これもやはり同じ理由で不可能だった。合法的政府を援助したり、あるいはこれと同盟を組んだりするのは、予防的攻撃とは反対に、国際法に抵触しないことを強調しておきたい。

一九四〇年の破局で、結局ヨーロッパ指導者層の一部はやむなくソ連との同盟を受け入れたが、戦争を回避するには遅すぎたし、戦争によってソ連国民の蒙った悲惨を避けるにも遅すぎた。また、ファシズムに対する勝利に貢献したのは主としてソ連であったという事実、これが否応なくもたらした政治的代価を支払うにも遅すぎた。三〇年代を今もたえず語って平和主義者を攻撃する専門家には、もっと落ち着いてこの時代のことを研究してもらいたい。

さらに指摘しておくべきことがある。こうした事実がよく知られ、現在のようにソ連の役割を否定したりはできなかった第二次世界大戦末という時代には、「少数派の保護のための」戦争とか、「予防戦争」といった概念を正当化の道具にしようなどとは、誰一人考えもつかなかっただろうということだ。国連が創設されたのは、まさにそうした考え方に対抗するためであって、たとえばアイゼンハウアーはそれをナチス的とさえみなしていた。実際、ヒトラーは自ら仕掛けた戦争、チェコスロバキアのズデーテン地方にしろ、グダニスク〔バルト海に臨むポーランド第一の港湾都市。ドイツ語名ダンチヒ〕にしろ、予防戦争であり、少数派の保護と結びつけて正当化していた。当然、ミュンヘン協定〔一九三八年、ヒトラーがここで伊・英・仏の首脳と会談し、ズデーテンのドイツ帰属を決めた〕についてもここで一言触れないわけにはいかない。間違いなく、「第二のヒトラー」について言おうとする者は、今日の平和主義者を「第二のダラディエ〔一九三三〜三四年、三八〜四〇年、仏首相〕」、あるいは「第二のチェンバレン〔ネヴィル・チェンバレン、一九三七〜四〇年、英首相〕」とみなしていることに等しいのだ。

明確にすべき点が二つある。一つは、ミュンヘン協定とは、今日の通説とは違って、単に恐怖から生まれたのではないということだ。部分的にはチェコスロバキアに対する敵意にも起因していた。この国はヨーロッパ各国の中でソ連との同盟に一番積極的だったからである。もしミュンヘンから特に教訓を引き出すとすれば、それは少数派を守るために全方位的戦争など起こすべきではないということではなく、まずは自分より弱い国々を不安定化させる大国同士のゲームそのものが、それが世界平和のためであるにせよ、きわめて危険であるということだ。たとえドイツとのかかわりでのズデーテン地方のように、あるいはＮＡＴＯとのかかわりでのアルバニア‐コソボ地方のように、少数派が大国の方に向いているときでも、それは変わらない。実際、ズデーテン地方の「解放」はヒトラーにとって確実な励ましとなったし、コソボの解放はアメリカ帝国主義に過剰な合法性を与えることになったのだから。

明確にすべき第二点目。イラクにおける人道的戦争の支持者は、ユーゴスラビアでのNATO空爆を承認した国際社会が同様の戦争をイラクで行おうとしない一貫性のなさを強調する。(90) その点では確かに彼らに理がある。だから一九九九年のユーゴ戦の主な反対理由の一つはまさしく、もしこの戦争を受け入れたなら自動的に他の戦争をいくらでも認めることになる、というものだった。今日われわれが巻き込まれている果てしない戦争は、ある程度、九九年のユーゴ戦の勝利がもたらした成功の余韻である。

要するに、歴史の成り行きを知ってから「ああ、もしあのとき、あれさえしていたら」(たとえば、一九三六年に対ヒトラー予防戦争に踏み切っていれば)といった類の仮想ゲームをしたいなら、一九一四年勃発の第一次世界大戦は避けない方が良かった、という考えさえありうる。当時、ヒトラーも、スターリンも、ミロシェビッチも、サダム・フセインもいなかった。世界の政治は現在と同じように、たいがいは帝国主義的だったが、国内政治では比較的リベラルな政府に支配されていた。しかしこのリベラリズムなるものは、どの陣営にも武器を蓄えさせ、各陣営は秘密協定を結び、植民地での戦争に明け暮れていた。サラエボに銃声が響くや、ヨーロッパと世界は、たちまち戦争に突入し、その間接的な結果としてボルシェビキ主義とファシズムの出現をもたらした。たえず「世紀の悲劇」を口にしている者たちがまず考えるべきは、これらの悲劇の起源と、自分たちが説く干渉政策・主導権争いが、一九一四年の破局をもたらした起源といかに酷似しているかということだろう。

第一次世界大戦のことが忘れられているとすれば、それは単に第二次世界大戦の前の出来事であったからではない。たしかに、時が経つにつれ、第二次世界大戦の方が重要性を増しているように思われる。すでに論じた支配的な解釈ではそうなる（第一次世界大戦後六〇年が一九七八年だった…。当時、だれがこの大戦のことをまだ覚えていただろうか）。だが、その根本的な理由は、おそらく第一次世界大戦がこの上なく馬鹿げた戦争だったことによる。戦争をするための有効な理由はどこにもなく、「勝利」しても新たな難問をもたらしただけの戦争だった。一九一九年のベルサイユ条約は、フランスがドイツをこの際徹底的にたたき潰して身の安全を図ろうとする意図によるところ大であり、人間の感情が、追い求めるものとは逆の結果を生み出す好個の例である。ドイツはそれ以後雪辱の機会を狙い続けたが（それは一八七〇年〔普仏戦争でフランスはプロイセン軍に降伏、パリは包囲される〕のあとのフランスの感情と同じものだった）、その結果フランスは一九四〇年に敗北し、大国の地位の終わりを迎えることになる。逆に、第二次世界大戦はヒトラーの一方的な攻撃性によるものだったから、少なくとも攻撃の対象となった国々にはこれ以上ないほどの正当な戦争となった。したがって、第二次世界大戦をたえず援用すれば、好戦主義につながり、反対に第一次大戦を冷静に見ていけば、むしろ平和主義へと向かわせることになるので、この両者に対する扱いの違いもそれゆえに浮き彫りになるというわけだ。

もっと一般的なことを言えば、過去の問題を「解決する」ことを願う人間の心理には危険な傾向がある。ヒトラー没落から六〇年、「ファシズムとの戦い」や「ファシズムへの警戒心」がしばしばこの傾向をよく表している。それゆえ、嘆かわしいことに、たとえばファルージャの破壊に見られるようなアメリカ軍が犯すイラクでの残虐行為は、ルペン〔一九二八年〜。フランスの極右政党「国民戦線」の党首〕の「失言」ほどにも注目や抗議の的にはなっていないのだ。

■ヨーロッパの幻想

平和主義者、エコロジスト、進歩主義者の運動がもつ最も危険な幻想の一つは、もしヨーロッパがその「防衛」を強化し、統一をさらに進めさえすれば、ヨーロッパは合州国に十分対抗できる力をもつと信じていることだ。ここでまず指摘すべきは、「防衛」という遠回しな表現である。こうした表現は使うべきではない。最近、ベルギー軍の防衛にかんする広告を見たが、このことばの意味をこれほどうまく説明している文章にはお目にかからない。広告にはアフガニスタンの民間人を前に防衛資料を検討している兵士たちの姿が映っている。「領土防衛」は現在では国境の数千キロ先にわたって行われているのだ。たとえば人道的介入とは違う、防衛について本気で語ろうとするなら、誰を相手に防衛するのか、どういう攻撃計画が可能になるのかを明らかにすべきである。

もう一つの問題は、少なくとも第三世界において、ヨーロッパは合州国が第二次世界大戦後に果たしていた以上の、「悪い警官」に対する「良い警官」の役割を演じていることだ。一九四五年以降、合州国は植民地主義から新植民地主義への移行を支える側に立ち、そのために、この国は悪いヨーロッパ植民地主義者に対して「良い」存在として振る舞った。たとえば、一九五六年のスエズ事件のときがそうだった〔スエズ運河の国有化を宣言したエジプトに対し、スエズ運河会社を実効支配していた英仏とイスラエルがエジプト軍と軍事衝突、合州国とソ連がこれを停止させた〕。現在、ヨーロッパ――少なくともその反米的な一部――はその役割を逆転して、失地挽回を果たそうとしている。もちろん、そのためにヨーロッパ人はこう言い立てる。われわれはアメリカ人と違って本当に文明化しているから、人権を本当に尊重しているのだという考えを誇示する。死刑廃止にかんする主張の多くはまさにこの役割を果たしている。しかし、われわれの社会の構造とアメリカの社会の構造は似すぎているし、成長した第三世界に対するわれわれの依存は、アメリカの場合と同様だから、こうしたわれわれの議論は「人権」の新版、「改良版」、主導権の正当化でしかありえない。当然、合州国にも似たような役割を果たそうとする主張があり、ドイツは過去のナチスだ、フランスはヴィシー〔一九四〇年、ナチス支配下、ペタンがフランス中部の町ヴィシーに首都を置いた政権〕そのものだと言っている。

今、ヨーロッパはジレンマの前に立つ。統一を果たし、その創設者として壮大な計画の実現を図るか、それとも、自己破壊的な内戦を避け、国際的・軍事的問題のリーダーシップは合州国に任せ、帝国的大国の力を取り戻すかである。後者の立場は、おおむね帝国喪失後の英国指導層と、敗北後のドイツ指導層の態度である。もし本当にヨーロッパが超大国になろうとするなら、合州国に真っ向から立ち向かわざるをえない。おそらくそれが、アメリカの傲岸な保護者気取りにうんざりした一部のヨーロッパ・エリートの夢だろう。だがその夢の実現は、大半のヨーロッパに広がっている合州国の政治・メディア面における影響力の強さで不可能である。おまけに、その合州国とは軍事面、軍需産業面で連携までしているのだ。しかし、ここでこの夢が実現すると仮定してみてもいい。その場合、そこからどんな利益が期待できるだろうか。新たな軍拡競争、対立の危険、第二の「冷戦」か。先に軍隊の本質について、また軍隊を人道目的に使うことの不道理について述べたが、これはすべての軍隊、将来のヨーロッパ軍についてもそのまま当てはまる。

それに対して、二〇〇三年、フランスが取った姿勢〔フランスのシラク政権は米英軍主導のイラク軍事攻撃に参戦しない意思を明確に示した〕は、ヨーロッパの国が一つの政治的構造としてのヨーロッパから独立して、アメリカの主導権に与しないすべての国々を、もしその勇気があるなら象徴的に支援しうることを立派に証明した。しかも、一発の銃声を発することもなしに。

【Texte ✦ ヨーロッパと反チャベス・クーデター】

二〇〇二年四月一一日から一四日にかけて、ベネズエラで史上最も短いクーデターが発生した。しかし、人民の波がたちまちクーデター関与者を押し流し、チャベスを権力の座に引き戻した。このはかないクーデターの際、EUのスペイン大統領府は公式の声明を発表した。その終わりの部分に、一部のヨーロッパ人たちの民主主義感情が強く表現されているので、ここに引用したい。

「最後に、EUは、民主的価値と制度の尊重にかんして暫定政府［つまり、クーデター派］への**信頼の念を表明**し、現在の危機が国民の協調体制の下で基本的権利と自由を十分に尊重し、克服されることを念願する」。

　数日を経てクーデターが失敗したあと、EUは「民主的諸制度の復旧」を祝福する一文を発表し、「国民および外国の経済的利益に反して［チャベス政府によって］企てられる行動に対し、懸念を明らかにする［…］」と述べた。


（http://www.mae.es/mae/index2.jsp?URL=Buscar.jsp）(91)

■国際主義の問題

介入支持者は、たしかにソ連、中国、キューバなどに見られる共産主義の無分別は克服しているが、往々にして古典的な左翼国際主義の継承者として振る舞う。しかし、古典的国際主義と現在のイデオロギーとの間には大きな違いがある。古典的な左翼国際主義とその連帯性には、組合活動や社会主義・共産主義・第三世界主義などの運動において、良い意味での利己主義が、つまり、労働者や被植民地民族の共同体における共通の利益があり、それを守るには団結しなければならないという考え方が表現されていた。少なくとも、そこに偽善という問題は出てこなかった。その上、これらの運動にはそれを統一する政治目標、たとえば社会主義や脱植民地化があった。それに対して今日、左翼と、ダライ・ラマ、KLA（コソボ解放軍）、チェチェン分離主義者、ナタン・シャランスキー（一九四八年〜。旧ソ連の反体制運動家・作家で、イスラエルの政治家、対アラブ強硬派）、チェコのヴァーツラフ・ハヴェルとの間には、いかなる共通点があるというのか。左翼は、右に挙げた極端な神秘主義者、民族主義者、あるいは合州国やイスラエルによる植民地化の熱烈な擁護者と共通するところなどほとんどない。しかしそれでも、ヨーロッパの左翼はある時期、こうした人物たちによる運動を強力に支持したのだ。

Texte ✦ ヴァーツラフ・ハヴェル

たとえば、ヴァーツラフ・ハヴェルは、彼のアメリカの政治的友人たちがエルサルバドルの犠牲者の運命に責任があるときでも、その犠牲者を黙殺するのに何のためらいも示さない。エルサルバドルで六人の知識人が（彼と同じように）非暴力の闘いに加わり、合州国が全面支援する軍隊によって暗殺されて間もなく、彼はアメリカ議会で演説し、当然のように喝采を浴びた。合州国は「自由防衛」の偉大な力であると発言したのだ。(92)

Texte ✦ わが「異端派」と彼らの「異端派」

もしレフ・ワレサ〔一九四三年～。ポーランドの自由管理労組「連帯」議長。のちに大統領〕がエルサルバドルで組織者としての仕事をしていたなら、「市民を装った重武装の」者たちの行動で行方不明者の一人になったか、組合事務所に仕掛けられたダイナマイトで粉々にされていただろう。もしアレクサンデル・ドゥプチェク〔一九二一～九二年。チェコスロバキアの政治家・共産党第一書記〕がわが国〔エルサルバドル〕の政治家だったら、ヘクトール・オケリー〔エルサルバドルの社会民主党活動家〕〔グアテマラ政府によれば、彼はエルサルバドルの暗殺隊の手でグアテマラで殺害された〕と同じように暗殺されていただろう。もしアンドレイ・サハロフ〔一九二一～八九年。旧ソ連の反体制核物理学者。国内流刑、ペレストロイカの下で復権〕がわが国で人権のために働いていたなら、ヘルベルト・アナヤ〔暗殺されたエルサルバドル人権委員会ＣＤＨＥＳの多くの指導者の一人〕と同じ運命に遭っていただろう。もしオタ・シク〔一九一九年～。チェコスロバキアの政治家。六八年、副首相として「プラハの春」の経済改革を指導〕やヴァーツラフ・ハヴェルがわが国でその知的活動を行っていたら、ある朝悲しくも、大学のキャンパス中庭で、軍エリート部隊の弾丸を頭に撃ち込まれ、横たわっていただろう。

（『エルサルバドル・イエズス会士大学新聞』プロセスコ、からの抜粋。ノーム・チョムスキー『思いとどまる民主主義』ニューヨーク、ヴィンテージ、三五四〜三五五ページに引用されている）

もちろん、自分たちの仲間に対するのと同様、政治的対立者に対しても法の下の平等といった基本的権利は擁護されねばならない。しかし、そのために両者の区別を忘れることがあってはならない。また、自ら迫害されていると称する政府、たとえば脱植民地化から生まれた政府の目標が、いつも権利の平等とは限らない。ときには以前の不平等を復活させることもある（この現象の典型的な例が、一九六〇年にコンゴが独立を果たしたあとのカタンガの分離だった）。この種の政治的区別は左翼国際主義にとっては基本的なものであったが、今日、この区別が無視されているのは重大な非政治化の現れとみなしうる。こうした場合は、善良な人間の心は愛他主義ではなく単に無分別によって動かされる利益と対立しかねない。

現在の状況と過去の国際主義との同一視が引き起こすもう一つの問題は、民族国家の利害にかんするすべてのことが、ヨーロッパ左翼にとってはほとんどファシズムの同義語として扱われてしまっていることだ。ここでは奇妙なことに、少数派だけが民族主義的感情を掲げる権利を与えられている。また、EU憲法の国民投票キャンペーン時には、民族国家レベルでの政治的・社会的権利を犠牲にしたくない選挙民に対して、「ナショナリズム」ということばがたえず汚名のように使われた。しかし、自らの既得の権利を守ろうとする国民の「ナショナリズム」と、軍事介入によって世界の果てまでも覆い尽くそうとする大国の「ナショナリズム」とを比べることなどできない。それに、もし民族国家の主権が民主主義を含まないとしても、民主主義は民族国家を前提としている。

最後に、今日の国際主義の一部の過激な形態にはユートピアの悪用による危険が現れている。国境のない世界が望ましいのは当然にしても、それが近い将来に実現できないことは誰もが知っている。しかも、戦争状態にある世界では、絶対にありえない。そのような中で、現在の「国際主義」イデオロギーは民族国家の主権を軽視し、あらゆる方向へ介入を促す傾向がある。この傾向は、介入がもたらすマイナス効果を過小評価している。

■請願書に署名するか？

二〇〇四年、二つの請願書が国際的に回覧された。一つはブッシュではなくケリー〔ジョン・ケリー、一九四三年〜。二〇〇四年、アメリカ大統領選挙の民主党候補〕に投票するようアメリカ人に呼びかける請願、もう一つはベネズエラの取り消し選挙投票でチャベスに投票するようベネズエラ人に呼びかける請願だ。この二つをめぐる状況は異なるものの、私はどちらの署名も拒んだ。私の拒否は、いずれも国家主権に関連する配慮に基づくものだった。多くの進歩主義者はやや軽率に、また時期尚早に、主権の廃止を主張していたが。

ケリーのケースにかんして言えば、まず、ケリーがブッシュよりも望ましいかどうかは、わからない。ケリーの綱領はブッシュに劣らず軍事主義的であるし、ブッシュよりもずっとことば巧みであるのが問題だった。次に、この請願が大西洋を越えて読まれるとすれば、予想とは反対の効果を生む可能性があった。つまり、合州国はおそらく世界で最も主権主義者が多い国であるから、自分たちの選挙に影響を及ぼす外部からのどんな試みも、受け入れがたい干渉とみなすはずだ。それに、ケリーに対抗する共和党の宣伝の論法の一つは、ケリーはフランスで「人気がある」というものだった。この見解を補強する形で彼を支持すると言うのは、難しいことだ。このことからも、国家主権の反対者には、現代世界では国家主権の解消などまったく無理であり、むしろ主権が単に大国のみの特権になっていることが理解されただろう。

とはいえ、署名しない最大の理由は別のところにある。それは、外国にいて、ケリーが選ばれるよう望むという態度そのものが誤りであることだ。合州国は主権国家であり、たとえ国民が国の貧困化に通じる経済政策を採用するとしても、その選択は国民の最も大事な権利である。問題なのは、彼らがたえず他国の内政に介入することから生じる。われわれがなすべきことは、アメリカ人に良き王子を選ぶようにと懇願することではなく、この介入を抑止するための国際関係システムを、適切な同盟を通じて築くことである。多くのヨーロッパ人は嘆いた、世界の他の国の人々がアメリカの選挙に参加できないと。だが、この願いはもともと実現できない性質のものである。国家主権反対者のこの失敗は、他ならぬ反対者がもてはやす民主主義も実は主権を前提としていることを見事に明らかにした。われわれは合州国の大統領を決めるために投票する必要はないし、合州国の人々は世界の他の人々の生き方を決めるために介入する必要はないのだ。もしそれで不満なら、ケリー支持の行動の仕方にはヨーロッパ国内で行うもっと本質的なやり方もあると示唆してあげてもよい。つまり、ヨーロッパ国内でアメリカ帝国主義「穏健派」の賛同者を募り、「民主党」の形を取る「良きアメリカ」が今も存在し、いずれこれが政権に戻るだろうという考えを世論の中に広めることだ。

チャベスのケースはまったく違う。もし彼に投票しなければ、ニカラグアの選挙でサンディニスタが権力を失ったときと同様、ベネズエラの貧しい国民の大多数が国内外の圧力に屈服する結果となるだろう。私の署名拒否の理由は、自らは答えをもたない次の問いの中にある。ベネズエラ人に向かって、負けてはいけないと言う私とは何者か。チリのことを考えれば簡単なことだが、アメリカがクーデターや内戦、コロンビアとの衝突を挑発して、チャベスをやっつけるのを想像してみる。その結果を蒙るのはベネズエラ人であって、私ではない。どういう名目で私は彼らにそんなリスクを引き受けるよう助言できるだろうか。それに対して、彼らがニカラグア人と同様に選挙で負けたり、オスロ協定〔一九九三年、イスラエルとPLO（パレスチナ解放機構）との間で同意された協定〕時代のパレスチナ人のように「平和協定」を通じて負けるようなことになったら、西欧左翼の多数派は、間違いなく、新しい「民主主義の勝利」を祝福するだろう。だが、私は違う。真の民主主義は多くのものを前提としているが、中でも実質的な主権こそが問題なのに、これが（誇張して言えばニカラグアからウクライナまで）主として合州国と国際金融機関による選挙民への多種多様な脅しによって侵害されているのだ。

7 罪の意識という武器

介入イデオロギーを強化するこの上なく悪辣なメカニズムの一つは、最近の戦争への反対者にたえず罪の意識をもたせるやり方である。このメカニズムの力をまざまざと見せつけた好例が、アフガニスタンの女性における罪の意識のケースだ。現在、彼女たちのことを誰が気にかけているだろうか。彼女たちの運命、とりわけ戦場における運命についてさえ調べてはいないのではないか。同じ質問が二〇〇一年九月までに出されて然るべきだった。しかし、合州国はアフガニスタン戦争を決定したときから、この戦争の「気高い」正当化の理由、とりわけ「対テロ戦争」やアメリカ帝国主義にあまり好意的でないすべての者にも支持されうる、正当化の理由を見つけ出す必要があった。

Texte ✦ 実験室としての戦争

戦争［アフガニスタン戦争］は、軍事専門家マイケル・ヴィッカーズによれば、完璧に近い実験室であった［…］。「大国が小さな戦争——古い戦争秩序と新しい戦争秩序の間に位置する戦争——を行うとき、勝つことに問題はないから、いくらでも実験ができる。実験を重ねれば、その確かなフィードバックが得られる。こと戦争にかんして、これはそうざらにあることではない［…］」。

（ヴァーノン・ロープ「アフガン戦争はアメリカの技術革新のための実験室である。新しいテクノロジーが戦争中に試される」『ワシントン・ポスト』二〇〇二年五月二六日、A一六ページ）

タリバン〔アフガニスタンのイスラム原理主義運動勢力〕がアフガニスタンの女性たちに加えた恐ろしい事実は大騒ぎを起こした。真面目な多くの活動家の大半は、直ちに、彼女たちの今後に深い関心を寄せていると言明した。ところが現在、こうしたことばを吐く者はほとんどいない。なぜか。それは、誰もが以前と同じく現在も、われわれが世界のあらゆる問題を解決できるわけではないことを、また、とりわけ女性抑圧といった問題はそう簡単には解けないことを知っているからだ。ところが、戦争の宣伝力の方は、戦争反対者までもが（戦争のあらゆる操作の欺瞞を告発するだけでは終わらず）、むしろ戦争正当化用に持ち出された目標に賛同してしまうほど、強力だった。おそらく、賛同へと転じた彼らの義務感は、「タリバンを支援している」とは言われたくないという事実から生じている。この「支援」ということばは、罪の意識のメカニズムの中心にいつもある。これを検討してみよう。

Texte ✦ ダウニング街〔一〇番地が首相官邸の所在地。官邸あるいは英国政府を指す〕の「メモ」――明察とシニシズム

『サンデー・タイムズ』（ロンドン）は二〇〇五年五月一日、「厳密に個人的な秘密の」メモを、「英国読者向けにだけ」発表した。二〇〇二年七月二三日付の、特にアメリカの〔イラク〕開戦決定に対する英国側の反応を報告したものだ。このメモは別のメモ〔二〇〇二年七月二一日付〕と同様の要点を記したもので、その中身は二〇〇二年三月にさかのぼる（つまり、イラク武装解除の必要性にかんするどの議論よりも早い時期である）。これらのメモは http://www.downings-treetmemo.com/memos.html で入手可能である。まず二〇〇二年七月二三日付のメモにはこうある。

> ブッシュは、テロリズムと大量破壊兵器の両方で正当化される軍事行動によってサダムを倒そうとした。ただし、事実と情報については政策に応じてすり合わされていた。NSC〔国家安全委員会〕は国連を通じた交渉では我慢がならず、イラク政府の行動にかんする情報を公表する気はまったくなかった。ワシントンで、軍事行動の帰結にかんしての議論はほとんど出なかった〔…〕。
>
> 英国防相が言うには、合州国はサダム政権に圧力をかけるために、すでに「活動の点火」を始めた。
>
> しかし、この論拠は薄弱だった。サダムは隣国の脅威などではなかったし、大量破壊兵器という名の能力はリビア、北朝鮮、イランよりも劣っていた。われわれは、国連非武装化監視員をイラクから撤退させる最後通告をサダムに突きつけるべく、その良案を作らねばならない。そうすれば、武力使用を合法的に正当化することが容易になる。
>
> 主席検事が言うには、イラクの政権を代えさせるという意図は軍事行動のための法的根拠にはな

らない。法的根拠は次の三つである。すなわち、自衛、人道的介入、安保理の承認である。しかし、最初の二つは、今回のケースでは使えない。また、三年前の国連安保理決議一二〇五〔一九九八年、イラクのクウェート侵攻にかんする決議〕を根拠にすることも難しいだろう。

英首相が言うには、サダムが国連監視員の帰還の承認を拒めば、政治的・法律的観点は大きく変わってくる。

二〇〇二年七月二一日付の別のメモには、次のように書いてある（一四項）。

もしサダムが拒否すれば（彼は無条件の入国を拒んでいる）、この最後通告が国際共同体から理不尽とはみなされない表現で作成されることもありうる。

しかしながら、それが得られず（あるいはイラクからの攻撃がなければ）、われわれが二〇〇三年一月の軍事行動に向けて法的根拠をもてるのは、望み薄である。

■Xを支援する

一九一四年以前に描かれたある風刺画を見ると、表にはジョレス〔一八五九～一九一四年。フランスの社会主義者。反戦平和を主張し、第一次世界大戦直前に暗殺〕の顔、裏にはドイツ皇帝ヴェルヘルム二世〔在位一八八八～一九一八年〕の顔がある。ローザ・ルクセンブルク、カール・リープクネヒト[93]、バートランド・ラッセル[94]〔一八七二～一九七〇年。英国の哲学者、数学者。第一次世界大戦中、反戦活動で大学を追われる〕、エドムンド・モレル[95]〔一八七三～一九二四年〕など、それぞれの理由で戦争や自国の軍国主義に反対したすべての者が敵を「支援した」として糾弾された。こうした罪の意識を負わせる手口は、当然二〇〇三年の戦争への反対者にも使われたし、似たような手口は、あらゆる形態のパレスチナ人民支援を黙らせるために行われる反ユダヤ主義批判にも現れている。

敵への支援というこうした批判に答えるには、積極的支援（客観的支援）と消極的支援（主観的支援）をまず区別する必要があるだろう。ある国家、ある組織、ある個人としてのYの行動によってXの立場が強化されるとき、YはXの行動を積極的に支援したと言える。一方、Xの勝利を望む消極的支援とは、テレビのフットボール・ゲームを観戦しながら、サポーターがひいきのチームを応援する形態に似ている。それはまったく感情的なものであり、世界に何の影響力も与えない。道徳的観点から見れば、われわれにとっては行動の結果だけが価値をもつのだが、多くの人々はサポーターの例と同じように、ある事件、たとえば九月一一日についてどういう「態度」を取るべきかで、果てしない議論を続けるだけである。だが、そうした「態度」それ自体は、世界に何の影響力も与えないのだ。

反戦運動は疑いなく、積極的な意味でサダム・フセインの支えになった。もしこの運動が戦争回避に成功していたら、サダムは権力の座に留まっただろうからだ（もっとも、この戦争がずっと以前、ダウニング街メモ（本文挿入テクスト一七九ページ参照）が示すように、少なくとも二〇〇二年夏以来からすでに決まっていて、反戦運動には戦争を止めるチャンスがまったくなかったという事実は留保した上で）。この事実を反戦運動に反対する決定的な論拠とみなす前に、別の積極的支援、たとえば第一次世界大戦中の英国における平和主義運動のことを考えてみよう。彼らはこの戦争が交渉によって解決されることを求め、ドイツ皇帝を「客観的に支援した」。もしこの解決策が成功すれば、おそらく皇帝の座は守られた（おそらくナチズムも誕生もなかった）だろうからだ。また、もう一つの例、第二次世界大戦中には英国とアメリカがスターリンを「客観的に支援した」(大した量ではなかったにせよ、武器を供与した)。そしてこのとき英米は、スターリンを主観的にも支援した(彼らはスターリンのヒトラーに対する勝利を願った)。

こうしたケースはいくらでも挙げられるが、これらの例をよくみると、「客観的支援」というものは全方向に働くことがよくわかる(反戦運動は、果てしなく続く戦争中に死んだ人、これから死ぬ人、要するに戦争がなければ死なずに済んだ人すべてを等しく「客観的に支援した」)。世界はあまりにも複雑に動いているから、われわれは自分の行動における間接的な結果をすべて掌握しきることはできない。一種の逆説の中で生きざるをえない。われわれが唯一、道徳的に責任を負えるのは、われわれの行動の結果に対してであるが、少なくともその結果についてもすべて掌握しているわけではない。一方、われわれにとって「消極的支援」は、完全に意のままにできるものではあるが、この支援は少なくとも人に行動を呼び起こすものでない限り、何ら直接的な結果をもたらさないし、したがって何の道徳的重要性もない。

「敵への支援」をめぐるこの困難から抜け出す唯一の方法は、われわれの行動が間接的に含んでいる「客観的支援」の多様性についてはあまり気にせず、それぞれの具体的な状況を、哲学的・歴史的推論によって普遍化できる一般的原理と結びつけ、その分析の上にわれわれの行動を基礎づけることである。その原理とは、属する国家の力がどんなに強くても個人は平等であると説く国際法、すなわち平和と反帝国主義的展望を守る手段としての国際法に従うことだ。

残念ながら、反戦運動に対する「罪の意識戦略」に対して、なかなかこの種の対応は生まれていない。むしろ、正反対の軸を立てながらどちらの運動の力をも削いでしまう反応をしばしば引き起こしている。「…でも…でもなく」という支援レトリックである。

■「…でも…でもなく」

この表現は最近の反戦デモでよく聞かれるスローガンだ。ミロシェビッチでもNATOでもなくとか、ブッシュでもサダムでもなくとか、イスラエルにかんしては、シャロンの政策でもハマス〔パレスチナ・ガザ地区を中心に活動するイスラム原理主義運動勢力〕の政策でもパレスチナ人のカミカゼ攻撃政策でもなく、といった形でこれらを同時に断罪するやり方である。このスローガンは明らかに、ベトナム戦争時のスローガン「FLN（南ベトナム解放民族戦線）は勝つ」とは正反対だが、三〇年の歳月を経て、この二つはしばしば同じ連中によって叫ばれている。FLNへの「支援」は感傷的なレトリックの一部を形づくっていたと非難することはできるだろう（これについてはあとで論じる）。しかし、現在唱えられているスローガンで問題なのは、わざと釣り合いの悪すぎる二つを対称化していることだ。まず、最近の戦争はどれも侵略者と被侵略者とがいるが、合州国に空爆を仕掛けたのはイラクでもユーゴスラビアでもない。とすると、両者を同じ足場に立たせるには、国家主権という概念をすべて取っ払わねばならなくなるだろう。次に、相手に危害を加える両者の実力と能力は比べようがない。われわれが生きている世界の秩序は極端に不公正だが、それを生み出す主軸をなすのが、合州国であり、その軍事力である。したがって、イラク情勢やユーゴスラビア情勢をどのように捉えようとも、進歩主義勢力が今立ち向かい、また今後の大部分の紛争で立ち向かい続けるべき相手は、合州国であって、イラクやユーゴスラビアではない。合州国の力をますます強めるどんな戦争も、あるいはどんな外交的前進も、少なくとも部分的には進歩主義勢力の大半の主張の後退を意味するものとみなされるべきだろう。

おまけに、「…でも…でもなく」は、まるでわれわれが時空の外で混沌の上に立っているかのような態度である。しかし実際にはわれわれは侵略国かその同盟国の中で暮らし、働き、税を納めているのだ（それに対して、アメリカとイラクの両権力の下で苦しんできたイラク人にとって、「ブッシュでもサダムでもなく」はまったく別の意味をもつ）。われわれがまずなすべきせめてもの道徳的反応は、われわれの政府に責任がある侵略に反対の声を上げるか、さもなければ、他者の責任について論じるより先に率直に侵略賛成と言うことのどちらかだろう。

「…でも…でもなく」賛同者のよく聞かれる理屈によれば、自分たちの立場は信頼を増しつつあり、だからその効果も増している、となる。この理屈の介添えによく使われるのが、スターリンへの支援、ポルポトへの支援につきまとう「過去の過ちを決して繰り返さぬよう」との呼びかけだ。ポルポトへの支援は、ごくわずかな形であったとはいえ純粋に主観的なもので、事件に何の影響も与えなかった。また、スターリンにかんしては、ナチズムへの抵抗が「ヒトラーでもスターリンでもなく」のスローガンに基づいていたのではなく、多くの場合、ソビエト連邦とその指導者に対する本物の崇拝に拠っていたことは、当然指摘しておく必要がある。この崇拝についてあとで振り返り、どう考えようと、それが尋常なものではなく、その効果（レジスタンスを励ます）がかならずしも否定的なものでなかったことは確かだ。

しかし、「…でも…でもなく」の有効性の論拠は、だからこそ簡単に反論できるのだ。誰も「ジョンソン（あるいはニクソン）でもホー・チ・ミンでもなく」とは言わなかったベトナム反戦の大デモと、コソボやイラク反戦デモとを比べてみるだけで十分だろう。その上、イラク戦争に対する反対運動はムスリム国家で一番燃えさかり、そのすべての者、サダム・フセインの敵対者でさえ、合州国が侵略者、イラクが被侵略者であることを認めている。

信頼性の問題は、論じるにはもう少し微妙なところがある。なぜなら、それが誰の目から見て信頼に値するものなのか、明らかではないからだ。もし、「信頼性」とは拠って立つ立場が道徳的に立派であるという意味を指すなら、「…でも…でもなく」は、右に挙げた理由から、どう見てもそういう立場ではない。もし逆に、「信頼性」とはメディアや指導的知識人の目に受け入れられるという意味を指すなら、誠実な反戦の立場がそうなることは絶対にありえず、このことで幻想を持ち続けるのは災いの元である。残るのは世論である。世論の尊敬の的になりたいというのは確かに立派な目標だが、反戦運動の仕事は戦争プロパガンダに対して、わけてもその根元にある人道主義的欺瞞に対して闘いを仕掛けることだ。この闘いを始めるためには、まずはおのれのイデオロギーを明らかにし、それをスローガンの選択にはっきりと表す方が良いのではないか。

「…でも…でもなく」イデオロギーは、最も誠実な反戦活動家の中にも広がっているが、その最大の欠陥は、「ダブル・スタンダード」ではないことを証明しようとして、敵としてのサダム、ミロシェビッチ、イスラム原理主義者などを告発すべきだと考えているところにある。残念ながら、ことはそれほど単純ではない。よく知られるように、第一次世界大戦中のドイツ皇帝に対する風刺画は、戦争プロパガンダの一側面であり、その効果は何百万もの人々を墓場に送ったのだ(96)。戦争がない時期には平和主義、そして戦争が始まれば好戦主義に転じるような『チャーリー・ヘブド』誌〔フランスの風刺画週刊誌〕に載るミロシェビッチやイスラム原理主義者の風刺画を見て、同じように反応をする読者はまずいないだろうが、基本原理は今も変わらない。われわれが述べ、書くものは、本質的にわれわれの側、西欧側で聞かれ、読まれるということだ。道徳的観点からして一番重要なのは、単にそれが真実であるか否かではなく、そこで生み出される効果がどのような作用を及ぼすかなのだ。戦時において、敵の犯罪を告発することは、たとえそれが稀にありうる正しい情報に基づくものだとしても、結局、戦争歓迎へと向かわせる憎悪をかき立てる。単純な例を挙げてみよう。第二次世界大戦中、対独協力派作家ブラジヤック〔一九〇九~四五年。フランスの作家。対独協力派として銃殺刑に処される〕はソ連軍がやったカチンの森でのポーランド将校の虐殺を告発した。彼の言うことは完全に真実であったかもしれない。だが、あの状況下では、やはりほとんど誰もが彼の告発をナチス協力行為とみなすことになったのだ。

このような例を考えると、現在行われているほとんど儀式的とも言える頻繁なイスラム告発には、一定の慎重さが求められるのではないか。われわれは（まだ）ムスリム世界と全面的に交戦状態にあるわけではないが、わがアメリカ同盟諸国（「民主主義陣営」）は二つのムスリム国家と交戦し、イスラエルもまた「民主主義陣営」の一部をなすとみなされている。ヨーロッパでテロ行為が続けば、やがて人々は、それが爆発的に広がり、アラブ・ムスリム世界との全面衝突に至りはしないかと真剣に恐れるかもしれない。もしそのような状況になれば、現在のイスラムに対する告発を第一次世界大戦前のドイツに対する告発と同じレベルに位置づけてしまうことになりかねない。

Texte ◆ 女性の権利の名においてイスラムを告発する——昔からよくある話

わが国〔フランス〕の僧侶たちがかくも多くの本を書いたのは、主にマホメット教徒となったトルコ人に対抗してであって、コンスタンチノープルの征服者〔オスマン軍を率いたイスラム勢力〕に対応する他のやり方を知らなかったからだ。オスマンの歩兵の数よりはるかに多いわが著者たちは易々と女性を味方に付けた。彼らが説くには、マホメットは女性を頭の良い生き物とはみなさず、コーランの法によってそのすべてを奴隷とみなした。女性はこの世で何一つ所有することができず、あの世でも何の分け前にも預れないとした。これらはみな真っ赤な嘘であるが、それらの本によって固く信じられるようになった。

（ヴォルテール[97]）

われわれが混沌の高みにいるという考え〔「…でも…でもなく」という考え方〕がもたらす効果については、もう一つの例がある。ベトナム戦争終結後、アメリカの反戦論者の一部は、まさに過去の自分たちの反対行動のゆえに、自分たちには特別の責任があると考えた。すなわち、ベトナムやポルポトのカンボジアの下でボート・ピープルが被った災難を、厳しく告発するという責任である[98]。この態度の広がりはおそらくフランスの方が顕著で、この問題でもまたインテリ階層がかかわるようになった。だが、こうした告発の声が響いたのはベトナムやカンボジアではなく、西欧内部においてであり、その声は当然のように帝国主義的イデオロギーの復活に大きく貢献することとなった。このイデオロギーは、一方では、合州国がインドシナで犯した罪の賠償をいっさい拒み[99]、したがってこの地域の人々の苦しみをさらに深刻化させる結果をもたらした。ボート・ピープル現象の深刻化は、多くの場合、こうした現実の反映である。また他方では、合州国はそのおかげで中米とイラクでイデオロギー面での戦争準備を進めることができ、その結果、合計で何万人もの死者をもたらした。しかし、良心の安らぎを与えるメカニズムがうまく機能したから、この帝国主義イデオロギーの再建に協力した連中は誰一人として、これらの犯罪に「特別の責任」を感じることはなかったはずだ。

それでもなお、「…でも…でもなく」賛同者の肝心の問題は別のところにある。ミロシェビッチもサダムも獄中にある今〔二〇〇六年、獄中にて前者は病死、後者は裁きを受けて処刑された〕、「でも」のもう一方の当事者、ブッシュ、すなわち合州国をどう扱えば良いというのか。人道主義的戦争の支持者の一部は認めている、ブレマー〔アメリカの外交官、イラク再建の行政責任者〕のイラク政策は最悪であり、アメリカの企業はハゲタカのように振る舞い[100]、拷問は破廉恥であり、ファルージャ破壊は認めがたい、ゆえに、こうしたすべてを告発するのが、今や自分たちの責任であることは明らかだと。だが、告発するのと止めさせるのとは、まったく別のことである。ここでもまた、合州国と対立国の力関係にはなはだしい落差を見ることになる。この落差を如実に示す例が、アメリカ軍が遠い国に攻め込むのを激励する人権擁護者の態度と、たとえば、スペイン内戦時や他の革命戦争時における国際義勇軍兵士の態度との違いだ。両者の本質的な違いは、義勇軍の兵士たちは人権擁護者とは異なり、自らの命を賭けていたということではない。そうではなく、彼ら義勇兵は、ある程度まで自分たちの使う武力を制御していたということである。彼ら自身戦っていたからだ。一方、人権擁護者は、彼らが激励する勢力、アメリカ軍の力に対してまったく影響力を、少なくとも抑制作用を及ぼさない。アメリカ社会とアメリカ軍の本質を冷静に分析すれば、イラクにおける合州国の行動は隅々まで予測できただろう。つまり、人権擁護拡張にとってアメリカ軍はきわめて劣悪な手段なのである。人道的介入支持者がどんなにスターリン主義を告発し、権力の濫用を見通していたと自賛したとしても、それは単にわれわれの時代の「役に立つ馬鹿」〔善意からある政治思想を信じて働く愚か者。かつては共産主義支持者についていわれた表現だが今は広く使われる〕になっただけなのだ。

Texte ✦ サルマン・ラシュディと戦争

道徳的観点から割の良い役を演じながら、帝国主義戦争を正当化するレトリック。サルマン・ラシュディが示すのはこうした例だ。彼は二〇〇二年の論説でアフガン戦争支持の立場を擁護し、また、合州国がサダム・フセインを倒したあとは、新たな軍事権力を建てるよりも、アーメド・シャラビ〔一九四四年〜。イラクの政治家。二〇〇五〜二〇〇六年首相代理〕をトップに据えることが賢命だと説く。「私の見方は単純明快だ。もしアメリカがげす野郎と組めば、自らの権威を失うばかりか、一度失えば、議論もまた負けになるからだ」(101)。仮にアメリカが「げす野郎と組む」ことが初めてではないにしろ、もしそうなったらどうするのか。ラシュディは、そのときには世論に訴えるべきだと言う。しかし、メディアの言いなりになっているアメリカの「愛国心」と無関心を考えるなら、これはあまり現実的な提案ではない。それ以上は言うまい。アメリカの世論はコソボのセルビア人の運命や、アフガン戦場の情勢などを気にしているだろうか。シャラビ政権の樹立（アメリカはラシュディの助言に従った）がイラク国内で圧倒的不人気を得ても、アメリカ国民の誰が抗議の声を挙げるだろうか。アメリカ兵が殺されるなら（現在のイラクにおけるように）、反応は違ってくる。もちろん、兵士たちの死が最大値になることを人道的介入支持者が第一の望みにしているとは、どうにも考えにくい話だが。

「…でも…でもなく」はまた、共産主義の挫折以来、左翼一般が宗教的と言えるほどの道徳的絶対主義へ偏向していったときの一つの症状でもある。(102) 左翼、とりわけ極左の論調は、しばしば善意のカタログ（国境を開き、完全雇用を保障する）に要約されるが、その実現のための政治的戦略は添付されていない。まるで、イエスの「わが王国はこの世にはない」ということばに応じているかのようだ。「科学的社会主義」の失敗のあとに、ユートピア社会主義への回帰がやってきた。この偏向は概して不満に満ちた道徳的姿勢を取る形になっている。当然のことだが、現実世界に効果を上げるようなことを何一つしなければ、何のリスクも犯さず、またスターリンやポルポトを支援すると言って糾弾されることもない。

しかしそれなら、なぜいつまでも政治活動に参加しているかのように振る舞い続けるのか。この安手の道徳的純血主義は、世界に対する哲学的ないしは宗教的嫌悪感の典型的な現れで、少なくとも政治とは正反対の立場である。この状況からいかに脱出すべきか。その方法を提案するのは本書の目的をはるかに超えるにしても、それでもここで強調しておきたいのは、実際の政治にはすべてあいまいな点、不都合な点があり、しばしば政治とは「まだましな悪」を守ること、たとえば、アメリカの覇権に対抗して国際法を守ることに通じるということだ。だが、これを宗教的絶対主義は拒みがちである。シラクは、アメリカのイラク侵攻に加担することを拒否し、歴史的と言える決断をしたが、これはありうる限りの善意の主張や宣言よりもはるかに大きな仕事を、ヨーロッパとアラブ世界の平和維持のためにやりおおせるものだった。だが、左翼と極左の多くはそのことを認めたがらず、宗教的絶対主義をあらわにした。

■「支援」のレトリック

最後に、第三世界における革命の大義と解放「支援」のレトリックについて、一言触れておく必要がある。このレトリックは西欧で反帝国主義的立場を取り、「…でも…でもなく」の対極にあるが、やはり不具合な点を含んでいる。ある者は、パレスチナ、イラン、チャベスの抵抗、往時であればソ連、中国、ベトナムなどの抵抗は「われわれ」によって支援されているとみなす。それに対して、また別の者は、こうしたタイプの支援を告発する。

ここでの批判は、革命闘争に具体的に参加している活動家（したがってレトリックの段階を越えている活動家）に対するものでは決してなく、主に西欧で行われている論争と分裂にかかわるものである。極左内部、たとえば「スターリニスト」と「トロツキスト」との間で、XないしYの支援をめぐり論争が起きるのは、取り上げられる支援そのものの概念が明確でないこと、とりわけ積極的支援と消極的支援との区別がなされていないことにある。われわれの大部分は、相手が誰にせよ、供与すべき武器も秘密ももっていない。われわれの「支援」はせいぜい感情的なものであるのに、なぜわれわれの振る舞いがフットボールのひいきチームのサポーター以上のものにはなれないのか、みなよくわからないでいる。全方向的介入主義のおそらく大部分が植民地精神の残り滓であるとするなら、「支援」のレトリックは「第三インターナショナル」〔共産主義インターナショナル。コミンテルン。一九一九年、モスクワで設立。国際共産主義運動の指導に当たる。四三年、解散〕を間接的に受け継いだものとみなすことができる（ただし、トロツキスト・グループはその実践でしばしば第三インターを乗り越えたが）。「共産主義インターナショナル」はかなり中央集権化された強力な運動だった。従属する政党を通じて、ある特定の国における運動や闘争を支援すること。この組織にとり、それは意味のあることだった。だからと言って、この方法がかならず有効であり、適切であったわけではない。ただ単に、現実の政治的効果を上げていたにすぎない。しかもこのような時期ははるかかなたに過ぎ去ったのであり、今もどこかに革命センターが存在し、「われわれ」の声を聞き、世界の果てまで「われわれ」の卓見を伝えてくれるかのように行動するのは、何の意味もなさない。

「支援」のレトリックにはさまざまな不都合がある。たとえば、活動家は自ら何の手がかりすらもたない対立（一九二四年〔この年にレーニンが没し、ソ連共産党の内部対立が鮮明化する〕、トロツキーはどうすべきだったか）にかんして不毛な論争に巻き込まれ、適切にもこうした論争を天使の性別論争〔一四五三年、東ローマ帝国崩壊時、トルコの包囲下でこの論争が続いていたと言われる。無駄な論争のたとえ〕の近代版とみなす一般の人々から孤立してしまうこともある。その上、このレトリックによって、博学争いにも駆り立てられるが、それで現在の世界を理解できるわけはないし、他の人々に世界を変える必要性を説得することもできない。結局、こうした支援はすべて、しばしばつらい想いを抱かせる、政治的には災いの元になる幻想と一体である。どれほど多くの人たちがスターリン、毛沢東、ポルポトを「支援」したことを反省し、そのあとで一切の支援活動から手を引いてしまったか。だとすれば、ソ連や中国で生活し、行動していた者でなければ、おそらく間違った、しかも世界に何の影響すら及ぼさない意見を表明した以外、彼らは何もしなかったことになるのではないか。

「支援」論争の終点は当然イラク人の抵抗にかかわるものだ。一体どうしてこの殺人者たち、民主主義の敵対者たちを「支援」できるというのか。この問いには、次のような答え方もある。国民には自衛の権利があるではないかと。まず指摘すべきことは、ソ連がアフガニスタンに侵攻したとき、西欧の間ではソ連に撤退要求をすることで一致していたが、それは一般に、アフガニスタン人の抵抗への「支援」という形は取らなかった。もし「支援」となれば、アフガニスタン人の抵抗の実体を知って、大いに問題となったはずだからだ。このとき西欧の人々が考えていたのは、ただ単に、何よりも不法な侵攻に決着を付けることだった。同じ指摘は、他の多くの侵略、たとえばイラクによるクウェート侵攻についても当てはまる。では、イラクの場合はどうか。イラク攻撃を正当化するために持ち出されたアメリカの口実が偽りであったことが暴露された以上、ソ連やイラクによって使われたのと同じ理屈でアメリカに撤退を要求するなら、やはりここでも「誰に対する支援か」をめぐる問題など生じないだろう。

「支援」レトリックの最大の欠点は、相手の論理をそのまま受け入れてしまうところにある。このレトリックを使う者は相手の陣営を「支援する」と言って、われわれを批判する。この批判に対しては、次のように返答するのが一番だ。われわれと君らは同じ状況下にあり、したがって、われわれがしていることと君らがしていることは結局はまったく同じなのだと。

最後の指摘。われわれに謙虚さがいささかでもあれば、こういう考えになるはずだ。われわれがイラクの抵抗を支援しているのではなく、実際はイラクの抵抗がわれわれを支援している、彼らの抵抗運動はわれわれに何も要求してはいないのだと。結局、一時的にせよアメリカ軍を阻止するのに有効なのはイラクの抵抗であって、われわれが行う何百万人もの平和な反戦デモなど問題にならない。デモ参加者は残念ながら兵士も爆弾も止められなかった。もしイラクの抵抗がなければ、アメリカ軍はおそらく今、ダマスカス、テヘラン、カラカス、ハバナにいるだろう。私がイラクの抵抗を支援しないと言って、ときに批判する人がいるが、支援しないその理由は、とりわけ、イラクのスターリンがいつわれわれに、何個師団出せるかと要求してくるとも限らないからだ(103)。

このスターリンの皮肉に対してしばしば指摘されるように、たしかに、思想面からの支援がそれなりの効果を生むことはある。イラクにかんする世界法廷や「ラッセル法廷」〔ベトナムにおけるアメリカの戦争犯罪を告発するために、一九六七年、サルトルが議長となって開かれた法廷〕などの世論の法廷のように、思想戦がイラクの抵抗「支援」であるとみなされる場合がある(そのために、告発されもするし、拍手されもする)。しかし、そうした闘いもやはり、はるかに広い展望の中に組み込まれているとみなしうる。これについては次章で触れよう。

〚Texte ✦ 抵抗以前の英国の報道、勝利の陶酔〛

「政治家にとって勝利にまさる療法はない。自分ほど戦争を信じる同盟者は一人もいなかったのに、戦争を始めた指導者にとって、今やイラクは絶大な正当化となっている」。

(ヒューゴ・ヤング『ザ・ガーディアン』二〇〇三年四月一五日)

「善いことをしたい、世界の他の地域、とりわけ中東にアメリカの価値観をもたらしたい、そういう願望が、軍事力とますます強く結びついているのは間違いない」。

（BBC1『パノラマ』二〇〇三年四月一三日）

「彼らは彼の顔［サダム・フセインの像］を星条旗で覆った。一分ごとに、…八、八、八、一分ごとにどんどん巻かれていく」。

（ITV『今夜、トレヴァー・マクドナルドと』二〇〇三年四月一一日）

「死者の数は予想をはるかに下回る。この戦争での死者は数千人、サダムの手による死者は数百万人だった。［…］ブレア氏の頭の中では、この戦争はサダムの脅しが主な原因だった。［…］ブレア氏にとってサダムを厄介払いできれば、十分正当化に価した」。

（ローンズリイ『オブザーバー』二〇〇三年四月一三日）

「勝利があったことは誰にも否定できない。この明らかな事実は以前のあらゆる不安を一掃し［…］人類のろくでもない敵はいなくなった。これ以上、何を望むか。なぜかという問いにかんするあらゆる疑念は、もうすべて忘れよう」。

（ヒューゴ・ヤング『ザ・ガーディアン』二〇〇三年四月一五日）

8　展望、危険、そして希望

無数にある疑問——介入すべき主体はどういう性格をもつのか？　その主体の誠実さを信じる、いかなる理由があるのか？　国際法に代わりうるものがあるのか？　介入と民主主義をいかに折り合わせるのか？——に対して、人道的介入の支持者が満足すべき答えをもっていないのは事実である。ではどうすればよいのか。この問いにかんしても、今も解けずに謎のままである。

私に満足すべき答えがあると言うつもりはない。実際、現在において世界の戦争状態から抜け出すのは、容易なことではない。進歩層を含めて、西欧人の精神構造に根本的な変化が必要だろう。この最終章では、まず、われわれと世界の他の部分との関係の全体像において何を変える必要があるかを考えたい。次に、平和運動は何を優先すべきかや、「情報の闘い」のありようについて、そして最後に、希望を抱く理由について考えたい。

■もう一つの世界は可能である

　ここまで述べてきたことは、「自分の畑を耕せ」式の考え方を弁護するものではまったくない。われわれの行動においては、全体的要因（世界の現状、真の南北関係など）や、われわれの行動を条件付ける力関係、それに行動がどこで行われるかについて、もれなく目を配らなければならないという状況が間違いなくある。だが、われわれはまず「世界のあらゆる問題を解決できる」という自惚れを捨てなければならない。われわれにはそれはできないことなのだ（植民地主義も第三インターナショナルも過去に属する）。あるいは、われわれはその責任を感じるべきではないということでもある。

　一方、いかなる介入も必要とせずにわれわれにできる一連のことがあって、われわれはそれに責任を感じるべきなのだが、これについてはあまり世の人々の関心を引いていない。まず、南北関係のすべての経済的側面がある。負債、原料価格、安価な医薬品の入手。われわれが「人道的戦争」にこれほどのお金を使っているというのに、人道的性格をはるかに明確にした行動のためのお金が、どうして出てこないのか。ルワンダでは一〇〇日の間、毎日ほぼ八〇〇〇人が死んだ。なぜ軍事的介入をしなかった罪の責任ばかりを言い合って、治療がそれほど難しくない病気で毎日同じ数の人間が死んでいくことに責任を感じないのか。キューバ、インドのケララ州の例を見れば、比較的貧しい国でも、公衆衛生のレベルを高めることができるのだ。だから、アフリカでこれほどの死者が出ているのは、単に貧困のせいとは言えない。費用にかんして言うなら、イラクにおける「民主主義のための戦争」

は、毎日何千人もの命を救うために必要とされる額を、はるかに上回っている。

介入と協力では違う世界になる。協力は介入とは逆に現地政府の同意を得て行われる。もし協力が誠実なものであるなら、第三世界でこれを拒む者は誰もいない。実際、世界の悲惨な状況はあまりにも多いことから、同じ費用と努力で、介入よりも協力の方が多くの人命を救えないといった状況を想像するのは難しい。ルワンダの極端な例でさえ、この想定を打ち消せないだろう。

したがって、人々の予測に反して、国家主権の厳密な尊重と人権（偽善的でない）の擁護との間には対立はない。愛他的精神で支出するつもりだった介入のための財源を、協力のための財源として割り当てるだけで十分なのだ。

他方、われわれの「他者」との関係においては「文化革命」がなされるべきである。第三世界生まれの料理、音楽、芸術の伝統は、西欧ではこの二、三〇年の間にますます普及し、評価されている。しかし、西欧に欠けているのは、指導者を含めて、「南側」の国々の運動に対する謙虚さと政治的理解への態度である。第一に、情報にかんして、それが言える。「南側」の指導者あるいは政治運動が残虐行為を犯したと西欧メディアが断言すれば、西欧の進歩派の多くはたちまち信じてしまう。イラクとアルカイダのつながりやイラクの大量破壊兵器にかんする嘘は（少なくともヨーロッパでは）比較的よく知られているが、NATO空爆以前のコソボの実情やイスラエル・パレスチナの関係史にかんする戦争プロパガンダの組織立った一側面にかんしても、もっとよく知られ、正しく判断されるべきである。そうすることで、新たな戦争を正当化しそうな、他者の犯罪にかかわる西欧メディアの今後の主張に対しては、合理的な疑いの目で向き合っていかねばならない。

中でも、コソボ戦争は「人道的介入」のために一〇年がかりで仕立て上げたマスコミ宣伝の頂点だった。われわれを国家主権、さらに広く国際法の概念から解き放とうとしたのだ。介入の支持者たちは熱心にこの戦争に有利に働くよう偏った宣伝をまき散らした。彼らは、NATOを巻き込んで戦わせようとする立役者であった。しかも一面では、ポスト冷戦の時代に一連の「人道的」戦争を仕掛けようとする合州国によって利用されもした。

その結果陥ったのが、ミロシェビッチを悪の主役とするユーゴスラビア抗争に対してのマニ教的善悪二元論である。この見方に立って西欧のメディアと一般大衆がためらいもなく受け入れたこと、それは次のような考え方だ。ランブイエでセルビアに突きつけたNATOの最後通告は「交渉」の結果であり、したがって交渉不成功の責任は空爆という事態に誠実に対応しなかったユーゴ大統領だけにあり、ユーゴ軍とコソボ反乱軍の闘いはユーゴによる「民族浄化」が原因であったのだと。こうしてこの戦争は、ユーゴ大統領にNATO占領を否応なく受け入れさせるための戦争、実際には決して存在しなかった「ジェノサイド」に対する戦争となった(104)。

Texte ✦ サダム・フセインの犯罪

ダウニング街は『ザ・オブザーバー』紙で認めた。「イラクの殺戮の場で四〇万人の死者が見つかった」と繰り返すトニー・ブレアの確言は誤りであり、これまでに確認された死体は五〇〇〇だけであると。昨年〔二〇〇三年〕一一月と一二月に発せられたブレアの確言は広く受け入れられ、議員たちに引用され、さらにはアメリカ政府のイラクの虐殺にかんする報告の序文にも載せられた。

二〇〇三年一二月一四日、サダム逮捕に続いて、ブレアはこの確言を労働党のサイトの資料で繰り返した。「虐殺の場で四〇万人の遺体がすでに発見された」[…]。USAID［国際開発のためのアメリカ通信社］のサイトは、ブレアの確言を引用して論じている。「もしこの数字が正確なら、彼らが人類に対して犯した罪はそれだけで、一九四四年のルワンダの虐殺、七〇年代のカンボジアにおけるポルポトの大量殺戮、第二次世界大戦時のナチスのホロコーストを凌駕している[105]」と。（「首相は大量虐殺の確言が事実ではないことを認める」ピーター・ボーモン『ザ・オブザーバー』二〇〇四年七月一八日）

これらの引用を見れば、西欧のプロパガンダ・システムがどのように働いているか、明らかだ。事実のみにかかわる主張（「四〇万人の遺体がすでに発見された」）が、事実ではない（虐殺の場での捜索を命じた者と発表する者が同一人である以上）偽りの主張として政府によって発せられ、（労働党やアメリカ通信社などを介して）大規模に繰り返される。たしかにこの主張はその後訂正されたが、訂正はたったの一度だけであり、その反響はフランスや合州国などの外国には届いていない。だから、嘘は人々の心に残り、よく耳にもする。戦争で一〇万人の市民が死んだと誰かが言えば、すぐに、「そうかもしれないが、サダムによる虐殺の場には四〇万の遺体が見つかったのだ」という答えが返ってくる。

こういう根拠のない話は政府の他の主張に疑念を抱かせても良いのに、滅多にそういうことはない。結局、こうした否定情報には大して意味がないというのが、よく聞かれる反応となる。とにかく、

「サダムはろくでなし、人殺し、等々」。だが、問題は別なところにある。もし仮に第三世界の国の指導者が死者の数を八〇倍して、サブラとシャチラ〔一九八二年、レバノン軍によるベイルートのパレスチナ人難民キャンプでの虐殺があった〕（一六万人）、ベトナム戦争時（二億四〇〇〇万人）、イラク侵略時（八〇〇〇万人）と言ったら、どうなるか。われわれはそこにどれだけの信頼を寄せるだろうか。

「他者」とじかに接することに、恐れを抱かないようにする必要がある。第一次湾岸戦争時、あるいは第二次のときでもいいが、「普通の」アラブ市民に意見を聞こうとした者がどれだけいたか。コソボ戦争時、セルビア人やギリシャ人の見解にせめて耳を傾けようとした者がどれだけいたか。現在「イスラム原理主義者」として扱われている知識人たちとかつて堂々と率直に議論を交わそうとした者がどれだけいたか。アラブ世界ではみなが知っていること（一九四八年にパレスチナで起こったこと）、それを真剣に取り上げるために、なぜイスラエルの歴史家による新しい仕事を待たねばならなかったのか。本物の国際主義とは、われわれの道徳的優越感（文化的のみならず）を疑問視し、まさしく西欧のメディアと政府から激しい攻撃の対象とされてきた人々の言うことに耳を傾け、話を交わすことではないだろうか。もう一つの世界主義《アルテルモンディアリスム》運動によって国民間の直接対話を可能にするチャンネル、現在存在している奇妙な「連帯」の形を新しいものに換えるようなチャンネル、こうしたチャンネルを設置し、西欧政府が他国の内政にかんしてすでに行ってきた介入政策とは異なる、もっと本物のかかわり方を目指していくよう呼びかけることはできないだろうか。

合州国では、労働組合ＡＦＬ‐ＣＩＯが労働組合としては史上初めてアメリカの外交政策に批判的立場を取り、イラクからの軍の撤退を訴えた(106)。この取り組みの発端の一つは、一部のイラクの労働組合員がアメリカの同僚に自国の現状を直接話しに来たことによる。このような直接の交流、とりわけ平和運動との交流を推進すれば、おそらくアメリカと英国の世論は劇的な変化を見せるかもしれない。この種の交流を可能にするためには、相手側に政治的対話者が存在し、西欧の政府が彼らに必要なビザを出すことを受け入れなければならない(107)。

何を変えねばならないか。それを明確に示す格好の例を、ここで思い出さねばならない。ベトナムにかんする一九六七年の映画のタイトル〔フランスのオムニバス・ドキュメンタリー映画『ベトナムから遠く離れて』〕を引き合いに出せば、われわれは心理的に「イラクから遠く離れて」いる。ファルージャはピカソのいないゲルニカだったのだ。イラクでは三〇万人が水、電気、食料を欠き、住民はキャンプに押し込められた。それからアメリカ軍が組織的な爆撃を開始し、区画ごとに街を占領していった。病院が一杯になっても、『ニューヨーク・タイムズ』は、病院側は犠牲者の数を水増しして宣伝センターの役を果たしていると書き、それを正当化した(108)。しかしその数は誰も知らない。(イラク人に対して)ボディー・カウントをしていないからだ。定評ある科学雑誌が推定数を発表しても、誇張だと批判された(本文挿入テクスト一二〇ページ参照)。占領後、住民は検問地点を経由し、兵士の監視と生体統計学的検査を受けて、破壊された街に戻ることを許された。イスラエル人でさえ、こんなことをこんな規模でやったことはない。

Texte ✧ 左翼による占領の正当化

「メディアの存在に敏感な占領軍ならば、失墜した権力による犯罪と同じようなことは決してやらないはずだ。不当な逮捕とか、アムネスティ・インターナショナルが告発した拷問のケースとか、報道規制などはあるにしても、占領部隊による略奪は戦闘中の軍隊の悪習ほどではない。〔…〕

こうした状況の下、占領軍のたゆまぬ努力による進歩は、見事な成果を上げている。一方、彼らが犯す数々の過ちは、イラク軍隊の解体のように、中には過激なものもあるが、ひどい結果を及ぼすほどではない。たしかに、宗教上の重要人物や著名な部族長が逮捕されることはあった。そうした行きすぎは今も続いている。ときには、通りかかった一般車が装甲車につぶされる。〔…〕しかし、真の意味での争乱、数千人以上のデモが発生しそうな状況下にはまったくない」。

（デイヴィッド・バラン「バグダッドで、暴君の冠の上に立つ解放者」『ル・モンド・ディプロマティック』二〇〇三年一二月）

この記事が出たのは、アブ・グライブ、ファルージャ攻撃の事実が明らかになる前だが、この断固とした口調（「決して」「まったく」）は、西欧が他者との関係において自分たちの好意を信じ切っている状態をよく表している。

こうした占領軍の行為に対してどれだけ抗議の声が上がったか。アメリカ大使館の前でどれだけのデモが行われたか。合州国に中止を訴えるために、自国政府にどれだけの請願を提出したか。カトリーナ台風と同じだけの犠牲者に、どれだけの民間組織が関心をもったか。どれだけの新聞の論説がこれらの犯罪を告発したか。

　侵略のあと間もなく、ファルージャの住民が静かなデモを行ったとき、アメリカ軍は群衆に向けて発砲し、一六人を殺した。ここからファルージャの災厄が始まった。このことを「市民社会」や非暴力の支持者の中の誰が指摘したというのか。ファルージャだけではない。ナジャフも、アル・カイムも、ハディサも、サマラも、バクーバも、ヒットも、ブーリスも、みな同様であった。今こう書いているとき、今度はタル・アファルの番だ。同じとき、フランスでは『リュマニテ〔共産党機関誌〕』祭りだ。「スターリン主義」時代なら、この祭りはアメリカの暴虐に対する圧倒的な抗議の声と化していただろう。だが現在では、フランス左翼を支配する思想は、何よりも反米主義に陥らぬこと、敵を間違えぬこと、イスラム原理主義者の利にならぬことなのだ。

「ラッセル法廷」は始終イラクにおける失踪と暗殺の情報を受けている。イラク人の運命をなおざりにしているのは、性悪なイスラム原理主義者や性悪なサダム主義者ではなく、西欧の知識人、さらには「西欧的」知識人である。彼らは、サダムが悪い、イスラム世界が悪いといった言い訳をでっち上げることで、そうしている。「エルサルバドル方式〔エルサルバドル内戦時のアメリカ準軍事組織による暗殺戦略〕」がイラクでもフル回転している[109]。いったいこのような情報は誰に伝わっているのか。誰がそれに興味をもつというのか。

　こうして、ベトナム戦争初期、一九六二年から六七年にかけて存在していた状況に次第に戻っていく。この時期、アメリカ空軍に空爆されるベトナム農民の運命に関心を寄せることは、アメリカのリベラルな知識人にとっては、共産主義者に操られること、彼らに寛大であることを意味した。今日、共産主義者の役を演じているのが、「イスラム原理主義者」である。唯一の違いは、当時は合州国の外部にかなり強力な共産主義運動が存在していたため、支配的な論調にはある程度まで対抗できたことである。現在ではアメリカの新自由主義思想が西欧世界全体を制圧し、残っていた共産主義政党の本質的部分もその中に入ってしまっている。

Texte ✦ 戦略家の考え方

住民を直接攻撃するのは、反生産的であり、国内からも国外からも抗議の大波を受けるかもしれない。これに対して、堤防の破壊は、もしうまくやれるなら、大いに見込みがある。問題を入念に検討すべきだ。このような破壊は誰も殺さないし、溺れさせもしない。しかし、水田を水浸しにすることで、やがて一斉に飢饉が広まる（一〇〇万人以上？）。食糧の供給が必要になり、われわれは交渉の場でそれを提案できる。

（ジョン・マクノートンによるCIAの分析『ペンタゴン文書』からの抜粋テクスト。引用、ノーム・チョムスキー『国家の理由のために』ザ・ニュー・プレス、二〇〇三年、六七ページ）

NGO、特に人道支援組織は何を言い、何をしているか。カナダの法学者マイケル・マンデルがいみじくも指摘したように、イラク戦争が始まったとき、ヒューマン・ライツ・ウォッチ、アムネスティ・インターナショナル、その他のNGOは「交戦国」（これ以上ない中立的な用語）に対して戦争法を守るよう強く訴えた。しかし、国際法に照らして、「戦争それ自体の非合法性」については、また、戦争を仕掛けた側が犯した「極度の罪」については、ただの一言も触れていない。(110) これらの組織は、言ってみれば、レイプ犯にコンドームを勧める人間の立場にいる。ゼロよりましかもしれないが、力関係を考えれば、コンドームなど使われることはないのだ。人権を名目にした介入イデオロギーは平和運動と反帝国主義運動をつぶすのに完璧な働きをした。実際、介入が大規模に行われれば、人権やジュネーブ協定〔戦時国際法としての負傷者・捕虜の待遇にかんする国際協定〕は蹂躙されるのが常だ。

結局のところ、反戦運動は何をすべきか。この問いに答える前に、政治的力関係での、こうした運動が占めている本当の位置にかんして、もう一つの問いに向かわねばならない。

■理想主義を脱する

「理想主義」ということばにはいくつもの意味がある。ここでは、善良な意図の表現として使っている。この表現には、力関係についても、また表現者が力関係の中でどのような位置にあるかについても、十分な分析が欠けている。

残念ながらこの意味では、「理想主義」は進歩的運動に相当な害を与えている。たとえば、あるアメリカの友人がイラク情勢について手紙をくれた。「今何をなすべきか。それは戦争開始時にこれを支持すべきであったかどうかとは、別の問題である。[…] ブッシュがこれほどの損害をもたらした以上、どうやって償うべきか、もうわからない。アメリカ部隊をイラクに無期限に残しておくのは、(進歩的観点から) 明らかに良い考えではないが、それに代わる案があるかどうか、難しい。平和運動の内部でも、単にアメリカが撤退し、他に誰もいなくなれば、内戦になると心配する人々がいる」。

おそらくこうした心配を反戦運動内部の人たちは広く共有していて、それがアメリカ部隊に無条件の撤退を要求する妨げになっている。この心配の背後には、すでに答えが内々出ているいくつかの問いがある。しかし、表向きには問われないから、議論の対象から外されているのが実情である。まず、反戦運動にはイラクのドラマに解決策を提案する義務があるのか、という問い。ついで、合州国にはイラクの内戦を防ぐ権利、能力、義務があるのか、という問いである。

二番目の問いから始めよう。義務という問いは、そのまま国際法にかかわってくる。もしある国が別の国にかんして内戦のおそれがあると判断し、国際社会がそうした判断をそのたびに受け入れ、前者による内政干渉を認めることになったら、たちまち、いたるところで万人の万人に対する戦争が起こるだろう。また、もしイラク侵攻が不法だとするなら、イラク占領を正当化するのに内戦の危機を口実にするのは、意味をなさなくなる。たとえばそれは、ソ連によるアフガニスタン占領を正当化するのに内戦の危機を口実にするのと同じである。

能力という問いにかんして言えば、現在の占領の続行もニューオリンズの悲劇も、合州国が全能どころではないことを示唆している。リスクなしの長距離空爆を可能にする最先端のテクノロジーがあっても、それはまだ遺憾ながら、世界支配の鍵にはならない。どちらの向きにも不評を買うおそれのある比較だが、イラクと合州国はさしずめダビデとゴリアテのようなものだ。アラブ・ムスリム世界はイラク占領に真っ向から反対していて、さしあたって合州国に対するイラクはゴリアテに対するダビデの位置にあるが、みな知っているように、ゴリアテの勝利は確かではない。

さらに、合州国には二種類の戦争反対者がいる。一方を単純化して左翼と言っておこう。彼らにとって、戦争は背徳的であり、たとえ合州国が簡単に勝てるとしても、反対しなければならない。ノーム・チョムスキーの見方は、この典型的な例となる。彼はアメリカの力に対する極端な過剰評価と強烈な道徳的批判から、こう述べる。「[イラクで]起きたことは実に驚くべきことだと言わねばならない。これは史上最も容易な軍事的占領の一つであるはずだった。まず、戦争は二日で終わり、占領はすぐうまく行くだろうと、私は思った。[…]MIT〔マサチューセッツ工科大学〕の技術者はイラクで直ちに電気を復旧させられると思った。[…]彼ら[占領者]は人々を抵抗と憎悪と恐怖に追い立てるやり方で扱った。彼らがゲリラ・タイプの抵抗を踏みつぶせないとは、私にはまったく想像しがたいことだった[111]」。しかし、この考えでは、次の事実がすべて無視されることになる。すなわち、人種差別、無知、傲岸はアメリカ社会の中に今も根を下ろしていること、MITの技術者はおそらく原則的にはニューオリンズのダムの復興など簡単にやってのけるであろうが、そうした層はアメリカ社会のごく一部でしかないこと、それに彼らはかならずしもイラク駐留に乗り気ではなかったこと、バグダッド陥落後たちまち始まった抵抗は、単に占領者が呼び込んだ憎悪の結果だけでなく、失墜した体制があらかじめ念入りに準備していたものでもあったこと、などである。

これに対して、言ってみれば右翼の側にも心配している人たちがいる。戦争による借金を心配し、アメリカ政治がもたらす憎悪を心配し、アメリカ軍の士気低下を心配し、アメリカ人の人命損失を心配する。また、国内の戦線についても心配する——社会的分極化、教育水準の低下、大量の地方移転、外国への企業売却、公共サービスの消滅、一層進むメディアの中央集権化と情報内容の偏向化、など。

その結果として、「自分の畑を耕す」方が良いと判断したこの階層の国民は、アメリカ政府が「イラクに民主主義を建設する」よりも自国民の運命に取り組むことを望んでいる。もちろん、国民のこの部分の中には、「もうここ（イラク）から出て行こう」式の激しい議論も聞かれる。「（イラクに民主主義を植え付けるために）すでにあらゆる手を尽くしてきたのだから」と。まるで、ある国に侵略し、何万人もの住民を殺し、典型的な植民地実践に従わせることが、民主主義を植え付ける適切なやり方だと主張するかのように。

それにもかかわらず、イラクの紛争が続き、あるいは他の国々が攻撃されたりすると、決まって右翼のこの部分と左翼との間に一種の同盟ができる。少なくともこれは客観的に言えることだ。一方、これら両グループに敵対する勢力、つまり、共和党を支配しているネオコン、民主党を支配している人道的帝国主義者、あるいは両党にまたがって強い影響力を保持しているシオニスト、そしてさまざまな軍事・産業界のロビーは、戦争反対派の勢力がたとえ団結して動員をかけたとしても、その勢力よりはるかに優勢である。

いずれ遠からず、西欧における政治的論争の一部が「帝国主義」「介入」「ムスリム世界との関係」のどれかに集中し、こうした本質的問題において左翼-右翼を分かつ分岐線をなくすことが予想される。もちろん、そのときも介入「穏健派」は反対派や赤-褐色〔極右と結んだ左翼〕、反ユダヤ主義者などをいつものように穏やかに扱うだろうが、論争がなくなることはない。

Texte ✦ 民主党の反対

世界最強の軍をもつことは第一段階であり、われわれはさらに、この軍を世界の平和と安定と治安を強化すべく、賢く利用することを深く自認している。

（ヒラリー・クリントン）

状況に迫られるなら、――誰に許しも求めず――武力は行使される。

（ジョゼフ・バイデン、上院外交委員会民主党主席委員）(112)

ある政治評論家から、民主党員の中で最もキッシンジャーに似ている男と呼ばれたホルブルックは、ブッシュのさらに右に位置し、二〇〇三年二月には、イラクに侵攻しなければ国際法を危険にさらすとまで主張(113)した。

アメリカにはイラクの状況を安定化させる義務があるか。この問いに対する回答は、この上なく簡単だ。原則としては、義務はある。ただし、アメリカに壊した壺を直させることができる、と考える者がいるとしての話だ（占領を正当化するためにそうさせるべきだ、という主張とは反対の主張として）。しかもその前にまず、アメリカがインドシナで引き起こしたことに対して損害賠償に応じた上での話だ。たとえばダイオキシン（枯葉剤）散布の犠牲者に対してアメリカは補償する義務を負わねばならない。しかし現在そんなことはどう見てもありえないから、アメリカにイラクで与えた損害を償うよう望んでも、何の意味もない。

さて、次に一番目の問いに移ろう。イラクの悲劇的状況に解決策を提案するのは、反戦運動の仕事だろうか。この問いに肯定的な答えを出すのはそれほど簡単ではない。その「解決策」がどういう役割を演じうるか、それを知る必要があるからだ。政治上の「理想主義」の特徴は、あたかも世界が一つのテーブルの下で、複雑な問題を知的に解決しようとする善意の人々によって形づくらているかのように振る舞うことだ。ところが、現実の政治の問題はまず知的に複雑とは言えない。パレスチナ問題を例に考えよう。このケースでは、ことは国連の決議をすべて実行するだけで良い。それがおそらく最も正しい解決策であり、いずれにせよ、そのために特別な知的実践が要るわけではない。しかし、それは実現不可能である。実際に決めるのは力関係で、そこにこそ本当の問題があるからだ。

政治権力をもたずに、パレスチナにかんするジュネーブ合意のような「平和プラン」を提案する人たちは、そのプランを実行可能にする力関係をどう築くかについてはあまり関心を払わない。もっと良くないのは、この手の「空中」計画を提案すること自体にある。つまり、政治力に支援されない彼らの提案は、メディアを自由気ままにさせ、「問題は解決途上にある」と世論に思い込ませ、士気を低下させてしまい、平和プランの実現にはまったく逆効果しかもたらしかねないということだ。

イラクの場合、反戦運動による「提案」の可能性はどれも、パレスチナのジュネーブ合意式「平和プラン」と同様の不都合がある。たとえば、アメリカ軍を国連軍ないしは他の何らかの国際化の形と交代させるといった提案もそうだ。どんなに巧みに練られていても、提案されたプランを強制する手段がなければ、単なる提案にとどまり、占領軍の側面援助と同じになる。関係諸国に撤退の圧力をかけ、大衆運動を組織するよりも、解決の知的模索の方を第一に考えてしまうからだ。

平和運動はイラク人にとって最良の解決策になる――そういう理由の下で占領軍への側面援助を目的化するわけにはいかない。もしアメリカ軍がいなくなったらイラクはどうなるのか――たしかにそれは誰にもわからない。しかし現実にはアメリカ軍が即刻立ち去ることはまったくないし、もしその撤退が一〇年後、二〇年後になったとしたら、その間のイラクはどうなるのか、これまた誰にもわからない。他方、彼らがどうやって延々と居座り続けられるか、これも難しいところだ――フランスはアルジェリアに一三〇年いたし、ベルギーはコンゴに八〇年、アメリカはベトナムにおよそ一〇年、イスラエルはレバノンにおよそ二〇年いたが、彼らはみな最後には追い払われたのだ。

「解決策を提案する」という反戦運動側の考えの背景にはまた、西欧の全能に対する信頼があり、自分たちの運動はブッシュ政権よりもはるかに賢いと自認する空気も感じられる。しかし、それよりはるかに現実的な態度がある。それは、われわれには他者の問題を解決する手立てなどないことを認めることだ。つまり、他者の問題に首を突っ込むのは慎しむべきだということだ。

平和運動が取るべき態度は、現実主義に基づく総合的な見通しの下で練り上げられなければならない。実際問題として、平和運動がイラク紛争に明るい先行きを保証してくれるわけではない――もっとも、それは誰にもできはしない。英国の反植民地主義者もやはり、インド帝国の悲劇的ではない終わり方を保証することはできなかった。しかしそのことが、英国にインドを果てしなく占領し続けろと要求する理由になるだろうか。そうではない。平和運動に求められているのは、西欧社会の内部で闘うことである。第三世界に対してこれまでとは根底から異なる態度、要するに南側諸国の要求に基づいた態度を身につけ、平和的協力、不干渉、あるいは国家主権の尊重を通じて、国連の仲介による紛争解決を手に入れることである。イラクからの撤退はそこへ向かうための第一歩だろう。

このような考え方がアメリカの覇権の下での世界の安定よりもユートピア的だと感じる理由はどこにもないし、もしこのような政策が五〇年前から一貫して実行されていたなら、世界の人権が今より尊重されていないと思う理由もどこにもない。

そこで、こうした闘いの最前線の現場の一つについて考えてみたい。政策のためのその闘いとは情報の闘いであり、もっと広げて言えば、世界像を描く闘いである。

■帝国主義ウォッチ

ここ何十年か、基本的には富める国に活動基盤をもち、貧しい国で生じている人権侵害を監視、告発する組織が増えてきた。こうした組織の代表者と議論し、なぜ軍事的攻撃それ自体を告発しないのかと尋ねると、その答えはおおむね、自分たちの活動範囲外であり、何もかもやることはできないというものだった。自分たちは人権にかかわっている。その一点だけで十分であると。しかし、この答えを弁護できるのは、その組織の主張する説が他の観点、たとえば国家主権を守るという観点に耳を傾けることができないほど、実質的にはいかなる主導権ももっていない場合である。おまけに、これらの組織は侵略戦争についてこの論理を推し進め、戦争がもたらす人権侵害を告発しながらも、戦争そのものには厳密に中立であろうとする。つまり、彼らはあたかも戦争と人権侵害の関係は必然的なものではないかのように行動する。こうした組織は人権侵害の責任者を断固として告発するが、それならなぜ戦争の扇動者をその中に入れないのか。

『Texte ✦「ヒューマン・ライツ・ウォッチ」と戦争』

「イラク戦争をめぐり、ヒューマン・ライツ・ウォッチは、戦争する権利に同意するか否かの判断で中立性を守るために、戦争自体が正当かつ合法的か否かについて、自らの立場を明らかにしなかった」。

ヒューマン・ライツ・ウォッチの実行責任者ケネス・ロスはこう言明した。「同盟軍は大体において、戦闘に参加していないイラク人を殺すことは避けようと努めてきた」。「しかしそれでも、何百人かの市民の死者を出した。これは免れこともできたのではないか[114]」。「イラクで行われたような指導者に向けた空爆は、情報の誤りと目標の誤認についての修正が施される前に実施されたが、これについては実施されるべきではなかったかもしれない。指導者に対する空爆は、副次的な損害にかんする適切な評価もなしに行われるべきではない[115]」。

この種の批判は完全に機能面だけにかかわるものだ。まず、どんな疑惑でも高みから見下ろして、市民の死について味方の陣営を批判する。ただし、犠牲者の数は大幅に過小評価され（実際は数万人だった）、大虐殺や戦争の尺度としてはかなり低く見積られる。次に、戦争にかんする「中立性」については、情報が正確で、かつ副次的損害が適切に見積もられる限りにおいて（誰によって、どのように、どんな根拠の上に？）、相手陣営の指導者の殺害を承知するところまで踏み込んでいく。

今日、世界が必要としている組織とは、こうした人権擁護組織と並行して存在する帝国主義監視所、一種の「帝国主義ウォッチ」である。それは、単に戦争とそのプロパガンダに対してだけでなく、世界の不正を繁殖、永続させている経済その他の操作・圧力のすべてに対して、告発を続ける組織である。このような監視所は、西欧と非西欧世界の関係におけるわれわれのものの見方を特徴づけてきた、無数の「歴史の書き換え」や「情報操作」に反撃を加えることもできるはずだ。

これはある程度まで、アル・ジャジーラの放送がやってきたことであり、アル・ボリバールの呼称をもつ新しいラテン・アメリカのテレビ、テレスールがやっていることだ。これらのメディアは、情報の新しい世界秩序を構築するためのアピール、一九八〇年代にユネスコと南側諸国が発したアピールの延長のようなものである。(116) アル・ジャジーラに対する西欧の反応はなかなか見物であった。当初はむしろ、「西欧型」の客観性の規範に沿った、国家の規制にとらわれない、紋切り型のことばを越えた「プロの」チャンネルがアラブ世界に現れたことを、敬意をもって歓迎した。しかしそのあと、このチャンネルがやはりアラブ的であることに気づいた。要するに、イスラエルとパレスチナの犠牲者をかならずしも西欧メディアがやるようには報じず、紛争のすべての当事者——ビン・ラディンも含めて——に語らせ、イラクの抵抗をありのままに、つまりテロリズムでなくレジスタンスとして伝える傾向があることに気づいた。たちまち西欧とアル・ジャジーラの蜜月は中断した。

この蜜月の中断は、より一般的な現象の中にはっきりと現れるだろう。西欧はアラブ世界に民主制が定着して欲しいと主張するが、西欧にとってその出現は最悪の災難になりかねない。アラブの人々が望んでいるのは石油の高価格と、この資源の効率的な活用、そしてパレスチナの大義に対するより積極的な連帯だからだ。そのようなことを西欧は決して望んでいない。というのも、たとえば石油にかんして言えば、産出国が石油の管理に本格的に乗り出せば、われわれの経済、したがってわれわれの諸制度がその後生き延びられるかどうかは、わかったものではないからだ。

■そして希望は？

人権イデオロギーについて精々言えるのは次のことである。このイデオロギーは支配を合法化する道具として、知的な面ではきわめて脆弱である。

『Texte ✦ ベトナム独立』

日本の敗北後、そしてフランスの再征服の前、すなわちベトナムの独立が宣言されたとき、ホー・チ・ミンと仲間たちは次のことをわれわれに思い出させた。

「フランス革命による一七八九年「人間および市民の権利宣言」(人権宣言)もまた明言している。「人は生まれながらにして自由かつ平等であり、あり続ける権利をもつ」

これは否定しえない真実である。

それなのに、八〇年以上にわたって、フランスの植民地主義者は自由、平等、友愛の旗を悪用して、われわれの土地を侵し、われわれの同胞を虐げてきた。

彼らの行いは人道と正義の理想とは正反対である。

政治面では、彼らはわれわれから一切の自由を奪った。彼らはわれわれに非人道的な法律を押しつけた。彼らはベトナム南部、中央部、北部に三つの異なる政治体制を築き、われわれの国家的統一性を破壊し、民族の団結を妨げた。

彼らは学校よりも多くの牢獄を建てた。

彼らは無慈悲にわが同胞を弾圧した。

彼らはわれわれの革命の試みを血の川に沈めた。

彼らは世論を操り、蒙昧主義を実践した。

彼らは阿片とアルコールの使用をわれわれに押しつけ、わが人種を弱らせた。

経済面では、彼らはわれわれを骨の髄までしゃぶり尽くし、わが民族を赤貧状態に突き落とし、わが国を容赦なく荒らした。

彼らはわれわれの水田、鉱山、森林、原料資源を強奪した。

彼らは銀行券発行の特権と貿易の独占権を握った。

彼らは不当な何百もの税をこしらえて、わが同胞、とりわけ農民と商人を極貧に追い込んだ。

彼らはわれわれの民族ブルジョワジーの発展を妨げた。

彼らはわれわれの労働者を最も野蛮なやり方で搾取した。

一九四〇年秋、ファシスト日本が同盟国と戦うためにインドシナに侵略し、新たな軍事基地を作り上げようとしたとき、フランス植民地主義者は跪いて、わが国を彼らに引き渡した。

それ以降、わが民族は日仏両国の二重のくびきの下で、文字通り流血の苦しみを味わった。その結果は悲惨だった。前年の数カ月とその年の初め、北部ベトナムのクアン・トリ地方では、二〇〇万人以上の餓死者を出した」。

(ベトナム共和国独立宣言、一九四五年九月二日、ホー・チ・ミン『記録(一九二〇〜六九)』外国語版、ハノイ、一九七一年、五一〜五四ページ)


植民地化された国ならどこも、植民者が引き合いに出していた原理そのものを彼ら植民者のもとへ突き返してやることができた(上記本文挿入テクスト参照)。もちろん、今日のイラク人も、ベトナム人と同様の問題(細部に至るまで。たとえば「南部、中央部、北部に三つの異なる政治体制を築き」)を取り上げることができるだろう。一方、イスラエルとその支持者たちは、アラブ諸国における人権侵害を頻繁に引き合いに出す。そのやり方はそこだけに注意を引きつけ、自分の側に勝ち目のない国際法や国連決議には触れることがない。しかし、領地の占領は暴力と弾圧の連鎖を生むものだから、これは構造的に人権の尊重とは両立不可能であって、このような人権の援用はいずれ彼ら自身にも跳ね返ってくるだろう。国際的正義についても同じ現象が見られる。そもそも国際的正義とは、弱小ではあるが反抗的な国の指導者(たとえばミロシェビッチ)に対抗する手段として、しかも介入さらには戦争合法化の手段として考え出されたものである[117]。しかし、そもそもそれが普遍的な正義を意味する以上、この武器は少なくとも議論のレベルでは、強大国の指導者であるシャロン、いずれはブッシュ、ブレアなどにも跳ね返ってくるだろう。

「優秀な人種」とか「真の宗教」を名目にして支配の正当化を図ろうとするイデオロギーには、この種の問題は生じない。なぜなら、こうしたイデオロギーは、被支配下にある人々を説得しようとは始めから思わず、ただ「自己の利益のために」働くからだ。

したがって、人権イデオロギーが支配の道具として機能するためには、歴史の書き換えや、怒りの対象の選択、優先順位の恣意的な指定を伴う必要がある。逆説的に言えば、倫理が真の普遍性に向かって進むにつれ、また人権イデオロギーがそれ以前のイデオロギーに先行し続けるにつれ、権力は偽善的なものになっていく。たとえばの話、現代の権力者はジンギス・カンなどよりはるかに普遍主義的なものの言い方をする。当然、彼らはより偽善的にならざるをえない。

しかし、この事実はまた、偽善の告発・暴露の果たす役割が、ますます重要になっていることも意味する。とりわけメディアと指導的知識人は批判されなければならない。第一の希望の兆し、それは、メディアも知識人もみなが思いたがっているのとは違って、全能ではないことだ。フランスの新聞はEU憲法の国民投票で賛成派支持を強力に表明したが、反対派が勝った。ベネズエラでは、新聞はほぼ全面的に野党側に付いたが、与党チャベスが再度選挙で勝利した。合州国でも、メディアや政党は戦争反対を「公認」していないのに、国民の多数派は反対の立場にあるように見える。

他方では、一九九一年のソ連崩壊のあと、アメリカの世界支配は最も野蛮な資本主義の勝利とともに避けえないことであるように見えたが、それでも、希望は反対側を照らしつつある。二〇〇三年二月の反戦デモのあとで、『ニューヨーク・タイムズ』は認めた――結局、いまだ二つの超大国がある、合州国とその政策に反対する世界の世論の二つであると。(118) 批判という武器が爆弾という武器の力に対抗して再登場し、この先の行方は誰にも予言できないものとなっている。ラテン・アメリカでは、新自由主義幻想は長続きせず、新植民地システムは各地で浸水している。イラク人の抵抗は二年前〔二〇〇三年時点〕から自称文明世界の確信を揺るがせている。

残念ながら、この「二つの超大国」、合州国と世界の世論との間には一種のスピード競争がある。問題はもはや、合州国が世界の他の部分に自らの覇権を受け入れさせるかどうかではない。一九四五年以来、その力は単に経済面だけでなく、実は外交・軍事の面でも衰退に向かっている。アメリカが一九五〇年代にモサデグやアルベンスをいとも簡単に倒したのに比べると、サダム・フセインを倒すのには困難（二度の戦争と一三年間の通商禁止）を窮めた。現イラン政権やチャベスについては言うまでもない。ジャック・シラクが二〇〇三年に多極的世界について語ったのは、フランスの過去の役割への郷愁のためではない。彼はまだ、ドイツの首相と並んで、頭脳を備えているらしい欧米の数少ない重要な政治家の一人である〔二〇一一年現在七八歳だが、認知症が悪化し、記憶力低下と伝えられる〕。確言はまだ早すぎるかもしれないが、イラク戦争はアメリカ帝国主義の栄光を確立するどころか、白鳥の歌になる可能性大である。

しかし問題の究極は、アメリカが自らの覇権を失わざるをえないことを、どうやって受け入れるかである。軟着陸か、それとも暴力の爆発か。原子力兵器の使用も除外されない——ペンタゴンの最新資料によれば、こうした兵器の使用が非核保有国を含む敵国への対応として推奨されている[119]。ここで指摘しておきたいのは、帝国というのはしばしば不可避かつ破局的な転落の条件を自ら作り出し、しかも、その破局への懸念が帝国の存在を永続させる一つの方法になっていることだ。

三〇年来、人権を口実にして超大国アメリカにへつらってきた人々は、おそらくいずれ怪物的な企業の「客観的同盟者」となる可能性が高い。何はともあれ、軟着陸の問題は、現代の真の政治課題であり、進歩主義、平和主義、もう一つの世界主義《アルテルモンディアリスム》運動が対峙すべき大事な挑戦である。

それでも、歴史を長い目で注視してみよう。二〇世紀初頭、アフリカ全土とアジアの一部はヨーロッパ大国の手中にあった。ロシア、中国、オスマン帝国は西欧の介入に対して無力だった。ラテン・アメリカは現在よりも厳しい束縛の下にあった。あれから何も変わっていないとしても、少なくとも植民地主義は、パレスチナを除いて、何百万人もの犠牲を払って歴史のくず箱に捨てられた。おそらくそれこそが二〇世紀における人類最大の社会的進歩だったろう。イラクに植民地システムを復元しようと望む人々は、カーゾン卿〔一八五九～一九二五年。英国の保守党政治家・外務大臣〕が英国管理下の王政の時代に「アラブの玄関」と呼んだもの[120]を、いまだ白昼夢のように見続けている。二一世紀は、二〇世紀が植民地主義との戦いの世紀だったように、新植民地主義との戦いの世紀になるだろう。

人類の進歩の大部分は植民地紛争におけるヨーロッパの敗北と結びついている。この点で、われわれはヨーロッパ中心の狭い見方から世界の進展を衰退の相として見がちであり、おそらくそれゆえに西欧の多くの知識人はペシミズムに染まるのだろう。だが、また別の見方が可能だ。植民地時代の間ずっと、われわれヨーロッパ人は恐怖と力によって世界を支配できると考えた。われわれの馬鹿げた優越感と覇権欲が、二度の世界大戦の間、われわれ同士の間で、また世界の他の地域の人々を相手に、殺し合いをさせた。力よりも平和を、栄光よりも幸福を好むすべての人々は、植民地化された民族による真の文明化という使命に感謝すべきだろう。彼らは自ら束縛を解き放つことで、ヨーロッパ人をより謙虚にし、人種差別の態度を少しは改めさせ、より人道的にした。願わくは、その流れが続き、ついにはアメリカ人もこの道を進むよう迫られることを。

Textes

I　コンゴ独立四〇周年記念日

スターリニズム、ファシズム、そしてX（121）

現代の政治的な議論の特権的なテーマの一つは、二〇世紀にファシズムとスターリニズムという全体主義イデオロギーが実際に招いた、恐怖の極みへの拒否反応である。コンゴ独立四〇周年記念日〔一九六〇年六月三〇日〕からややそれるが、この議論に不在の大事な点、それゆえXと呼ぶべきものについて少し述べておきたい。Xとは、場所によって何十年も、あるいは何世紀も、ほとんど全世界を覆い尽くし、その結果、スターリニズムとファシズムを合わせたよりも多くの犠牲者を出した政治抑圧システムである。Xは全住民を連行し、文化を壊滅し、奴隷制、収容所、強制労働を行使した。Xはナチズムときわめて近い狂信的なイデオロギー、人種差別主義を用いて自己正当化を行った。しかし、Xがもつこの近縁性は、ナチズムとスターリニズムとの近縁性とは逆に、滅多に強調されない。Xはその支配地で全体主義的手段による蒙昧主義を用いた。Xの余波はスターリニズムやファシズムの余波よりも多くの人々の生命を傷つけてきた。Xにさかのぼらなければ、第三世界の債務であれ、ＩＭＦの政策であれ、移民・人種差別・エコロジーの問題であれ、さらにはコンゴ、ジンバブエ、バルカンの事件であれ、現代世界を理解することは不可能である。世界では毎年、何百人もの人々がXの結果の犠牲者として死んでいく。

とはいえ、Xについて語るのはそう簡単ではない。Xについての歴史記述は、私が学校で教わったように、単純明快な悪否定論に基づいていた。今日でも、多くの本が何らかのやり方でXの正当化のために書かれている。誰もXの正当化を禁じるために表現の自由を制約せよとは言わない（私もその一人だが）。ここ何十年か前から、Xについて前よりもやや客観的に語ることができるようになったが、大げさには取り扱わぬよう注意する必要があり、何でも言って良いわけではない。「自己罪悪感に陥る」ことや「白人のすすり泣きをもらす」ことは避けるべきなのである。特に忘れてならないのは、Xがその受益者だけのものだったにせよ、それでも一定の民主主義と共存していた事実を強調することだ。何よりもポルポトの犯罪やXの一部崩壊のあとのさまざまな独裁制を正当化するために「Xを利用する」ことは、絶対に許されない。それに対して、まったく当然とされてきたのが、スターリンやポルポトの犯罪をいつでも儀式のように繰り返して持ち出し、西欧の異端派を黙らせることである。ベトナム戦争、湾岸戦争、NATO軍のユーゴスラビア空爆を正当化したのが、そのケースだ。

スターリンの犯罪については、Xの犯罪とは違って、私は若いときからたえず、「暴露され」「再発見された」と言う話を聞かされてきた。一方、Xについてよく聞かされたのは、それは古い話だ、「みんな知っているよ」ということばだ。スターリン時代の共産党闘士の理想主義や、ナチズムの敗北に果たしたソ連の本質的役割を強調するのは、きわめて間が悪いと見られる。逆に、Xについて話すときには、やはり肯定的な側面があったこと、Xの受益者の動機は「複雑」であったことを言い落とすわけにはいかない。

多くの西欧の大思想家は無条件、無反省にXを支持した。彼らは単なる「Xの道連れ」以上だった。だが、そういう彼らを嘆く声は一つもない。一方、若いときにスターリンや毛沢東を支持し、そのあと西欧の政治的・軍事的目標への純粋な忠誠心から自らの後悔の誠実さをいつまでも証明し続けなければならない者に対しては、そうはいかない。サルトルほどの人間がどうして共産主義についてあんなことが書けたのか、このようにいぶかしがるのは趣味が良いとされるのだ。ヘーゲルほどの人間がどうして黒人やインディアンについてあんなことが書けたのかといぶかしがるのは、歓迎されない。カトリック教会も王室も、ベルギーの政党の大部分と同じようにXとの長い共犯関係を維持してきたし、そのことを一度も公に否認していない。だが、スターリニズムを疑われる政党とは違って、彼らは一向に咎められない。もしロシアでスターリンの肖像を掲げて集会が開かれたら、われわれはかならず憤慨する。だが、ブリュッセルのど真ん中にある歴史上最大の犯罪人の一人であった人物の騎馬像(122)に眉をひそめる者は誰もいない。彼の罪はたしかにXと結びついているのに。

ブリュッセルの立派な歴史建造物の大半は、Xが可能にした略奪のおかげで作られたものだ。市電四四番の終点に行くと、ほぼ堂々とXを賞賛する博物館(123)がある。われわれの富、われわれの政治システム、われわれの諸制度はすべて、Xの歴史にその源がある。スターリニズムの歴史はわれわれをユートピア嫌いにさせるそうだが、Xの歴史はあれほどひどいものなのに、まだ信用を失わせるには至らない。それどころか、われわれはXが自慢で、自分たちの生活様式を全世界、とりわけXの犠牲者にまで厚かましくも与えようとしている（まるで彼ら犠牲者もXの歴史を再現できるかのように）。究極の逆説がある。左翼から右翼まで、その言うところを聞けば、Xを生み出し、最大限にそれを利用した大陸は、とりわけXの犠牲者となった国々での人権のために、より介入しやすくする軍事計画の下で一致団結すべしと、ほぼ口を揃えている。

言うまでもなく、Xとは植民地主義であり、（タブー語を使えば）西欧帝国主義である。ここでの私の目的は、スターリニズムやファシズムを擁護することではなく、現代の政治的議論のかなりの部分が無益に帰しているのを強調することだ。世界を引き裂く紛争の主要な根源に目をつぶりながら、そのすべてをわが社会の「他者」のせいに仕立て上げてきた犯罪に焦点を当てる議論だ。間違いなく、一見多様に見えるさまざまな事件、すなわちベトナム戦争、ピノチェのクーデター、ルムンバ〔一九二五～六一年。コンゴ共和国の政治家。独立の指導者で初代首相。モブツ将軍のクーデターで殺害される〕の暗殺、キューバとイラクに対する通商禁止、あるいはいわゆるグローバリゼーションには、共通する点がある。つまり、それらは他の手段を用いたXの延長なのだ。西欧が自分たちの過去について冷静に考えることを受け入れ、自分たちに都合のいいやり方で大いに利益を得てきた過ちを正さない限り、彼らが好きな反全体主義の演説は、道徳的には前世紀の経営者たちが行っていた慈善事業と何ら変わりはない。

Texte ✦ インディアンと黒人にかんするヘーゲルのことば

僧侶が真夜中に鐘を鳴らすのは、彼ら［アメリカインディアン］に夫婦の務めの実行を忘れさせないためである、と聞いた覚えがある。彼らの自発性に任せると、彼らはそのことを思いつこうとしない。(124) ［…］

黒人はその野蛮さと規律の欠如という点で自然人の代表である。黒人を理解するには、ヨーロッパ人を見るときと同じ見方を一切やめなければならない。

われわれは人格神も道徳的掟も考えるべきではない。われわれは尊敬の心とか道徳心、感情と呼ばれるすべてのものを除外すべきである。もしわれわれが黒人の本性を捉えようとするなら。［…］人間に合致する性格は彼らには何一つ見あたらない。

（ジョージ・W・ヘーゲル「歴史における理性。歴史哲学への序文」コスタス・パパヨアヌーによる新訳、序文および注付き、パリ、10／18出版、一八六五、一二三四〜一二五一ページ）

Ⅱ　ユーゴスラビア

誰かランブイエ合意を読んだ者がいるか？(125)

ある主権国家を攻撃する国々にとって、その国が脅威だと認識されていないのに、その国との戦争が知識人やメディアからこれほどの支持を得るということは、これからもまずないだろう。その理由は単純で、一九九九年四月一四日付『ニューヨーク・タイムズ』がうまく要約している。「[ミロシェビッチは、]コソボはセルビアとユーゴスラビアの主権の下にある領地だと主張し、外国の武力介入の可能性を断固として拒否した」。一方、軍事主義とかNATO寄りからはおよそ縁遠い週刊誌『チャーリー・エブド』（第三五八号、一〇ページ）にはこうある。西欧は「あらゆる外交手段を使い果たし」た上、「これ以上ない礼儀」さえも尽くし切った。では、イデオロギー上の大宣伝に乗り出す前に、テクストそのものを読めば、どうか。たとえば、ランブイエ合意(126)〔一九九九年三月一八日に交わされたコソボ紛争の処理にかかわる多国間協定。アルバニア、アメリカ、英国の代表は署名したが、セルビア、ロシアは署名を拒否した〕を見てみる。

この合意の最も重要な面は、「協定を施行する他国軍の地位」にかかわるものだ。そこで確認できるのは次のことである。「NATO軍のスタッフ、車両、船舶、飛行機および装備はユーゴ連邦内の自由かつ無制限の通過と、空中・河川空間への支障なき立ち入りを認められる。さらに、野営、操作、宿泊、支援、訓練、作戦に必要な場所と便宜の利用の権利もそこに無制限に含まれる」（第八条）。これがコソボだけでなく、ユーゴ全領土にかかわることに注目したい。NATO軍は無償でユーゴ全土の空港、道路、鉄道、港湾、通信施設を利用できる（同11項と15項）。NATO軍スタッフはユーゴ当局によるあらゆる追跡・調査から保護される（同6項と7項）。また、協定の他の部分には、奇妙な細目、たとえばコソボ経済が原則的に自由市場の支配を受けるという規定も見られる（第一条4a章）。これは「自由市場」の要求を意図したものだが、しかし（たとえば）コソボ鉱山の民営化が交渉もせずに平和協定に組み込まれると主張することは、まず無理だろう。

ここで一連の疑問が次々と出てくる。まず、丸ごと呑むか呑まぬかと「提案された」こうした案をいったいどこの主権国家が（空爆の威嚇の下で）受け入れるのか。答えは明白だ、どこもありえない。この協定は、降伏した国に押しつけられる類の合意である。次に、NATO各国を代表するプロの外交官たちが、ランブイエでの自分たちの提案が却下されるのを予測できなかったなど、本気で信じられるだろうか。これもありえない。最後に、何百人ものジャーナリスト――その中にはNATO寄りとは一番考えにくい記者たちもいたのに――によって、この不公平な協定はあらゆる外交手段を尽くした結果であるとか、聞き分けのないユーゴスラビアに対しては爆撃だけが「コソボ人を守る」とか、そうした言説がたえず繰り返し報じられる事態はなぜ生じたのか。実は、（コソボの自治にかんする）提案の民事的部分については、ユーゴスラビアはほとんど合意していた。問題は軍事的部分にあった。しかし、西欧側がそこで要求していた内容を見れば、これをユーゴスラビアが受け入れなかったのも驚くには当たらない。

それなら、なぜこういう戦争をするのか。なぜ何千人もの死者、何十万人もの避難民を出し、国際法を踏みにじり、全ユーゴスラビアを壊滅させ、化学汚染に加え、おそらく広範な放射能汚染を引き起こし〔この戦争でNATO軍は劣化ウラン弾を使用した〕、戦争のもたらす悲惨ばかりかはるかに多くの世界の悲惨をも救済できるほどの軍事予算が費やされてしまったのか。コソボ人を守るためか、それともNATO軍を全ユーゴスラビアに「野営」させるためか。

コソボ人の保護にかんして、ここで歴史の復習が少し必要になる。湾岸危機〔一九九一年〕のずっと前、一九七〇年代に、合州国はサダム・フセイン体制の不安定化を狙って、イラクのクルド人に武器を与えた。下院の報告書（秘密なのに、新聞に漏れた）によれば、アメリカの指導者は自分たちの支持者（クルド人）が勝たないよう望んでいた。彼らの望みはむしろ、反乱者であるクルド人勢力に（イラクの）財源を疲弊させるに十分な対立のレベルを維持してもらうことだった。「この政策を、戦闘の継続に燃え立つわが支持者に知らせてはならない」と、報告書は言う。一九七五年、合州国はいきなり反乱者への援助を打ち切り、彼らはイラク当局によって虐殺された。合州国は逃れてきた人々に政治的保護権を与えることを拒否した。当時の外交責任者で、ノーベル平和賞受賞者キッシンジャーは、この件の質問に対して、（やはり内密に）こう説明した。「地下活動は、使命を受けた仕事と混同されてはならない(127)」と。大国の支援に救いを得られると信じている政治運動は、この例（そして似たような他の多くの例）をよく考えてみるべきだろう。

ジョスパン氏〔一九三七年〜。一九九七〜二〇〇二年、フランス首相〕は「空爆に反対する者は他の代案を何も出さなかった」と言うが、彼はそれが真実でないことを十分知り尽くしていた。交渉する余地はあったのだ。交渉がまとまるチャンスを生み出すために、彼はもっと真面目にやるべきだった。もし彼の発言が平和の模索を除外した戦略的な理由によるものではなかったと言うなら、なぜロシアに何の役割も割り当てなかったのか。なぜ（しばしば不正に通じる）妥協の方針がネルソン・マンデラやヤセル・アラファトの場合には賞賛され、ルゴヴァ〔一九四四〜二〇〇六年。コソボの政治家。コソボ共和国と国連統治下のコソボ大統領〕の場合には裏工作として批判されなければならなかったのか。真相は、合州国がランブイエ以前に戦争に踏み切る決定をし、会議は演出に過ぎなかったということだ。不幸にしてあまりにもおつむの弱いメディアがそれを真に受け、世論の説得に当たったたのだ。

緑の党と真相[128]

彼ら緑の党はわれわれに別の政策とともに、別の政治のやり方を約束した。もうこれからは公式見解口調も、二枚舌演説も、政治屋政治も、市民と代議士の隔たりもやめよう、と。こうした約束は世論の一部を引きつけ、そのおかげでエコロジストはヨーロッパのいくつかの政府に参画するに至った。彼らの約束の真価を見極めるには、緑の党のヨシュカ・フィッシャー〔一九四八年〜。ドイツの政治家。一九九八〜二〇〇五年、副首相兼外相、NATO空爆を支持〕に率いられたドイツ外務省発行の資料の一部を読むのが興味深い[129]。それによれば、コソボ避難民の保護要求を裁定すべきドイツの裁判所は外務省から以下の情報を受けた。「コソボにおいても、アルバニア民族への帰属に結びついた明白な政治的迫害が存在する確証はない。コソボ東部はつねに武力対立に巻き込まれているわけではない。プリスチナ、ウロセバク、グンジランなどの都市における公共生活は、紛争の間もずっと比較的正常な基盤の上に続いている。したがって、安全保障軍の活動は民族グループとしてのコソボ・アルバニア人ではなく、武装対立勢力とその支持勢力、あるいはそう見なされた勢力に向けられていた」(一九九九年一月一二日付、トリエ行政裁判所宛ドイツ外務省の情勢報告)。フィッシャー外相の別の報告でも、こう述べられている。「外務省の推定によれば、コソボのアルバニア人(そしてその近親家族)には、ユーゴスラビアの地域に住みつく一定の可能性がつねにある。なぜなら、そこには彼らの同胞や友人がすでに住み、彼らを迎えて助けてくれるからだ」(同年一月六日付、アンスバッハ、バビエール行政裁判所宛ドイツ外務省の情勢報告)。当然、ドイツの裁判所はこれらの情報に基づいて保護要求を急いで却下した。そして同年三月一五日、ミュンスター裁判所の書類にはこう記載された。「コソボのアルバニア人は地域レベルでもユーゴスラビア連邦共和国という国レベルでも、集団としては迫害を受けていないし、受けたこともない」。その九日後、「コソボ人を保護する」ために、砲弾の雨がユーゴスラビアに降り注いだ。

ならば、考えられるのは二つに一つだ(もちろん現実は疑いもなくずっと複雑であるが、それでもこれは緑の党に問うてしかるべきジレンマである)。すなわち、フィッシャー外相が空爆の開始以前に民族浄化と虐殺の可能性を否定したとき、彼は厚顔にも嘘をついたのか(日付は重要である。その後、民族浄化を止めさせる唯一の手段として、空爆が正当化されたのだから)、あるいは、そもそもこの大臣はドイツが支持する民族グループに属し、「人道的災厄」の犠牲となったヨーロッパ難民に対してことのほか厚かましく、冷酷な態度を示していたか、のどちらかなのである。いずれにせよ、迫害は存在しないという理由を付けて三月一五日まで難民を引き回したあげく、三月二四日には彼らを虐殺から守るという理由で戦争を始めるとは、とんでもない話だ。

NATOのユーゴスラビア侵攻はヨーロッパの緑の党にとって、一九一四年夏の砲撃が社会民主党に与えた意味と同じ意味を、これから先も長く持ち続けるだろう。この歴史的時期に社会民主党は、それぞれの国のブルジョワジーと協調することで、それ以降、脱出不能の落とし穴にはまった。彼らはその後ミュンヘン会議も、冷戦も、あらゆる植民地戦争も、湾岸戦争も、もちろん現在の戦争も、すべて支持した。エコロジストたちも同じ道を歩むのだろうか。レイモン・バール〔一九二四～二〇〇七年。フランスの政治家。一九七六～八一年、首相〕はいつかこう述べていた。エコロジストは西瓜のようだ、外は緑で中は赤いと。よくぞ言った。もしコーンベンディット〔一九四五年～。欧州議会議員。二〇〇四年からヨーロッパ緑の党・ヨーロッパ自由同盟共同議長〕やフィッシャーの態度が仲間から一斉抗議を受けないとすれば、彼らは外側も赤い、ただし、恥ずかしさで。

Ⅲ　パレスチナ

脅しにけりを付けるために(133)

ありえない話から始めよう。アフリカが奇跡によって豊かで力をもつようになり、ヨーロッパが貧しさの中で分割され、十分な独立を果たせなくなったと想像してみよう。さらに想像を伸ばして、ツチ人が度重なる虐殺に耐えられなくなり、新たな根拠地を他所に作ろうと決めたとしよう。一部の首長たちはワロン〔ベルギー南部フランス語圏〕を根拠地として指定する。他のアフリカ人たちは「ツチ問題」とも呼ばれるこの難問を解決するために、彼らの計画を承認する。こうして、ツチの一団が武器と荷物を携えてワロンにやって来て、先住民族は他所へ移ればいいとのたまって、この地域に定住し始める。ツチ人は、自分たちの富、決意、そして武器でもって、たちまち農園、森林、都市を奪い取り、先住民族の大部分を合法的な手段によるか脅しによって追い払う。ワロンのほとんどは新国家ツチとなり、この国はすぐれた治世と民主性を誇ることになる。全アフリカがこれを賞賛する。

ところが、アフリカ人たちの驚いたことには、先住のワロン人の大部分がこの決着に反対する。彼らワロン人は途方に暮れるが、まとまりを欠いた、弱くて煮え切らない指導者を抱く別のヨーロッパ人から時に支持を受けながら、負けを覚悟で名誉の一戦を交える。だが、ツチ国家はこれによってますます大きくなるばかりである。アフリカ人は、自分たちがこの大陸に持ち込んだシステムの優秀性をなぜベルギー人や他のヨーロッパ人が評価できないのか、理解に苦しむ。世界中のツチ人が呼び寄せられて定住を促される一方で、追放された住民には、フランス語圏がすでにあるのだから、そこへ行けば良いという説明がなされる。ヨーロッパ人であれ、その他の地域の人々であれ、この状況を告発する者はすべて「反ツチ」差別主義者として扱われるおそれがある。先住民族の一部は、旧ワロンのいくつかの切れ端に押し込められ、ツチの武力に完全に包囲されながらも、絶望的な暴力行為に向かう。すると、評論家たちはかかるファナチシズムに走らせるワロン文化の特殊性を理論化するのに競い合う。

もしわれわれヨーロッパ人が万が一こういう状況に置かれるとしたら、われわれの第一の関心はワロン先住民族の「暴力を止めさせること」でいいのか、両陣営を同列に置くことでいいのか、そして何よりも、すべてのベルギー人やヨーロッパ人が「確固たる公認の国境」内でのツチ国家の安全保障を受け入れることでいいのか、疑ってみても良い。とはいえ、現実のツチの不幸にかかわる、植民地政策を通じてのベルギーの責任は、ヨーロッパでなされたユダヤ人迫害にかかわる、パレスチナ人の責任（存在しない責任）よりも、比較しえないほど大きい。

私がこの寓話を書いたのは、二つの悲劇の歴史を比べてその同等性を示したかったからでは全くない。そうではなく、ただひたすら、イスラエルに対するアラブ人の態度がかならずしも暴力的で奇妙な文化や宗教に起因するのではなく、彼らと類似の状況に置かれれば、誰もが取りうる態度であるという事実を浮き彫りにしたかったからに他ならない[134]。こうした状況こそが、何よりも異常なのだ。それを認めることは、過去の出来事を撤回しうるとか、そうすべきだという意味ではない[135]。しかし、もしアラブ人とイスラエル人の間だけでなく、西欧とアラブ・ムスリム世界の間にも真の平和をもたらしたいと思うなら、まずは最初に、他の人々がなぜ世界をわれわれとは異なる見方で見るのかを理解し、侵略する者とされる者とをきちんと見分けることから始めるべきだろう。

この寓話がさらに明らかにしようとしたのは、このワロンの地をめぐる紛争を、テロとの戦い、国家対立、あるいは人権侵害の文脈で見る限り、一つの本質的要素が無視されるということだ。それは、イスラエル国家がヨーロッパ植民地主義の延長上に成立したという事実だ。（しばしばヨーロッパでは見えにくい）この側面が、アラブ・ムスリム世界とその他多くの第三世界の人々には忌まわしいものとして映るのだ[136]。ラバト〔モロッコの首都〕の子なら誰でも、イスラエル国家をあんな風に、あそこに作ることができたのは、あの作戦の犠牲になった住民が（その子と同じ）土着のアラブ人だからであり、強国の内部で組織され、自らの優位を誇るヨーロッパ人ではなかったからだと知っている。しかもそれは、彼らにとっては受け入れがたい事実なのだ。

シオニズムが人種差別であるかどうかは議論が分かれるだろう。だが、この計画がうまくいったのは、戦略的にきわめて重要なこの地域の管理を望むヨーロッパ強国（そして次に合州国）の意志と、当時のほぼすべてのヨーロッパ人が共有していた差別的偏見の両方に起因していることは確かだ。パレスチナ人作家エドワード・サイードが指摘しているように、「チャーチル、ワイズマン、アインシユタイン、フロイト、ラインホルド・ニーバー、エレノア・ルーズベルト、トルーマン、シャガール、偉大な指揮者オットー・クレンペラーとアルトゥーロ・トスカニーニ――その他英国、合州国、フランスおよびヨーロッパの国々の何十人もの人たちのことを考えると、この膨大な威光、影響力の広がりと釣り合いが取れるようなパレスチナ支持者のリストを作ろうとしても、ほとんどゼロに等しい」(137)。それ以降も状況は根本的に変わっていない。もしご親切にも、人口統計資料とはまったく無関係に、ユダヤ人や黒人やアジア人は「ネズミのように増える」と書いた本を出したとしても、オリアーナ・ファッラーチ〔一九二九〜二〇〇六年。イタリアのジャーナリスト・作家〕の本、『怒りと誇り』が得たような歓迎を受けることはないだろう。彼女はまさしく「アラーの息子たち」について、そう言った(138)。反ムスリム人種差別だけは依然として、恥を恐れずに堂々とこれを掲げることが可能なのだ。

ここで、アラブ世界ほか自分以外の世界に対するヨーロッパ人の不公正を明らかにするために、現実の出来事に沿って比較を行ってみても良いだろう。もしヨーロッパが、イラクによるクウェート侵攻時に持ち出したものと同じ原則をアメリカによるイラク占領にも適応すべきだとするならどうなるか。この場合、ヨーロッパは長期間アメリカを爆撃し、彼らの産業能力を破壊し、経済制裁を課すことで無数の死者をもたらし、大量破壊兵器の痕跡すらとどめぬよう攻撃しなければならない。あるいはまた、もしヨーロッパがパレスチナ人の立場を重んじて、イスラエルの指導者をサウジアラビアの宮廷に呼び出し、イスラエル国内でのアラブ部隊の展開を直ちに受け入れるよう命じ、一方ではあらかじめその拒否を見越して、イスラエルが占領地を放棄するまで爆撃を続けるならどうなるか。このやり方をヨーロッパは一九九九年、ユーゴに対して取った。しかし、このとき拍手でこれを歓迎したすべての人々が、対イスラエル攻撃において同様の熱狂ぶりを引き起こすかどうかは確かでない。

紛争の枠組みをもっと広げて考えることも必要だろう。パレスチナ人の排除は、彼らにとってのみならず、近隣諸国にとっても大災厄となった。ヨーロッパのどこの国が、駐留地で暮らす何万人もの武装した外国人を自分の領土に受け入れるだろうか。こうした状況はいかなる不安定化材料をレバノンやヨルダンのような脆弱な社会に与えたか。「アラブの国々は彼らパレスチナ人を同化すべきであった」と言うのは簡単であるが、ならばそのためにわれわれヨーロッパは、アルバニアのコソボ人やイラクのクルド人、そしてアフガン人といった政治的同胞である難民に対して何をしてきたか。誰でも、難しいことはできる限り厄介払いしようとする。たしかに豊かな国には「世界のすべての悲惨の受け入れ」を拒否する権利がある。しかし、貧しい国ではこの権利すら使えないのも事実だ。イスラエルが取った行動について世界の他の国々はどう言うだろう――南アフリカからグアテマラに至る忌まわしい体制を、イスラエルはあの合州国よりももっとあからさまなやり方で盛んに支援した。しかも、このようなイスラエルの政策を擁護する者の多くは、合州国による中東以外の第三世界に対する態度についても支持する傾向がある。最後は、軍拡競争の問題だ。その責任の第一は競争の先頭に立つ者にある。彼らは自分以外の者たちにも遅れを取り戻すべく（是非はともかく）永遠にこの競争に加わるようそそのかす。これにより合州国は、過去にはソ連に立ち向かい、現在では自分以外の世界に立ち向かっている。地域レベルで見れば、中東のイスラエルの場合がそうであり、今もアラブ諸国に立ち向かっている。この力学はエジプト、シリア、イラクなど植民地のくびきを脱したばかりの、開発不足にある国々の軍事化に力を貸し、おそらくはその独裁支配をも強化する。そして彼らが犯す悪行に、今度は西欧の人道主義者たちが鰐の涙を流す〔偽善的な言動をする。鰐は獲物を食べるとき、涙を流すことから生まれた表現〕ことになる。

以上の事実は珍しいものではないはずだが、それを明言するのは容易なことではない。ノーマン・フィンケルスタインやノーム・チョムスキーのようなユダヤ人があえてシオニストの政策や運動を批判しようものなら、奇妙な心理の病である「自己憎悪」というレッテルを貼られて咎められ、黙らせられる。一方、非ユダヤ人がそうする場合には、ただ一言、反ユダヤ主義で片付けられる。証拠もなしになされるこうした「解釈」はどれも、何らかの政治的態度の涵養を目指す合理的議論からわれわれを遠ざけるためにだけ働く。しかし、仮にフィンケルスタインやチョムスキーが「自己憎悪」に駆られているとしても、それをもって彼らの主張の誤りを指摘したことにはいささかもならない。

反ユダヤ主義や「自己憎悪」の告発に結びつく、シオニストが頻繁に用いる議論がある。それは「怒りの偏り」という議論で、なかなか注目に価する。ヨーロッパ人は自らユダヤ人の不幸に責任があるのに、どうしてイスラエルをあえて批判できるのか、また、アメリカ人について言えば、彼らがアフガニスタンやイラクでやっていること、かつてベトナムでやったことを見るだけで十分だという議論である。[139] ヨーロッパ人やアメリカ人の多くは、自分たちの過去や自分たちの政府がやっていることに責任はないというが、私はそう簡単に答えられるわけはないと思っている。われわれは血塗られた過去の上に自分たちの生活水準も、安定した諸制度も築いてきた。われわれの発展には他人が払う費用がかかったし、今もさらにかかり続けている。その上、まずわれわれには自分たちの政府の行動について責任がある。原則的にはわれわれこそが自らの政府に一番影響力をもつからだ。したがって、「怒りの偏り」という批判が有効になるのは、アメリカ・ヨーロッパが世界中で行っている他の介入を忘れて、イスラエル国家による介入のみを集中的に告発する人々を対象にするときである。アメリカやヨーロッパによる介入はイスラエルがなしうるよりもはるかに甚大な被害をもたらしている。正しい答えとは、グローバルな反帝国主義的展望の上に立ち、イスラエル批判をもその中の無視しえない位置に据えることなのだ。

「Texte ✦ 法学教授がテロへの回答を提案する」

イスラエルはテロリストによる攻撃があった場合、パレスチナに対する一切の反撃を一方的に停止する旨、即刻パレスチナに通告すべきだろう。このモラトリアムは、パレスチナの指導者に新政策への回答の可能性を与えるために、短期間、たとえば四日ないし五日続ける。これによってイスラエルは、暴力の悪循環に決着を付けるための重要な一歩を踏み出し、その意志を世界に示すことになるはずだ。モラトリアムが終われば、イスラエルはパレスチナのテロが再開した場合の新たな政策を定める。そして、次のテロ行為への回答としてなすべき事柄を明確に告げる。たとえばそれは、テロリストの作戦基地に使われた小さな村の破壊、その際に住民は二四時間の猶予を与えられ、そのあと軍隊が入り、ブルドーザーが建物をなぎ倒す、という内容となる。実際にテロが再開すれば回答は自動的になされる。命令が下されたのはテロリストによる攻撃以前であるから、この命令に対する違反は起こりえない。要は、村の破壊がパレスチナのテロリストの責任となるようにすることだ。テロリストは自分たちの行動における固有の結果をあらかじめ警告されるのだ。

同様に、別のテロ行為は、別の作戦基地に使用された別の村の破壊を引き起こす。こうして目標の「待機リスト」は公開され、パレスチナ人が管理する地帯に広く伝えられる。

（アラン・M・デルショビッツ「パレスチナ・テロリズムへの新たな回答」『エルサレム・ポスト』二〇〇二年三月一一日。デルショビッツはハーバード大学法学教授である）

Ⅳ　イラク

平和主義者への公開状(140)

イラク側の譲歩も、また多くの国々の指導者の勧めもむなしく、合州国はこれ見よがしの決意を揺るがすことなく、イラクに「体制変革」を押しつけた。今われわれはこれを甘受せざるをえない。合州国の信用は地に落ちるだろう。だがこの状況は、われわれが明確な展望をもちさえすれば、新たな挑戦を提起し、平和運動の再生に望みをつないでくれる。これから述べる指摘の唯一の目的は、平和主義者たちに今後取るべき態度について一考を求め、論争を行うよう呼びかけるところにある。

まず、現実の力関係を正しく見定める必要がある。合州国は通常・非通常兵器を問わず、歴史上比類ない破壊力を保有している。その同盟国イスラエルは中東で群を抜いた最強国である。合州国のイラクに対する経済的優位は圧倒的である。それだけではない。世界レベルでの大部分の情報メディアは合州国に好意的な光を当てて紹介する。とりわけそれらは、現実の力関係を無視して、脅かされているのはアメリカであってイラクではないという突飛な考えを受け入れている。しかもそれらのメディアは、ベトナム人に対しても、さらには半世紀来のアメリカ政治の犠牲者何百万人に対しても、九月一一日の犠牲者に向けられたほどの関心をもつことはなかった。すでに数多くの研究が、戦争時におけるメディアが組織立った偏向に陥ってきたことを証明している。[141] だから、われわれはメディアを信用せずに、それに代わる情報をできる限り利用し、広めなければならない。

われわれは、イラクの一方的武装解除を勝ち取るために都合良く仕立てられた「経済制裁」の論理にはまらないようにすべきである。その論理とは、一旦経済制裁を解除したらイラクの再軍備は妨げられなくなるというものだ。しかし、武装解除を要求することは、「食料のための石油」計画の責任者ら（フォン・スポネックとハリデイ）が証言しているように、[142] 経済制裁の永続化につながり、住民にとっては殺人的結果をもたらす。たとえイラク政権ができる限り食料を入手、配布しようとしても、そうなる。だから、さまざまな対立や葛藤が存在する中東地域での一国だけの武装解除は穏当ではない。唯一の解決策、それは最も強力な武装国の側から始める全面武装解除である。この地域ではまずイスラエルから、世界レベルではまず合州国から、ということだ。

国連での諸決議を平和運動が崇めてはならない。一方では、国連の創設以来、パレスチナの難民が自国に戻れるよう要求する決議が存在する。しかし、それが実現しないことは誰もが知っているし、この決議を実行するためにイスラエルに大量爆撃を加えたり体制変革を要求する者はいない。したがってこのタイプの決議は長いこと死文化したままである。他方では、安保理の構成と世界レベルの力関係から、国連は中立の機関であるどころか、強国の武器になることが多すぎる。しかし、国連が創設されたのは、人類が「戦争という災厄」を避けるためであったことを忘れてはならない。合州国が自分たちの攻撃を支持するよう政治的・経済的手段を用いて安保理を説得できたとしても（一九九一年に合州国はそうやった）、それで戦争が合法化されたと結論付けてはならず、むしろ国連がその使命を放棄したと考えるべきだろう。

ちなみに、イラクを平和への脅威とみなすのは馬鹿げている。隣国でそんな風に考えている国は一つもない。イラン・イラク戦争のとき、西欧はイラクを支持し、化学兵器を供与さえした。だから、今の西欧がやっていること、対イラン戦争の行為を言い立ててイラクを悪魔視することは相当破廉恥な話である。イラクには合州国やヨーロッパにミサイルを撃ち込む手立てなどなかったし、その指導者がそのような攻撃によって国家的自殺を志していたなど、信じようにもそんな理由はどこにも見当らない。一九九一年の湾岸戦争時、イラクは、所有していたかもしれない非通常兵器を使用することもなく、むしろ通常兵器によって破壊されるままに甘んじた。

われわれは戦争反対の立場とイラク政権の本質にかんする見解とを根本から区別しなければならない。たとえば、民主制のインドが独裁制のシリアを侵略し、「体制変革を促す」のを誰が承知するだろうか。忘れてならないのは、合州国にとっては良い独裁制と悪い独裁制、それ以上に良い民主制と悪い民主制があるということだ。メネム〔一九三〇年～。八九～九九年、大統領。新自由主義的・親米的経済運営で、経済破綻の原因を作る〕政権下のアルゼンチンは良い民主制である。なぜなら国民はばらばらに分裂して意気阻喪し、国の資源は合州国にとって取り放題だからだ。チャベスのベネズエラは、その逆の理由で悪い民主制である。特筆すべきは、二〇〇二年四月の合州国とＥＵである。彼らは「民主主義を守る」熱心さのあまり、ベネズエラにおける史上最短のクーデターの一つを支援した。アラブ世界に民主主義をもたらすという公然たる西欧の願望にかんしては、疑いをはさむ余地がある。もし本当に民主的な国がアラブに生まれたなら、民主制への その努力は自分たちアラブの資源を管理し、現在の独裁政権をもはるかにしのぐ反シオニスト的な方向へと向かうだろう。そのような態度こそ国民の真の願いを反映するものだからだ。しかし、西欧がそのようなことを望んでいるとはどうも思えない。

われわれの戦争反対は、無条件で、明確な原則に基づくものでなければならない。何よりもそれは、われわれにとってもイラク人にとっても、戦争のコストや地域不安定化のリスクなどによって基礎づけられるものであってはならない。しかし、こうした論議はコソボ戦争のときもアフガン戦争のときも、あるいは予測された失敗が現実のものとなったときも盛んに行われ、そのことは平和運動をさらに一層弱体化させた。合州国がクーデターや蜂起作戦、電撃戦によって目的を達することはこれまで同様、将来も起こりうるだろうが、決して忘れてならないのは、合州国には打つ手が有り余るほどあり、過去においても始終そうやってきたことだ。確固たる反戦論は総合的な見方から出発しなければならない。

冷戦は、単なる対共産主義防衛闘争などというものではない。その本質は世界のラテン・アメリカ化と呼んでもいいものだ。つまり、一方では帝国主義システムの中心がヨーロッパからアメリカへと交代し、他方では植民地主義が新植民地主義へとすり替わった。新植民地主義は古典的な略奪や第三世界における資源・労働力の搾取（そして現在では、われわれの教育システムの赤字を埋めるべき頭脳の搾取）を可能にしながら、政治の形式的自立と抑圧にかんして業務委託もできるのだ。

グアテマラのアルベンス、イランのモサデグ、ブラジルのグラール、チリのアジェンデ、インドネシアのスカルノ、コンゴのルムンバ…、彼らの転覆はいずれもこうした政策のあからさまな形であり、これらの国々にはそれに付随してあらゆる面での圧力、負債メカニズムが加わった。合州国は自国にさからう国にはかならずこのシステムを広めようとする。イラクの場合もそうである。したがって、合州国がこの目的を達しようとする限り、それがどんな手段であろうとも、われわれが拒絶すべきなのはその目的自体とそこに含まれる不平等の拡大にある。これこそが、われわれにとっての絶対的原則なのだ。

もう一つの世界主義運動《アルテルモンディアリスム》は、平和運動の特権的同盟者であるべきだ。ただし、債務帳消しとか強力な公共企業体の復活への要求など、この運動が唱えるいくつかの措置をある国が実践しようとすれば、直ちにイラクやユーゴスラビアのごとき扱いを受けるのは明白である。おそらく最初は経済的報復措置か、政治的転覆活動（イラクでも実際その試みがあった）という形で始まるが、このシステムの最後のカードが戦争であることを忘れてはならない。

要するに、われわれは実に明快な態度を取っているのだから、孤立を恐れる必要はない。合州国は軍事的に強力だが、思想戦で負けつつある。われわれはこの戦線で彼らの力を削ぐために少なくとも全力を尽くすべきだ。その上、彼らはジレンマに立たされている。もし彼らが攻撃しなければ、威嚇能力を失うし、もし攻撃すれば、すでに向けられている憎悪はいや増しに増す。ヨーロッパでも、彼らの傲岸さは強い反対を引き起こしている。一方、第三世界では状況が異なる。何百万人もの人間がビン・ラディンを賞賛し、明日はサダム・フセインを賞賛するはずだ。なぜか。この二人は――正しかろうとなかろうと――抑圧と搾取への抵抗の象徴に見えるからだ。われわれはこの見方に同調するには及ばないが、西欧政府の立場とは根本的に異なっている。われわれが取るべきは、西欧の平和運動と第三世界およびその移民たちのはるかに急進的な運動との対話を可能にする態度であろう。われわれの本当の仲間は、彼ら移民であって、大臣の臨時ポストと引き替えに魂を売り渡した旧平和政党の代表ではない。このような態度を身につけて初めて、平和運動は湾岸戦争以来長く落ち込んでいた停滞から抜け出し、軍事的・経済的・イデオロギー的力学をひっくり返すという役割を果たすことができる。この力学こそ、この二〇年来、世界の暴力と不正をひたすら積み重ねてきた張本人なのであるから。

V　革命的暴力にかんするいくつかの指摘

本稿は、二〇〇六年九月九日、CLEA（表現と結社の自由擁護会議）主催による、トルコ人組織DHKP（革命的人民自由党）（http://leclea.be/ 参照）加入の罪により指名手配されているベルギー系トルコ人バハール・キムヨングル氏の擁護のために開かれた集会、「われわれの自由のための六時間」における講演を収録したもの。収録を認めてくれたチエリ・デルフォルジュに感謝する。

私を招いてくださったCLEAに感謝しつつ、この招きがあとで後悔の種にならないことを祈っております。私は、自由、安全保障規定、人権等の問題の専門家ではまったくないことをまず申し上げます。ですから、私の発表は今夜の全体のテーマから、はずれるかもしれません。私とバハール事件とを結びつけるとすれば、暴力あるいは革命的暴力について話すこと以外にはありません。バハール事件についての議論を交わす中でいつも話題にのぼったのは、暴力の問題、無差別の暴力やＤＨＫＰのテロの問題でした。私はＤＨＫＰの暴力を正当化するつもりも、自分の知らないトルコ情勢について論じるつもりもありません。ここではただ、「歴史」における暴力の役割にかんしていくつかの指摘を行ってから、中東でのあいつぐ戦争との関連で、現在の国際政治の最重要課題と思われる事柄についてお話したいと思います。

革命的暴力について語ると言っても、「好感を呼ぶ」暴力、たとえばニカラグアのサンディニスタの暴力やパリ・コミューンのコミューン派の暴力だけを取り上げるつもりはありません。それについて好意的に語る人々は簡単に見つかります。そうではなく、私が語るのは、一般に悪魔扱いされている暴力、たとえばハマスの暴力、ヒズボラ〔レバノンのシーア派イスラム主義運動勢力〕の暴力、イラク人やタリバンの抵抗の暴力です。

暴力擁護論とも取られかねない事柄について述べる前に、私の過去および未来の行動はすべて非暴力であること、相手が誰であれ、私の行動に与えられる助言はつねに非暴力の性格を帯びていることをまず明らかにしておきます。ただし、そうは言っても私は批判的な姿勢を取らざるをえない。他者の暴力にかんするときの西欧の非暴力論に、私はどうしても同調できないのです。

「歴史」の観点から私が挙げたいと思う最初の例は、フランス革命とナポレオン戦争です。フランス革命は実に暴力的な出来事であり、ナポレオン戦争はそれに輪をかけたほどの出来事でした。たとえば、恐怖政治〔フランス革命期のロベスピエールらによるジャコバン派独裁〕のことを考えます。まったく無実の多くの人が殺されました。おびただしい無垢の血が流されました。それにもかかわらず、フランス革命は「歴史」において並はずれた衝撃を与えました。それは徹底した反封建、反宗教の革命であり、英国やアメリカの革命にはなかった性格のものでした。その理由はおそらくその暴力の特殊な形態と関係しています。フランス革命はこれまでずっと、アナーキスト、マルキスト、ボルシェビキにとってだけでなく、アジア、ラテン・アメリカ、さらには政教分離の運動があったアラブ・ムスリム世界も含めて、全世界の政教分離主義者たちにとっては革命の唯一のモデルでした。英国とアメリカの革命はそうではなかった。いずれも現に暴力的であったという意味では同じですが、そのあり方が違います。フランスの革命的暴力は一般に厳しく批判されていますが、無視しえないインパクトを与えました。ナポレオン戦争の場合は、ある意味ではフランス革命の変身、逸脱、挫折であり、王政復古に行き着いたので、その点では完全な破綻です。それでも、その結果、ヨーロッパの伝統的君主制は不安定になり、漠然とした形でも革命思想を広める働きをもたらしました。

次にロシア革命に話を移しましょう。この革命期の中でも最も暗い時代、悪魔のように嫌悪された時代、スターリン時代を取り上げようと思います。これについては好きなようにさまざまな解釈ができますし、私も第二次世界大戦の歴史にかんする議論は望むところですが、結局のところ、ファシストとナチスを打ち負かしたのは誰かと言えば、ソビエト軍であり、その指揮を取ったのはスターリンでした。ドイツ軍に甚大な被害を与え、勝利を可能にしたのは、赤軍〔ソビエトの正規軍〕です。ナチズムを終わらせたのは、西欧の民主派でもなければ、西欧反ファシストでもなく、スペイン共和国でも英米軍でもなく、ソビエト軍だった。これは、人が好むと好まざるとにかかわらず、歴史的事実ですが、一般に忘れられている歴史的事実で、私が思うに、忘れてはいけない事実です。英米軍がソビエト軍のそれ以上の前進を阻んだとは言えるでしょうが、英米軍が到着したとき、ドイツ軍はすでに実質的に敗北していたのは確かです。

今度は、おそらく二〇世紀最大の解放運動である反植民地闘争を取り上げましょう。この闘いのどれもがことのほか暴力的でした。イラク人の抵抗をベトナム人の抵抗と比べたがる人がよくいます。私はベトナム人の抵抗については文句なく賞賛しますが、当時、この解放運動がどう評価されていたか、もう年で、よく思い出せません。あの当時、人々は何と言っていたか。

この抵抗の指導者ホー・チ・ミンは、第三インターナショナル、つまりスターリン下のインターナショナル〔コミンテルン〕が産んだ人物です。そして、彼は当然、国内の反対派を排除しました。北ベトナムで農業改革が行われたとき、何万人もの農民が歩いて南に向かって出ていった。彼らは足で投票したと西側では言われ、彼らの脱出はアメリカ人の戦争の宣伝に利用されました。そういうわけで、ベトナム闘争の暴力にかんしては、本日ここで過去を再現する必要などありません。

私がここで特に言いたいのは、「悪い」暴力、不正な暴力、独断的な力の使用で無実の市民が殺されるような暴力、専制君主を含めた国家の暴力が、「歴史」の目から見て、重要な成果を生み、その成果が、他の方法によって得られたかどうかは定かでないという事実についてです。

私はまた、非暴力運動についてもいささか述べてみたい。暴力的な方法を批判する人たちは、たいていの場合、それに対するものとしてアメリカ黒人の市民権獲得闘争、インドの非植民地化闘争、南アフリカの反アパルトヘイト闘争を例に挙げます。しかし、彼らはいくつかのことを忘れています。

合州国における黒人の闘いについて理解しておくべきは、アメリカ連邦政府がケネディ以降、人種差別撤廃を支持し、それまで事実上合州国南部を恐怖で支配してきた白人過激派の陰謀に正面から立ち向かったことです。それが合州国のイメージ作りのためだったのか、国内政治のためだったのか、理由は知りませんが、いずれにせよケネディは人種差別撤廃運動を支援するために連邦軍を南部に派遣しました。ですから、白人過激派は世界最強の軍隊と対決することになったわけで、これは正確に言えば、純粋非暴力の状況ではありません。

インドとガンジーの闘いを考えてみると、忘れてならないのは、闘いが勝利したとき、大英帝国は両世界大戦できわめて弱体化していたという事実です。そして、この弱体化に大いに貢献したのがヴィルヘルム二世とヒトラーで、彼らも格別非暴力ではなかった。

南アフリカに話を移すと、忘れてならないのは、国境を接する国、アンゴラとモザンビークでの争いはことのほか暴力的だったことです。キューバによるアンゴラ介入は当然暴力的で、南アフリカの白人部隊を敗北させ、アパルトヘイトおよび反アパルトヘイト闘争に強烈な心理的衝撃を与えたのです。

次に現在の話をすれば、今年八月に起きたこと〔二〇〇六年七月、ヒズボラはイスラエル軍部隊と交戦、投降した兵二名を捕虜にした。イスラエルはレバノンに再侵攻し、全面衝突となったが、同年八月一四日に停戦が成立した〕は、私が思うに実に画期的な事件です。現に存在する力関係の中で、イスラエルが全アラブ勢力を黙らせる手段として武力行使の意志を切り札にしていることを考えるなら、そのイスラエルが敗れたのです。イスラエルの軍隊はヒズボラに敗れました。完全に負けたわけではありませんが、ヒズボラを壊滅させるという目標から見れば、イスラエルとその軍隊は完全に失敗したのです。しかし、勝ったのはヒズボラであり、パレスチナと連帯する運動や世界の平和運動ではなかったということです。ヒズボラはもちろん、シリアとイランから武器援助を受けています。イスラエルがたえず合州国から武器援助を受けている以上、ヒズボラにとってはそれ以外の抵抗の方法があるでしょうか。

もう一つの作戦舞台、イラクを取り上げてみましょう。イラク人の抵抗は世界情勢にこれまでにない変化をもたらしました。というのは、その抵抗は、コンドリーザ・ライス〔一九五四年〜。アメリカの政治家、政治学者、元国務長官〕が「第二のローマ」とみなしていた合州国、そしてアメリカ軍の進撃を阻むことになったからです。彼女が「第二のローマ」と述べたのはアメリカ軍がバグダッドに入ったときですが、アメリカ軍はローマ軍ほど強くはないという意味だったのか、あるいはアメリカは衰退期のローマ帝国に似ているという意味だったのかはわかりません。ご承知のように、あそこの状況は明らかに悲劇的であり、アメリカ軍がイラクを去るときは、自分たちが破壊し尽くした国を去るときでしょう。それでも、イラク人の抵抗は全能のアメリカという神話の終焉をもたらすはずであり、それは実に歴史的な出来事となるのです。さらに言えば、この抵抗は旧体制、つまりきわめて暴力的なサダム・フセイン体制下で準備されていたものであって、ただただ占領に不満をもつ人々によって自発的に起こされたと考えるべきではありません。これは準備されていたのです。始まったのはバグダッド陥落のほぼ一カ月後ですが、これほどの力と組織を備えた抵抗が単に自発的な運動によって開始されたとは私には考えられません。たとえば、ドイツ占領時のベルギーやフランスの抵抗と比べてみるだけで十分です。このときの抵抗が今回のイラク人の抵抗ほど強力になることは一度もありませんでした。

ここまでの私の話をお聞きになって、これは暴力擁護論ではないかと受け取る方もいるかもしれませんが、私の考えはそうではありません。ロベスピエール、ナポレオン、スターリン、ホー・チ・ミン、サダム・フセイン、ナスルッラーフ〔サイード・ハサン・ナスルッラーフ。一九六〇年〜。ヒズボラ議長〕などが私の贔屓だと思わないでいただきたい。こういった人たちについての私の思いは複雑ですが、それは大した問題ではない。私にとって問題なのは、これまで話してきたあらゆる革命的暴力が、どのケースも――簡単に証明できます――それ以前の反革命暴力への応答であるということです。支配階級、植民者、帝国主義者の暴力に対するものです。そして私を困惑させるのは、西欧においては自ら生んだ暴力に対する抵抗が弱い、極度に弱いことです。第一次レバノン戦争〔一九八二年六月に始まるイスラエルのレバノン侵攻〕中に、この戦争に反対するデモの参加者は合州国全土で一カ月間に一万人から二万人でした。だから、アメリカ人がそれほど消極的なわけではありません。しかし、不法入国者や移民にかかわる問題では一〇〇万人が街頭に出ました。こうしたデモに参加すること自体は良いのですが、この問題では一〇〇万人が行進したというのに、何千人もの死者、何十万人もの難民、計り知れないほどの破壊をもたらしている戦争、しかも自分たちの政府が全面的に支持している戦争への反対デモには二万人とは、どうしてなのか。どうしてこれほどのずれが生じるのでしょうか。この種の国際的問題、とりわけ帝国主義の問題に対しては無関心な態度があるように思われます。このような消極性、ヒズボラ誕生の元になった第一次レバノン戦争に対しての消極性を見れば、われわれには第三世界における非暴力、民主主義、人権について講義に出かける権利などどこにもないと、私には思われます。理由は単純で、われわれは自分たちのシステムが作った暴力に十分な批判も反対もしてこなかったために、自ら評判を落としてきたからです。私からすれば、これはごく初歩的な道徳上の道理ですが、多くの人が私の考えに賛成ではない事実もわきまえています。

締めくくりとして、一般的な指摘を一つだけしておきましょう。被抑圧者が非暴力の手段を用いるとき——チャベス、アジェンデ、一九五〇年代のグアテマラのアルベンス、イランのモサデグ、オスロ合意後のパレスチナ人のように——、大体において彼らは土地を奪われ、あらゆる嘲笑の的にされ、発言を無視され、打倒される羽目になる。そして、彼らが今日のイラク人の抵抗、ヒズボラ、ハマスなどの抵抗ように、暴力的手段を用いるとき、西欧の知識人の大半は、ここにいらっしゃる皆さんは多分別にして、腕を振り上げて、民主主義を、非暴力を、人権尊重をと叫びます。私が思うに、抑圧者が被抑圧者に向かってどういう武器を使う権利があるかきっぱりと述べるのは、大変ご親切なことです。

私の述べた指摘がCLEAまたはバハール氏に敵対して利用されることのないよう願いつつ、ご清聴に感謝して終わります。

Ⅵ　西欧の幻想(143)

イラク戦争は単なる「バラード」にすぎなくなると真面目に考える人もいるが、その理由はわからないでもない。第二次世界大戦の例を挙げれば、合州国はドイツと日本に容赦ない空爆を行い、市民を犠牲にし、そのあとこの二国を占領して、ほぼ完全に支配下に置いた。それなのに現在、ドイツと日本は世界で最も忠実なアメリカの同盟国である。いつまでこの同盟が堅固で、永続的であるかはわからないが、今のところこの状態はたしかに続いている。

次に冷戦のケースを考えてみよう。かつて、ポーランドとブルガリアが合州国に敵対していたことを思い起こそう。現在はどうか。この二国はＮＡＴＯに加盟してアメリカのミサイル防衛網に組み込まれることをひたすら求め、イラク占領の仲間入りを目指している。それ以上に驚くべき例は、今では あのベトナムが合州国の投資団一行を大歓迎していることだ。そう遠くない過去において、合州国はこの国に野蛮きわまりない空爆を行い、数百万もの人々を殺戮し、環境を破壊したというのに。

セルビア人は、一九九九年に自分たちの小さな国が空爆された直後でさえ、西側の要求に屈して、反ミロシェビッチの票を投じ、一時的にせよ親西欧政府を受け入れた。この態度は、はっきりしたものではないにせよ暗黙のうちに自国への空爆に同意したことを意味する。

以上のようなことから、西欧、とりわけ知識人の間では、しかもとりわけとは言わぬまでも進歩的ないしは左翼の知識人の間でさえ、一つの支配的な世界像ができあがる。「西欧の大幻想」とも言うべきイメージである。この世界像、特に第三世界像によると、第三世界の人々は経済面では無能な独裁者の支配する抑圧的な政府の下で暮らしている。彼らが待ち望むものはただ一つ、善良で、民主的で、進歩的で、経済的にリベラルな西欧の援助、あるいは支援、あるいは（必要なら、軍事的手段による）解放となる。その結果、左翼の大部分がウクライナ、ベラルーシ、レバノン、ジンバブエにおける「民主的革命」を支持し、分けても中国における人権とチベット独立を支持することになる。

しかし、この像は幻である。なぜなら、そこには、二〇世紀に起こった根本的変化、少なくとも長期的には一番大きな結果をもたらした変化にかかわる像が抜け落ちているからだ。重要なのは、もはや過去に属するファシズムや共産主義ではなく、脱植民地化なのだ。この運動は、何億もの人々をとりわけ残酷な形態の人種差別的支配から解放しただけでなく、一六世紀末に始まる世界史の支配的な流れ、ヨーロッパの拡張の流れを逆転させた。二〇世紀はヨーロッパ衰退の画期をなすものとなったが、世界システムの新しい中心として現れた合州国もまた、おそらくそう長くはもたないだろう。

この事実を認めるなら、われわれが現在抱いている幻想の元がどこにあるのか、それを見抜くのは簡単である。戦前、ドイツと日本は帝国主義の大国であり、そのせいもあって断固たる反共主義の国であった。戦後、合州国はこの二国のエリートたちに以前と同じことを続けるチャンス、つまり共産主義と闘うチャンスを与えた。ただし、今度は比較的平和な手段で、しかも合州国の指導の下に。敗北した大国にとってそれは、第一次世界大戦後のドイツが呑まされたベルサイユ条約に比べれば、はるかに優雅な「出口」であった。第二次世界大戦後、ドイツと日本に対するアメリカの政策がわりとうまくいき、少なくとも今日までかなり安定した同盟が続いているのも、これで説明が付く。

植民地主義の文脈で捉えれば、冷戦の「勝利」についても同じことが言える。ソ連にとってのアキレスの腱は、東欧諸国の管理がいつも難しいことだった。実際、東欧の人々の大部分は自分たちが「ヨーロッパ人」であると感じていたし、エリートたちは「文明的な」西側を羨望の目で眺め、「野蛮な」東側に背を向けていた。そういうわけで、ソ連にとって、東欧の「管理」はたえざる面倒の元であった（一九五三年の東ドイツに始まり、ついで五六年のハンガリー、六八年のプラハ、ポーランドなど）。もちろん、合州国はこれらの国で八九年以降、最も熱烈な歓迎を受ける。だが、この熱烈歓迎の広がりはウクライナまでで、その先には行かない。ロシア人はアジアのソビエト共和国の人々と同様、自分たちが西側の人間であるとはまったく感じていないし、これからも「西側」の一部になることはありえないという事実に気づいている。

中国、ラテン・アメリカ、ムスリム世界については、なおのことそうである。現在、合州国はイラクやアフガニスタンで戦争の埋め合わせとなるような「プラス材料」を何一つもっていない。二〇〇二年、私がシリアに旅行したとき、ある意味では親西欧派といえる商人が打ち明けてくれた。「この地域の住民の八〇%はサダム・フセインに出ていってもらいたいと思っている。けれども、もし合州国が彼を引きずり下ろそうとすれば、住民の一〇〇%が抵抗するでしょう。実際ここには、以前はトルコ人がいて、そのあと英国人とフランス人が入ってきたが、今はイスラエル人です。もう植民地主義は御免です」。まったく彼の言うのはもっとも至極なのに、当時の西欧では戦争反対派も含めて、この当たり前の真実が理解されていなかった(戦争反対派は西欧の介入、ただしブッシュよりも穏健な、非軍事介入の方に賛成しがちだった)。

現在の西欧左翼が第三世界における民主主義、人権、マイノリティ問題にかんするキャンペーンを熱心に繰り広げるとき、彼らの主な弱点の一つは、植民地主義の失墜という事実がその世界像に十分組み込まれていないことである。こうしたキャンペーンの最近の例として、北京オリンピックをめぐる大騒ぎがある。とりわけパリでの騒ぎが激しく、この街は今や「人道主義的」帝国主義の首都である(マルクス主義も六八年疑似革命主義も、これに取って代わられた)。問題は、「自由チベット」運動が政党であるかでも、ダライ・ラマが奴隷を所有しているかでも、彼がCIAの操り人形にすぎないかでもない。問題はずっと簡単であり、「われわれ」(西欧左翼)が中国で何をしたいのかにある。中国はセルビアではないから、空爆にはびくともしない。経済面では、中国がわれわれに依存している以上に、われわれの方が彼らに依存しているのだから、経済制裁(人道主義的左翼のお気に入りの武器)など何の効果もないだろう。

中国は外国の列強に拘束され、領土を分割されたことを忘れない。われわれが第二次世界大戦やホロコーストを忘れないのと同じだ。そのうえ中国は、「もう二度と御免だ」とも言う。チベットをめぐるわれわれの最近の大騒ぎを中国がかつての慣行の継続とみなしているのは明らかだ。中国人ならどんな政治的意見の持ち主であれ、みなそう思っている。われわれがチベット人のために何かできるとすれば、それはわれわれが中国に対して、自分たちは世界のこの地域に帝国主義的な狙いなどまったくもっていないと、ねばり強く伝えていくことだろう。しかし、チベットをめぐる騒ぎは、合州国の中央アジアにおける軍事基地作りと同様、それとは正反対の効果を与えるばかりだ。

もちろん、われわれが介入する度に、そこでは「われわれの陣営」に属するかのように見える反体制派、少数派の人物が現れる。だが、彼らがわれわれの側に立つのは、多くの場合、たとえばアルバニア・コソボの民族主義者や現在〔二〇〇九年現在〕のイラクの指導者のように、自分たちの目的を達するために合州国の武力を利用できるなら大満足だからにすぎない。コソボに純粋民族国家を創設したり、イラクにイスラム国家を樹立したりするという彼らの目標は、（やはり西欧の幻想を共有している）合州国指導者の目標とはかならずしも一致しないし、ましてや西欧左翼の目標とは重ならない。

帝国主義者が敵対国を弱体化させるためにたえず唱える「マイノリティ支援」は、最も無責任な政策の一つである。実際、もし帝国が彼らマイノリティを裏切り者とみなす隣人たちの手に渡し、引き上げてしまったなら、彼らはどういう目に遭うか。ラオスでアメリカ軍が撤退したあと、モンの人々〔中国南部、ベトナム、ラオス、タイの隣接地の山村に伝統的に暮らす民族〕に何が起きたか。独立後のアルジェリアで、ハルキ〔アルジェリア戦争時、フランス側についたアルジェリア人〕に何が起きたか。あるいは、ドイツ敗北のあと、東欧の親ドイツ派はどうなったか。

西欧左翼がなすべきこと、それは世界の状況に対する現実主義的な見方と、この現実主義に基づく対外政策を優先することである。たしかに、大多数の左翼の耳には、「現実主義」という単語は汚いことばに聞こえるだろう。しかし、現実主義的な分析とそこから引き出す結論とは別々のものだ。たとえば、もしわれわれが自分たちの全能を信じ、(西欧が他の世界に対してこの数世紀間そうであったように)それが真からのものであったなら、現実主義的な政策とは略奪そのものと言い換えることができる。しかし、もしわれわれがそれほど強くないなら、現実主義はより慎重な政策へと導くはずである。たとえば、もしヒトラーが「現実主義者」であったなら、彼は第二次世界大戦を引き起こさず、また間違いなくソ連侵攻はしなかっただろう。もし合州国がもっと現実主義者であったなら、一九六〇年代初めにベトナムで戦争拡大を図ることはなかっただろうし、二〇〇三年のイラク侵攻もなかっただろう。さらに言えば、合州国はまさにこの現実主義の名においてイスラエル支援を断念すべきであろう。石油もなく、莫大な金がかかるこの国を支援することで、アメリカは他の世界から激しい憎悪を招いているのだ。

こうした問題にかんする最も進歩主義的な(少なくとも客観的な)立場がしばしば資本主義的な立場と同一なのは、皮肉である。資本主義は多くの場合、ボイコット、制裁(または戦争)よりも通商の自由を好むからだ(たしかに社会的・経済的な理由から、通商を含めて資本主義者の力に制限を加えるのが望ましい場合もあろうが)。国際関係にかんして左翼が守るべき立場、それは非同盟運動の立場、すなわち平和的協力の推進と一方的制裁(つまり、国連決議のない制裁)の拒否という立場であろう。

ヨーロッパと合州国のエリートたちの問題は、自分たちの利益のためばかりか、自分たちの利益に反するときでさえ、暴力的な政策に頼る傾向があるということだ。それはみな、限りない傲慢さのせいである。もはやわれわれには世界を制御できる力などないのに、その事実の受け入れを拒んでいるから、次々と悲劇が生じる。左翼は西欧の「人道主義的」介入を奨励するのではなく、世界の力関係をより現実的な視野からしっかりと頭に刻み込み、対話と国家主権の尊重によって非介入の政策を選び取っていくべきだろう。

Ⅶ　平和を守ることのできる独立ヨーロッパのために

（書き下ろし、二〇〇八年）

二〇〇三年、ヨーロッパのすべての国の大多数の市民はアメリカのイラク戦争に反対の意志を表し、ドイツ、フランス、ベルギー政府はこの多数派の考えに同意する立場を取った。しかし、一方では少なからぬ国の政府が合州国に同調した。その四年後、合州国はイラクとアフガニスタンで泥沼にはまり、今や「対テロ戦争」はあらゆる形態のテロリズムを助長するばかりである。

それにもかかわらず、現在のフランスはどうかと言えば、それまでの独立外交政策が数々の事件への対処を通じて完全な正当性を証明してきたというのに、外交政策を争点化しなかった大統領選挙の結果、アメリカ政府に接近し、新たな戦争、同じように不法で危険なイラン相手の戦争を受け入れるよう世論に働きかけている。

外交政策というのは、一見人々の生活から遠いように見えるかもしれないが、実は中期的にはこれに大きな影響を及ぼす。それなのにフランスでは、すでに合州国の例が示すように民主的な道筋を完全に逸脱している。

合州国は世界に起きつつある変化を受け入れられずに苦しんでいる。ラテン・アメリカに対する支配権を失う一方で、アジア、とりわけ中国への依存はいや増すばかりである。軍事面で、この国は強さではなく、弱さを見せた。ロシアや中国の力の高まりを阻む余裕はない。不平等、拘禁率、浪費、低い教育水準、さらには「アメリカ・モデル」の治安の悪さ、たえざる軍拡競争を見れば、アメリカ人が払っている代償は低いとは言えない。

不幸にして、ヨーロッパの政治家、メディア、エリート層の大半は今もこのモデルに魅せられ、その最悪の過ちさえ見習うほどである。

それゆえ私は、ヨーロッパのすべての政治・組合・社会勢力と、知的・文化的団体および提携組織に向かってこう呼びかけたい。できる限りの圧力を行使し、あらゆる主導権を発揮して、いずれは合州国からの真の独立を果たすよう意を注いでいただきたいと。

この独立には二つの側面がある。

●**国際政治**においては、問題はEUを合州国並みの新しい勢力にすることではない。世界は第二のアメリカを必要としていない。独立を願って、第二のアメリカを作ろうと考えている人が多すぎる。そうした超大国は過剰な軍事力をもち、他の世界とつねに敵対する構えを取り、やがては合州国との軍拡競争に加わることになる。

ヨーロッパが果たしうる必要な役割は、それとはまったく違う。二〇世紀の歴史がヨーロッパ人に教えた、否、教えるべきであった三つのことがある。一、戦争は始めやすく、終えにくい。二、予防戦争という考えは受け入れがたい。三、脱植民地化によって世界の大部分はわれわれの支配から脱した。

中国、インド、ロシア、ムスリム世界、アフリカ、ラテン・アメリカについてわれわれがどう考えようと、現実的には、われわれは他の世界に敵対するのではなく、他の世界とともに生きるしかない。そのためには当然、われわれは威嚇と最後通牒ではなく、外交と交渉によってこれを推し進めることが必要になる。

●**国内政治**においては、表面的にはうまく行っているように見えても、慢性的な負債に依存した社会・経済的モデルの追求からは脱しなければならない。このモデルはドルが支配的役割を果たしているのだから、見習うわけにはいかない。むしろわれわれは、「ヨーロッパ・モデル」をさらに強めるべきである。このモデルは、利益を優遇して「競争力」に優先権を与えるのではなく、何よりもまず、労働者、病人、退職者、子どもの生活にとって必要なものを考える。

とりわけ、われわれが訴えるべきは次の三点である。

(1) われわれ自身の生き残りのためには、敵をつねに必要とする冷戦思考から抜け出し、いずれはNATOの解体を実現すること。

(2) 中東に対しては、この地域の民族闘争、特にパレスチナ人の闘争に理解を示しうる、まったく新たな外交的態度を選ぶこと。

(3) 他の世界との関係においては、国家主権の尊重とともに、威嚇や一方的制裁のない、協力と交渉による紛争解決の原則を受け入れること。

われわれの訴えは長期的な闘いを目標としている。いくつかの次元があり、そこには文化的な側面も含まれる。「われわれの頭の中からアメリカを追い出さねばならない」――この意味は、われわれが抱える治安、教育、社会組織等の問題にかんして、その解決策を自動的にアメリカ的対応に求めてはならないということだ。合州国の文化に縛られることなく、世界の他の地域にも大きく扉を開かねばならない。アメリカ音楽、アメリカ的食文化だけでなく、南側の国々の歴史的・政治的展望にも目を向けるべきである。

反米主義という安易な決めつけをしてわれわれを黙らせようとする者たちに対しては、こう答えたい。われわれはアメリカ人民衆にいささかの敵意も抱いていないし、彼らもまた平和と社会的平等の新しいモデルを必要としているのだと。彼らを支援する最良の方法は、われわれ自身がこの目的を目指し、われわれすべてを等しく破綻へと導くようなモデル・政策にはへつらわぬことである。

さらに根本的な言い方をすれば、ヨーロッパは合州国の指導者による覇権意識丸出しの幻想とは異なるモデルを、世界の人々とアメリカ市民に提供することができる。すなわちヨーロッパは、自らの歴史が生んだ最良のもの、すなわち啓蒙思想、政教分離、入念に仕上げられた社会モデルを、戦後一定の国々によって確立された「国際法」や「平和を守る伝統」と結びつけることができるのだ。

原注

緒言

（1）『ニューヨーク・タイムズ』首席外交特派員トマス・フリードマンが一九九二年一月一二日号に政府高官の言を引用した。
（2）この詳細とソースについては、チョムスキー『新軍事的人道主義』カマン・カレッジ、一九九九年参照。
（3）『ボストン・レビュー』一九九四年二月。
（4）アジアにおける「ワシントンの戦略政策を支えるアメリカの空想的グローバリズムの毒性と遍在」に果たすとされる中国の役割については、ジェイムズ・ペック『ワシントンの中国』マサチューセッツ大学出版、二〇〇六年参照。
（5）マックシェリー『略奪国家』ローマン・アンド・リトルフィールド、二〇〇五年。
（6）シムズ「もし冷戦が終わったのなら、次は何か」『ニューヨーク・タイムズ』一九八八年一二月二七日号。
（7）『悪しきサマリア人』ランダムハウス、二〇〇七年。
（8）記者の言い換え、スティーブン・カークジャン、アダム・パートマン『ボストン・グローブ』一九九〇年一月五日号。
（9）フォン・スポネック『違った種類の戦争』バーガーン、二〇〇六年、および同『スポークスマン96』スポークスマン・ブックス、二〇〇七年。食糧計画のための石油詐欺については、チョムスキー『失敗国家』メトロポリタン、二〇〇六年参照。
（10）悲惨な結末の再検討については、チョムスキー『新世代が線を引く』ヴェルソ、二〇〇〇年参照。

(11) ピーター・ホールワード『洪水をせきとめる』ヴェルソ、二〇〇七年。伝統的な拷問者フランスと合州国の支援を受けて選ばれた政府をまたもや倒した二〇〇四年の軍事クーデターの実情と、ハイチ人民衆の破壊から立ち直ろうとする回復力についてまとめた、行き届いた専門的研究である。

(12) 前掲、ブリクモン『新世代が線を引く』。その直後に判明したことについては、前掲、チョムスキー『新軍事的人道主義』参照。

(13) ロバートソン『新世代』一〇六～一〇七ページ。クック「ハウス・オブ・カマン・セッション一九九九－二〇〇〇」『防衛委員会出版物』第Ⅱ部、三五ページ。

(14) ホイーラー『外国人を救う──人道的介入と国際社会』オクスフォード大学出版、二〇〇〇年。ハイデン、ダグ・ヘンウッドへのインタビュー、WBAI〔ニューヨークのFM放送局〕。『レフト・ビジネス・オブザーバー』八九号、一九九九年四月二七日に再録。

(15) ベイスビッチ『アメリカ帝国』ハーバード大学出版、二〇〇三年。リンド『国家利益』〔隔月刊行の外交政策雑誌〕二〇〇七年五月－六月号。

(16) ノリス『衝突過程』プレーガー、二〇〇五年。

まえがき

(1) ナポレオン(ついでフランス)の没落後の勝者、ロシア、プロシア、オーストリア、英国が結んだ同盟〔実際には英国は加わっていない〕で、「干渉権」なるものをこしらえて、ヨーロッパの民族的蜂起と独立願望を抑え込んだ。

(2) この成り行きの優れた分析については、セルジュ・アリミ『うしろ向きの大飛躍──リベラルな秩序はいかにして世界を制したか』パリ、ファイヤール、二〇〇四年参照。

(3) この戦争にかんするアナーキスト運動内部の論争については、クロード・ギヨン『戦争の被害〔パリ－プリスチナ－ベルグラード　一九九九〕』パリ、ランソムニアック、二〇〇〇年参照。

(4) このときは『野蛮と希望』というタイトルで出版される予定だった。

（5）本書はほぼ元の形のままである。ただし、繰り返しの部分は削除し、テクストを配置し、個々の主張をより明確にするために注を施し、参考文献を示してある。ただし、私が犯したかもしれない評価・予測の過ちはそのままになっている。

（6）彼らの著書の一部のリストについては、「参考文献」参照。

（7）このときの私のテクスト、「なぜわれわれはまだ反帝国主義者である必要があるか」は、ＣＥＩＭＳＡの電子版『二〇〇二年一月一一～一二日のシンポジウム議事録』第二五章、ＣＥＩＭＳＡのサイト「シンポジウム」で見られる http://dimension.ucsd.edu/CEIMA-IN-EXILE/。http://www.zmag.org/content/TerrorWar/bricmontimperial.cfm でも入手可能。

（8）フレデリック・ドゥロルカ編『もう一つのアトラス』パリ、タン・デ・スリーズ、二〇〇六年。

1　本書のテーマと目的

（9）バートランド・ラッセル『ボルシェビキ主義の実践と理論』ロンドン、アレン・アンド・アンウィン、一九二〇年。第一次世界大戦中に、英国、フランス、ロシアの合意が成立した（一九一七年のロシア革命前に）。そのとき中央諸帝国はドイツとオーストリア - ハンガリーを一つにまとめた。

（10）またラッセル法廷（http://www.brusselstribunal.org）にも参加した。これは、イラク世界法廷（http://www.worldtribunal.org）の一部であり、合州国とその同盟国が犯した罪を裁くことを目的とする。

（11）ポルポトが率いたカンボジア共産党グループで、インドシナの親米政権の崩壊時に、一九七五年、カンボジアの政権に就いた。大量の犠牲者を生んだ粗暴きわまりない政権で、七九年、ベトナム干渉のあとに倒れたが、このベトナムによる干渉を合州国は非難した。

（12）『アメリカ合州国の国防戦略』米国防省、二〇〇五年三月、http://www.stormingmedia.us/41/4121/A412134.html または、http://www.globalsecurity.org/military/library/policy/dod/nds-usa_mar2005.htm で入手可能。

（13）パスカル・ブリュックネル『白人のすすり泣き—第三世界、有罪性、自己憎悪』パリ、スイユ社、一九八三年。ベルナール＝アンリ・レヴィ『人間の顔をした野蛮』パリ、グラッセ、一九七七年。後者は、そう思われがちな単なるスターリン批判ではなく、むしろ進歩の概念そのものへの総攻撃であることを記しておく。

(14) 英国の改革派経済学者ホブソンは、帝国主義にかんする最初の批判的著書の一つを書いた。『帝国主義試論』ニューヨーク、ジェイムズ・ポット社、一九〇二年。この著作はレーニンに強い影響を与えた。その抜粋を本文挿入テクスト一〇六ページに掲げる。

(15) もし『ウォール・ストリート・ジャーナル』の記者たちが九月一一日に対するアラブ世界の反応に驚いたとすれば、その理由はおそらく、自己富裕化が「人間の政治行動の自然な目的」であるというマルキストの考えを共有しているからだ。

2　権力とイデオロギー

(16) バートランド・ラッセル『一九世紀思想史—自由と組織』A・M・プティジャンによる英語からの訳、パリ、ガリマール、一九五一年。神聖同盟については同書三九ページ、ソールズベリー卿については同書三六五ページ参照。

(17)『ニューヨーク・タイムズ』一九六六年二月六日。

(18) ウィリアム・V・シャノン『ニューヨーク・タイムズ』一九七四年九月二八日。ノーム・チョムスキーが『「人権」とアメリカの外交政策』ノッチンガム、スポークスマン・ブックス、一九七八年、二〜三ページで引用。http://book-case.kroupnov.ru/pages/library/HumanRights/ で入手可能。

(19) イザイア・バーリンの表現（「たわめられた枝」『フォリン・アフェアーズ』一九七二年一〇月）を借用。彼はもちろん、ここでは社会主義国の共産主義インテリゲンチャのことを言っている。

3 第三世界と西欧

(20) http://members.aol.com/bblum6/American_holocaust.htm 参照。また、ウィリアム・ブルムによる『ならず者国家』パリ、パランゴン、二〇〇二年、および『凶悪な戦争──一九四五年以来のアメリカ軍とCIAの介入』パリ、パランゴン、二〇〇四年参照。さらに、ノーム・チョムスキー、エドワード・S・ハーマン『人権の経済学──第三世界におけるワシントン・コネクションとファシズム』ドゥニ・オーティエ、ヴェスナ・ベルナール、マリー＝テレーズ・ジュージュによる英語からの訳、パリ、J＝E・アリエ、アルバン・ミシェル、一九八一年参照。

(21) ウィリアム・ブルム『反帝国リポート──二〇〇五年八月七日』。http://members.aol.com/bblum6/American_holocaust.htm#essays で入手可能。

(22) シオニズムがアラブ世界に提起する問題の例証については、本書テクストⅢ「パレスチナ──脅しにけりを付けるために」参照。

(23) ここでは挙げなかったが、誉められない第三世界のリーダーが存在することも確かであり、西欧は彼らとも対立してきた。この問題は次節「帝国のコスト3　バリケード効果」で扱う。

(24) ステファヌ・クルトワ『共産主義黒書──犯罪、恐怖、弾圧』パリ、ロベール・ラフォン、一九九七年。

(25) ジャン・ドレーズ、アマルティア・セン『飢餓と大衆行動』オクスフォード、クラレンドン・プレス、一九八九年、二一四〜二一五ページ参照。この問題のより深められた議論については、ノーム・チョムスキー「歴史の恣意的な見方」『ルビュ・アゴヌ』二三号、二〇〇〇年、一七一ページ参照。さらに、他の数字については、多くの作家・学者共編の『資本主義黒書』パリ、ル・タン・デ・スリーズ、二〇〇二年参照。

(26) 幼児死亡率（五歳以下の子どもの死亡率）とは、五歳に達する前に死ぬ子どもの一〇〇〇人当たりの数。キューバとラテン・アメリカ全体ではそれぞれ〇・九％、三・四％である（「人間開発レポート　二〇〇四年」一六九〜一七一ページ）。救われる子どもの数は、子どもの死亡率の差（二・五％）に出生率（二・二％）と総人口数（五億一八九〇万人）を掛けたものを基にして計算されている。

(27)『ターゲッツ』二〇〇〇年八月、五ページ。ラテン・アメリカ全体の児童労働者数はほぼ二〇〇〇万人と推定される。

(28) 推定はユニセフによる。『ダイアル』一九九八年三月三一日、一～二ページからの引用。

(29)『ドゥ・フィナンシエール・エン・エコノミス・タイド』〔ベルギーの金融・経済新聞〕一九九八年三月四日。

(30) 仏語のレジュメについては、http://www.intal.be/fr/article.php?articleId=280&menuId=1 参照。

(31) 一九五五年、バンドン（インドネシア）にアジア・アフリカの新独立国家約三〇カ国が集まった会議。インドのネルー、エジプトのナセル、中国の周恩来も参加した。この会議は政治的まとまりとしての第三世界の誕生を画した。会議では脱植民地化、平和的協力、非同盟、国家主権の尊重が呼びかけられた。

(32) アルノ・J・メイエ『フランス革命とロシア革命時における怒り、暴力、復讐、恐怖』パリ、ファイヤール、二〇〇二年、三四六～三四七ページ参照。メイエは、ロバート・コンケスト『哀しみの収穫―ソビエト集産化と恐怖の飢饉』ニューヨーク、オクスフォード大学出版、一九八六年、五三～五四ページの「おおよその数」を引用している。第一次世界大戦における死者二〇〇万人、内戦の最初の局面での死者一〇〇万人、農民戦争における死者二〇〇万人、病死者三〇〇万人、餓死者五〇〇万人。ロシアは、第一次世界大戦で兵士より市民の死者の数が多かった唯一の交戦国だった。第二次世界大戦では、ソ連の損失は二〇〇〇万人以上と推定される。

(33) 一九一九年調印の、第一次世界大戦を終わらせた条約。ドイツは領土と植民地の損失、部分的非武装化を課せられ、また戦争の責任を負わされて、巨額の賠償金の支払いを命じられた。オーストリア‐ハンガリー、オスマン両帝国は解体した。

(34)『インターナショナル・ヘラルド・トリビューン』一九九二年一〇月二九日。前掲、ウィリアム・ブルム『凶悪な戦争―一九四五年以来のアメリカ軍とCIAの介入』一六ページに引用されている。

(35‐1) 一九一六年、英国とフランスの間に結ばれたサイクス・ピコ協定は、オスマン帝国後の中東分割の仕方を取り決めたもの。この協定はアラブ人に対して（オスマンと戦うように）なした約束と矛盾していたが、ロシア革命後、そのことがボルシェビキによって暴露された。

(35-2) 一九五六年、ナセルのスエズ運河国有化のあと、フランス、英国、イスラエルがエジプトを攻撃、合州国とソ連がこれを停止させた。

(36) 前掲、ウィリアム・ブルム『凶悪な戦争―一九四五年以来のアメリカ軍とCIAの介入』。モサデグ転覆の歴史については同書第九章、シリア政権転覆計画失敗については同書第一二章参照。

(37) 前掲、ノーム・チョムスキー『「人権」とアメリカの外交政策』一八ページに引用されている。

(38) ドイツ社会民主主義の理論家で、とりわけレーニンを変節漢呼ばわりしたことで知られる。しかし、彼の著作『テロリズムと共産主義』(トロツキーが同じタイトルでこの著作に答えた) は、第二インターナショナルに広まっていた楽観的幻想の毒を受けているものの、ボルシェビキ思想、特に独裁にかんしては興味深い批判を含んでいる。

(39) 支配者であったシアヌーク殿下は、一九七〇年、合州国からベトナム戦争に対する政策が中立的すぎるとみなされ、合州国の支援を受けたロンノル将軍に倒された。七五年のクメール・ルージュの勝利は、合州国と結んだロンノルの政治が暴力的で、はなはだ不人気だったことによる。

(40) http://www.srebrenica-report.com/politics.htm と、近刊のジョージ・ボグダニッチ、チム・フェントン、フィリップ・ハモンド、エドワード・S・ハーマン、ジョナサン・ルーパー、ジョージ・ザムリー『スレブレニツァと戦争犯罪の政策』グローバル・インフォメーション・システム、ISSA、二〇〇五年参照。

(41) デイヴィッド・ビンダーによるジンマーマンへのインタビュー「合州国ボスニア政策決定者が一九九二年の分割反対の誤りを認める」『ニューヨーク・タイムズ』一九九三年八月二九日。

(42) ダイアナ・ジョンストン『愚者の十字軍―ユーゴスラビア、グローバリゼーションの最初の戦争』パリ、ル・タン・デ・スリーズ、二〇〇五年、六六ページ。

(43) マイケル・マンデル『アメリカはどのように殺人をうまくやったか―非合法な戦争、人道に対する間接的損害と犯罪』ロンドン、プルート・プレス、二〇〇四年、六七ページに引用されている。

(44) たとえば、『ワシントン・ポスト』一九九九年五月一一日、http://www.washingtonpost.com/wpsrv/inatl/daily/march99/clinton11.htm 参照。また、本書一〇七ページの「付属文書　グアテマラの教訓」参照。

(45) アメリカのサイト、http://www.economyincrisis.org/ に、合州国のアジアに対する依存が次第に強まっていることを示す数字が出ている（借金、企業売却、競争力の低下など）。

(46) 中国、ロシア、四つの旧ソビエト共和国、これらをまとめる上海協力組織が、二〇〇五年夏、アメリカに対して米軍の中央アジアからの撤退時期を明確化するようを求めたことも記しておく。シダーズ・ヴァラダラジャン「中国、ロシアは中央アジア人に「ヤンキー、出ていけ」と言わせる」『ザ・ヒンドゥー』二〇〇五年七月七日。

(47) あるアメリカのリベラルなジャーナリストは無邪気にもこう言った。「［ミサイル防衛網は］防衛には関係ない。攻撃にかかわるものだ。だからこそ、われわれには必要なのだ」、「［それは］アメリカの覇権を強化し、アメリカを「世界の主人」にするだろう」と。ローレンス・F・カプラン「攻撃ライン」『ニュー・リパブリック』二二四巻、一一号、二〇〇一年三月一二日。この武装計画にかんするすぐれた議論としては、ノーム・チョムスキー『世界を支配するか、それとも地球を救うか―世界の覇権を求めるアメリカ』ポール・シユミアによる英語からの訳、パリ、ファイヤール、二〇〇四年がある。

(48) http://www.casi.org.uk/halliday/quotes.html 参照。

(49) マーク・ボースイット報告「人権の享受に反する経済制裁の結果」国連人権委員会に提出、二〇〇〇年六月二一日、http://www.globalpolicy.org/security/sanction/unreports/bossuyt.htm で入手可能。

(50) ピエロ・グレイジセス『グアテマラ革命と合州国―一九四四〜一九五四年』プリンストン大学出版、一九九一年、およびエドワード・S・ハーマン「グアテマラからイラクへ―ピットブルはどうプードルを扱うか」『Zマガジン』一六号、二〇〇三年一月参照。http://zmagsite.zmag.org/Jan2003/hermano103.shtml で入手可能。

4 人権を擁護する者への質問

（51）トマス・クッシュマン編『原則の問題―イラク戦争のための人道主義的議論』バークレイ、カリフォルニア大学出版、二〇〇五年。ここにはとりわけ、トニー・ブレア、クリストファー・ヒチンス、アダム・ミシュニク（ポーランド連帯）らの寄稿に加え、東チモール独立のために闘い、一九九六年にノーベル平和賞を受けたホセ＝ラモス・ホルタの寄稿がある。

（52）「人権はわれわれの外交政策の核心である。私は確信をもってそう言う。人権は国民としてのわれわれに意味を与える核心だからだ」。一九七八年一二月、世界人権宣言三〇周年に当たってのホワイトハウスにおけるカーター大統領の言明『人権と外交政策』中のことば。http://usinfo.state.gov/products/pubs/hrintro/carter.htm で入手可能。七七年から八〇年までの合州国大統領、カーターという人物は真面目そうなクリスチャンであり、選ばれる前は外交問題についてあまり経歴がなかったが、一筋縄ではいかぬ性格の持ち主である。彼は間違いなくアメリカの大統領の中でも最も好感の持てる一人（特に大統領を辞めてからの活動においては）だが、合州国で最も人気の薄い大統領の一人でもある。それはフランスでも同じで、キッシンジャーの臆面のなさの方が受けた。それでも、彼はブレジンスキー、ロックフェラーとの三極委員会においては役に立つ馬鹿で、道徳的演説でベトナムを忘れさせることに貢献した。そのあと八一年から八八年までのレーガン大統領下では、慣例通りに実業家に戻った。

（53）驚くべきユーモアを交じえて、アメリカ軍に拷問されたイラク人が言っている。「奴らは家に電気を入れる前に、それをおれのケツの中に入れた」。ダール・ジャメイル編・証言集『もっと多くのことが変わる』http://blog.newstandardnews.net/iraqdispatches/archives/000431 で入手可能。

（54）「サルバドル・オプション」の適用、すなわち、とりわけ市民の抵抗に向けられる組織された殺人部隊の利用については、ムサブ・アルカジーラ「国連はイラクにおける殺人部隊と拷問に警告を発している」ロイター、二〇〇五年九月八日参照。また詳細な分析については、マクス・フラー「イラクでも、「サルバドル・オプション」が現実となる」参照。http://globalresearch.ca/articles/FUL506A.html で入手可能。

（55）たとえば、レオポルド二世によるコンゴ征服時、彼は征服をアラブの奴隷制に対する戦いとして正当化した。アダム・ホシュチルド『レオポルド王の幽霊―忘れられたホロコースト』パリ、ベルフォン、一九九九年。
（56）偏向した情報の扱われ方を示す多くの実例を添えたメディアの機能の詳細な研究については、ノーム・チョムスキー、エドワード・S・ハーマン『世論の製造所―アメリカのメディアの経済政策』ギ・デュコメによる英語からの訳、パリ、セルパン・ア・プリュム、二〇〇三年参照（本文挿入テクスト一二〇ページも参照）。さらに、主として湾岸戦争中のメディアの分析については、ミシェル・コロン『メディアに注意！湾岸戦争のメディアの嘘―操作対策マニュアル』ブリュッセル、EPO、一九九二年（あとがき付き第三版、一九九四年）参照。
（57）本文挿入テクスト一〇四ページ参照。
（58）レスロバーツ他「イラク侵略前と後の死亡率―集団サンプル調査」『ランセット』三六四号、二〇〇四年一一月二〇日。
（59）メディアがこの調査をどう受け止めたかについては、http://www.medialens.org/alerts/05/050906_burying_the_lancet_update.php 参照。
（60）戦争でわが子を失った、平和のために闘う家族のサイト、http://www.gsfp.org/ 参照。
（61）この問題にかんする詳細については、ノーム・チョムスキー「合州国、人権と「相対主義的挑戦」」『ルビュ・アゴン』二一号、一九九九年、一九九ページ、また英語版では、「合州国と「相対性の挑戦」」トニー・エバンス編『五〇年間を通じての人権―再検討』ニューヨーク、St・マーティンズ・プレス、一九九八年。http://www.zmag.org/chomsky/articles.cfm で入手可能。
（62）エイミー・ウィレンツ『ニュー・リパブリック』一九九二年三月九日。ノーム・チョムスキー『ごろつき国家、世界問題での力のルール』ボストン、サウス・エンド・プレス、二〇〇〇年、一〇章。
（63）BBCによる。http://news.bbc.co.uk/2/hi/middle_east/4151742.stm 。

(64)『SIPRI（ストックホルム国際平和研究所）年鑑二〇〇五年』参照。http://yearbook2005.sipri.org/ch8/ch8で入手可能。

(65)負債の問題については、CADTM（第三世界負債廃棄委員会）のサイトで入手できる情報を参照。http://www.cadtm.org/rubrique.php3?id_rubrique=3。

(66)ユーゴスラビア解体の歴史全体については、ダイアナ・ジョンストン『愚者の十字軍―ユーゴスラビア、グローバリゼーションの最初の戦争』パリ、タン・デ・スリーズ、二〇〇五年参照。

(67)一九世紀の古典的植民地主義の直接的結果よりもはるかにひどい間接的結果の分析については、マイク・デイヴィス『熱帯の大殺戮―自然大災害と植民地飢饉　一八九〇～一九〇〇　低開発の起源』マルク・サン＝ユペリによる英語からの訳、パリ、ラ・デクベルト、二〇〇三年参照。アルジェリアの植民地化、特に当時のリベラル派フランス人、たとえばトックヴィルの態度については、オリヴィエ・ル・クール・グランメゾン『植民地化・絶滅―戦争と植民国家』パリ、ファイヤール、二〇〇五年参照。全体の見取り図については、マルク・フェロー『植民地黒書―一六～二一世紀　絶滅から悔悛へ』パリ、ロベール・ラフォン、二〇〇三年参照。

(68)たとえば、世界人権宣言第二二条には、「すべて人は、社会の一員として、社会保障を受ける権利を有し、かつ、国家的努力及び国際的協力により、また、各国の組織及び資源に応じて、自己の尊厳と自己の人格の自由な発展とに欠くことのできない経済的、社会的及び文化的権利を実現する権利を有する」とある。

(69)経済的・社会的権利と発展の権利について、カークパトリックはこう語っている。「こうした人間の「権利」の宣言は、オーウィン〔クリフォード・オーウィン、カナダの政治学者〕とプラングル〔リチャード・プラングル、英国の社会活動家〕が述べているように、サンタクロースへの手紙にも似ていて、無限にふくらませることができる。明快な規範がそれを定義することもないし、立派な思想がそれを生んだわけでもないからだ」。一九八一年四月四日、（合州国）ケニヨンズ・カレッジでの人権会議に提出された合州国国連大使ジャンヌ・J・カークパトリックによる論文「実現可能な人権政策を確立する」より。これは、カーターの人権政策に対するレーガン的視点からの攻撃である。その狙いは、人権にかんして「現実主義的」政策を定め、人権の基盤をひたすら個人的・政治的権利に置くところにある。

(70) 合州国の選挙資金投入にかんする本文挿入テクスト一三六ページ参照。

(71) 詳細と情報源については、前掲、ウィリアム・ブルム『ならず者国家』および同『ごろつき国家—世界唯一の超大国への案内』モンロー（メイン州）、カマン・カレッジ・プレス、二〇〇五年。

(72) たとえば、ＦＩＤＨ（人権同盟国際連合）、ＬＤＨ（人間と市民の権利フランス連盟）の怒りの反応については、http://www.hns-info.net/article.php3?id_article=3654 参照。このとき、これらの組織は強調している。「市民的、政治的、経済的、社会的、文化的権利は不可分であり、民主主義と発展と人権は互いに依存している。チュニジアの政権に帰すべき実践経験が証明しているのは、経済発展がまったく人権尊重の改善につながらず、逆に人権侵害の口実に使われているということだ」。しかし、西欧の場合はたしかに、「経済発展」が「市民的・政治的権利尊重の改良」に先行したのだ。

(73) シラクは若い頃、『リュマニテ』〔フランス共産党機関誌〕を売っていたと言われる。多分彼はある基本的な点で、フランス共産党以上に変化していないのだろう。

(74) しかしながら、きっぱりとけりを付ける答え方をするには、合州国内での人権侵害や戦争中の合州国による人権侵害についての中国からの報告を調べると良い。また、http://english.people.com.cn/200503/03/eng20050303_175406.html 参照。

5　反戦の弱い論拠と強い論拠

(75) この「整理」の結果の分析については、モリス・ルモワヌ『中米—エスピクラスの遭難者たち』ナント、ラトラント社、二〇〇二年参照。

(76) 一九三八年九月、ヒトラー、ムッソリーニ、チェンバレン（英国代表）、ダラディエ（フランス代表）は、ドイツによるチェコスロバキアの、いわゆるズデーテン地方併合を認めるミュンヘン協定に調印した。住民の大半はドイツ人で、チェコ人に迫害されていると考えていた彼らはドイツ軍を歓迎した。そのあと力を失ったチェコスロバキアは、三九年三月、ドイツに併合された。

(77) 前掲、ウィリアム・ブルム『ならず者国家』一〇章参照。たとえばブルムは、カーター大統領顧問、ブレジンスキーの証言を引用している。「私は中国がポルポトを支援するのを奨励し、タイがクメール・ルージュを援助するのを奨励した。[…] ポルポトはとんでもない奴で、われわれには支援できるわけがなかったが、中国にはできた」。

(78) この問題にかんする詳細な議論については、前掲、マイケル・マンデル『アメリカはどのように殺人をうまくやったか—非合法な戦争、人道に対する間接的損害と犯罪』参照。

(79) 一九四〇年、合州国空軍チノー将軍が真珠湾の前に勧めたのは、B17爆撃機の空爆により「日本産業心臓部」を燃やすことで、ルーズベルトはその提案に「歓喜した」。サダム・フセインが合州国に対してこれほど好戦的な意図を表したことは一度もない。マイケル・シェリー『アメリカ空軍力の強化』ニューヘブン、イェール大学出版、一九八七年、第四章、およびノーム・チョムスキー「恐怖の操作」『テヘルカ』二〇〇五年七月一六日(http://www.chomsky.info/articles/20050716.htm で入手可能)参照。

(80) CIA顧問として働いていた者が九月一一日以前に、自分たちの帝国が合州国自体にもたらす危険について発していた警告にかんしては、チャルマーズ・ジョンソン『反動—アメリカ帝国のコストと結果』ニューヨーク、メトロポリタン・ブックス、二〇〇〇年参照。

(81)『ワシントン・ポスト』一九六九年九月一四日、A二五ページ。前掲、ウィリアム・ブルム『凶悪な戦争—一九四五年以来のアメリカ軍とCIAの干渉』一三〇ページに引用されている。

(82) 数多い例については、本文挿入テクスト一五二ページおよび一一二ページと、前掲、ウィリアム・ブルム『ならず者国家』参照。さらに、合州国の影響力で化学兵器禁止機構の責任者ホセ・ブスタニが罷免された件については、ステファン・ズーン『火薬—アメリカの中東政策とテロの根源』パリ、パランゴン、八八〜八九ページ参照。ブスタニはアメリカおよびイラクの現地査察をしようとしたのだが、それはおそらく合州国にとっては紛争の平和的解決を可能にする不都合を招いただろう。
(83) 合州国が拒否した協定・合意、より完全で詳細なリストについては、リチャード・デュ・ボフ『壁の上の鏡、鏡—最大のならず者は誰か』参照。http://www.zmag.org/content/ForeignPolicy/boffroguebig.cfm で入手可能。
(84) ダニエル・P・モイニハン、S・ウィーバー『危険な場所』ロンドン、セッカー・アンド・ワーバーグ、一九七九年。
(85) http://iaboc.hautetfort.com/archive/2002/02/25/la_lettre_d_amerique_60_universitaires_s_engagent.html で入手可能。一四〇人の署名者を集めた「アメリカ市民によるヨーロッパの友人たちへの手紙」と題するある反論が強調しているのは、「戦争を弁護する者たちの基本的な詭弁は、国内で理解されている「アメリカ的価値観」と合州国が外国で発揮している経済力、特に軍事力とが混同」されているという点にある。こちらの手紙は『ル・モンド』『フランクフルター・ルントシャウ』『ジュートドイチェ・ツァイトゥンク』『ユンゲ・ヴェルト』などに公表された。また、共編『もう一つのアメリカ—戦争状態に反対するアメリカ人』パリ、テクステュエル、二〇〇三年にも再掲。
(86) 前掲、ウィリアム・ブルム『ならず者国家』。
(87) たとえば、http://www.zmag.org/content/showarticle.cfm?SectionD=45&ItemID=8557 上のスチュアート・マンクトン『帝国主義は負けるだろう』参照。

6 幻想と欺瞞

(88) ロバート・フィスク「戦時の失望—サダムはヒトラーであり、石油が問題ではない」『ザ・インディペンデント』二〇〇三年一月二七日。
(89) アニー・ラクロワ=リ『敗北の選択—三〇年代のフランスのエリート』パリ、アルマン・コラン、二〇〇六年。

(90) たとえば、トマス・カッシュマン編『原則の問題―イラク戦争のための人道的論拠』バークリー、カリフォルニア大学出版、二〇〇五年。
(91) クーデター時、アスナール率いるスペイン政府が表明した即刻の支持にかんするさらなる詳細を知るには、ウラディミール・カレール「ロドリゲス伍長とアスナール大統領」『ル・ソワール（ブリュッセル）』二〇〇二年五月二二日、http://risal.collectifs.net/article.php3?id_article=239&var_recherche=caller で入手可能。
(92) ノーム・チョムスキー『抑止する民主主義』ニューヨーク、ヴィンテイジ、一九九二年、三一九〜三二〇ページ、および彼の一九九〇年三月一日の手紙（アレクサンダー・コクバーン『黄金時代は合州国にある』ロンドン、ヴェルソ、一九九五年、一四九〜一五一ページ）参照。

7 罪の意識という武器

(93) ルクセンブルクとリープクネヒトは戦争に反対したドイツ社会民主党員で、一九一九年、暗殺された。
(94) ラッセルは、合州国に対して参戦せず、むしろヨーロッパでの妥協の努力を助けるよう説得しようとした。このとき、彼の代表作『プリンキピア・マテマチカ（数学の原理）』の共著者で同僚のホワイトヘッドは、彼にドイツ軍の残虐行為の犠牲者たちにかんする情報を送り、彼らの運命の責任はアメリカの中立を望む者にあると言い、さらに、「犠牲者を助けるために、あなたは何をするのか」と付け加えた（レイ・モンク『バートランド・ラッセル―孤独の精神』ロンドン、ランダムハウス、ヴィンテイジ、一九九七年、四八七ページ）。
(95) モレルは英国系フランス人のジャーナリスト・政治家で、ベルギー王レオポルド二世のコンゴにおける暴虐を告発し、第一次世界大戦に反対した。彼は中立国スイスにいるロマン・ロランに平和主義の文献を送ったが、この行為は戦時に制定された措置に違反し、英国で投獄された。
(96) このプロパガンダと、以後ずっとそのために働いてきたメカニズムのすぐれた分析については、アンヌ・モレリ『戦争プロパガンダの基本原理―冷戦、熱い戦争、生ぬるい戦争、どのケースにも使用可能…』ブリユッセル、ラボール、二〇〇一年。

(97) 「百科全書にかんする問題」アラン・グレッシュ『イスラム、共和国と世界』パリ、ファイヤール、二〇〇四年に引用されている。

(98) より詳細な議論については、ノーム・チョムスキー『言語と政治』C・P・オテロ編、モントリオール、ブラック・ローズ・ブックス、一九八八年、二〇四〜二〇八ページ参照。

(99) それだけにとどまらない。合州国は一九七七年、インドがベトナムに戦争で失われた家畜に代わる水牛一〇〇頭を、また、アメリカの宗教グループ、メノー派がカンボジアに鉛筆を、ラオスにシャベルを送るのを阻止しようとした。ノーム・チョムスキー『合州国の外交政策としての戦争』フレデリック・コットンによる英語からの訳、マルセイユ、アゴヌ、二〇〇二年、四二ページ参照。

(100) イラク人の抵抗とイラク国内の混乱で略奪が不可能になり、この振る舞いは総引き上げで終わった。これにかんする皮肉な記述については、ナオミ・クライン「バグダッド零年」『ハーパーズ・マガジン』二〇〇四年九月参照。http://www.harpers.org/BaghdadYearZero.html で入手可能。

(101) サルマン・ラシュディ「道徳的優位とどう戦い、どう負けるか」『ザ・ガーディアン』二〇〇二年三月二三日。

(102) この偏向にかんする共産主義的視点からの分析については、ドメニコ・ロスルド『歴史から逃げる？ 共産主義者の自己嫌悪』ルドミラ・アコヌによるイタリア語からの訳、パリ、タン・デ・スリーズ、二〇〇〇年参照。

(103) 一九三五年、フランス首相ピエール・ラヴァルがスターリンにバチカンと和解するよう要請したとき、スターリンは彼に「法王は何個師団出してくれるか」と答えたと言う。

8 展望、危険、そして希望

(104) これらの嘘にかんする分析については、前掲、ダイアナ・ジョンストン『愚者の十字軍―ユーゴスラビア、グローバリゼーションの最初の戦争』セルジュ・アリミ、ドミニク・ヴィダル「世論は操作される」『メディアと「正しい戦争」—コソボからアフガニスタンまで』増補改訂四版、マルセイユ、アゴン、二〇〇二年、およびミシェル・コロン『嘘つきポーカー—大国、ユーゴスラビアと次の戦争』ブリュッセル、EPO、一九九八年参照。

(105) ちなみに、彼らが間違いなく、四〇万人以上の死者をもたらしたベトナム戦争を忘れていることを記しておこう。

(106) たとえば、http://uslaboragainstwar.org/article.php?id=8626 参照。

(107) たとえば、二〇〇五年九月中旬、イタリア内相はイラク政府、およびイラク占領に反対する運動・連合組織の代表に対してビザを拒んだ。彼らは同年一〇月一日～二日にイタリアで開催されるイラク人抵抗支援会議への参加を望んでいた。『イル・マニフェスト』九月一四日、http://abbonati.ilmanifesto.it/Quotidiano-archivio/14-Settembre-2005/art33.php3 参照。またフランス語では、http://www.millebabords.org/rubrique.php3?id_rubrique=79 参照。

(108) 「海兵隊が四月に最初にこの都市を侵攻したとき、ファルージャ総合病院発表の水増しされた市民の犠牲者数がイラク国民の心に火を付け、紛争の政治的コストを増やし、ついにアメリカ占領当局は撤退を命じざるをえなくなった」。ロバート・ワース『ニューヨーク・タイムズ』二〇〇四年一一月一七日。

(109) http://www.brusselstribunal.org/ 参照。

(110) 前掲、マイケル・マンデル『アメリカはどのように殺人をうまくやったか—非合法な戦争、人道に対する間接的損害と犯罪』七ページと、本書一六一～一六二ページおよび一七二ページ参照。

(111) ノーム・チョムスキー「イラク戦争について」デイビッド・マクネイルによるインタビュー、ZNet、二〇〇五年一月三一日。

(112) リック・クレイン「民主主義者は不屈の軍事姿勢を取る」『ボストン・グローブ』二〇〇五年八月一四日。http://www.boston.com/news/nation/washington/articles/2005/08/14/democrats_embrace_tough_military_stance/?page

=1 で入手可能。

(113) アリ・バーマン「戦略的クラス」『ザ・ネイションズ』二〇〇五年八月二九日。

(114) ヒューマン・ライツ・ウォッチの新聞コミュニケ、ニューヨーク、二〇〇三年一二月一二日、http://hrw.org/french/docs/2003/12/12/iraq6766.htm で入手可能。

(115) 「オフ・ターゲット―イラクにおける戦争行為と市民被害者」の要約・勧告『ヒューマン・ライツ・ウォッチ』http://hrw.org/reports/2003/usa1203/ で入手可能。

(116) この提案にとりわけ敵対的な反応については、アラン・フィンケルクロート『思想の敗北』パリ、ガリマール、一九八七年、一〇二～一〇三ページ参照。フィンケルクロートは、西欧のジャーナリストに対して「白紙状態を作り、偏見なしに外部の世界と対峙する」ことを望んでいるが、そうなれば新しい情報の世界秩序は不要になると考えているらしい。

(117) 国際正義の本質とそれを支える干渉イデオロギーについては、デイヴィッド・チャンドラー『コソボからカブールまで―人権と国際干渉』ロンドン、プルト・プレス、二〇〇二年、前掲のダイアナ・ジョンストン『愚者の十字軍―ユーゴスラビア、グローバリゼーションの最初の戦争』、および前掲のマイケル・マンデル『アメリカはどのように殺人をうまくやったか―非合法な戦争、人道に対する間接的損害と犯罪』参照。

(118) パトリック・タイラー『ニューヨーク・タイムズ』二〇〇三年二月一七日。

(119) 「合州国核兵器計画予測先制」『アソシエイテッド・プレス』二〇〇五年九月一一日。

(120) 「[われわれが必要としているのは、]英国人が指導・管理し、もしできれば、ムスリムがアラブ人スタッフとともに運営する、アラブの玄関である。[…]そこは征服者の支配権を受ける征服地の併合ではなく、保護領制、勢力範囲、緩衝地帯などの憲法上の擬制を施した征服地の吸収であるべきだ」。カーゾン卿のメモランダム「戦争中のドイツ・トルコ占領地」一九一七年一二月一二日、CAB二四／四。ウィリアム・スチバース「支配権と石油―イラク、トルコと英米世界秩序　一九一八～一九三〇」イサカ、コーネル大学出版、一九八二年。

Textes

Ⅰ　コンゴ独立四〇周年記念日

(121)『アルテルナチーヴ・リベルタエール』二三一号、二〇〇〇年九月、二〇ページ。

(122)レオポルド二世の像のこと。

(123)テルヴエレンにある中央アフリカ博物館のこと。この擁護的側面を変えるために改善の努力がなされたことにも触れるべきだろう。しかし、植民地的な物の見方の記憶をなくしてしまうのは、残念なことだ。

(124)この一説を読むと、私はいつも、聖職者の到着以前にインディアンがどういうやり方で子孫を産んできたのか考えてしまう。

Ⅱ　ユーゴスラビア

(125)『ラ・リーブル・ベルジック』一九九九年五月一四日、一一ページ、および『エスペランス・デ・ププル』一九九九年六月に掲載。

(126)英語での完全なテクストは、http://www.mondediplomatique.fr/cahier/kosovo/rambouillet-en で入手可能。

(127)前掲、ウィリアム・ブルム『凶悪な戦争──一九四五年以来のアメリカ軍とＣＩＡの干渉』第三九章参照。

(128)『ル・マタン』ベルギー、一九九九年五月一〇日。

(129)英語のテクストについては、http://www.zmag.org/crisescurevts/germandocs.htm 参照。またドイツ政府の報告については、http://www.zmag.org/CrisesCurEvts/germandocsmore.htm 参照。

Ⅲ　パレスチナ

(133)このテクストは、ノーマン・フィンケルスタイン『希望を殺す──イスラエル・パレスチナ紛争序論』ブリュッセル、アデン、二〇〇三年に寄せた私の序文の一部である。

(134) 私が強調したいのは、ここでの私の意図は、移民の正当性とか、移民と難民に対処すべき受け入れの正当性といった、かなり複雑な問題を議論することではないということだ。ただ注意すべきは、彼らアラブ人は無防備に、しかもわれわれヨーロッパの地に国を作る意図なしにやって来たのであり、その点、シオニストの計画したものとはまったく異なっていることだ。その上忘れてならないのは、必然的にパレスチナ人との対立を生むことになるこのシオニストの計画は、ナチズムのはるか以前（一九世紀末以降）に生まれたのだから、ナチスの犯した蛮行によって正当化されることはない。

(135) しかしながら、この議論が提起する問題は、この議論が占領地の一部の事実上の併合を合法化する道具に用いられる恐れがあることだ。

(136) 植民地主義とイスラエルの連続性にかんするさらなる論議については、マクシム・ロダンソン『ユダヤ民族それともユダヤ問題？』パリ、ラ・デクベルト、一九八一年参照。

(137) エドワード・W・サイード『平和プロセスの終わり―オスロとその後』ニューヨーク、ヴィンテイジ・ブックス、二〇〇一年、二一七ページ。

(138) ファッラーチの本の受け止め方の詳細については、パスカル・ボニファスの勇気ある書『イスラエルを批判することは許されるか』パリ、ロベール・ラフォン、二〇〇三年の第七章「ダブルスタンダード」参照。

(139) この種の議論の別のやり方には、パレスチナ情勢にいきり立つ者はチベットやチェチェン問題にもかかわるべきではないか、というものもある。だが、これに対する答え方は簡単だ。パレスチナ情勢とは逆に、西欧の政府はほとんどどこも、中国やロシアの立場を弁護しない。ましてや、西欧の政府はイスラエルを相手にするときのように、中国やロシアを支援しない。彼らは力関係を考えなければならないからだ。

Ⅳ　イラク

(140) 『ル・クアック』ケベック、二〇〇二年一一月、八ページ。このテクストは主にベルギーの平和運動における反戦の弱さへの反応である。二〇〇二年の秋、ベルギーの運動の大半は「イラクの武装解除」の必要性を受け入れた。それは当然ながら、たとえその運動が平和的なやり方を願っていたとしても、戦争への気分を準備した。イラクの武器にかんしては、当時は誰も、私自身も、英国政府宛の二〇〇二年夏の秘密「メモ」が最近明らかにしたように（本文挿入テクスト一七九ページ参照）、「[武器にかんする]事実と情報が[合州国において]政治的理由で修正された」ことなど想像もできなかった。

（141）たとえば、ベトナムと中米にかんしては、前掲、ノーム・チョムスキー、エドワード・S・ハーマン『世論の製造所―アメリカのメディアの経済政策』二〇〇三年参照、コソボにかんしては、前掲、セルジュ・アリミ、ドミニク・ヴィダル「世論は操作される」『メディアと「正しい戦争」―コソボからアフガニスタンまで』参照、第一次湾岸戦争にかんしては、前掲、ミシェル・コロン『メディアに注意！　湾岸戦争のメディアの嘘―操作対策マニュアル』参照。

（142）本文挿入テクスト一〇四ページ参照。

Ⅵ　西欧の幻想

（143）http://www.counterpunch.org/bricmonto5272008.html（「西欧の幻滅」）に発表されたブリクモンの論文。「人道的介入の暴力的狂気―西欧の妄想」という題でヴィクトール・デダージュによる仏語訳が『グラン・ソワール』二〇〇八年六月二日に掲載された。

訳者あとがき

本書は、Jean Bricmont, *Impérialisme humanitaire—Droits de l'homme,droit d'ingérence, droit du plus fort?* (édition revue et augmentée), Aden, 2009 の全訳である。二〇〇五年の初版と比べると、初版にはなかったノーム・チョムスキーの長文の緒言が付され、また本文にも多少の異同があるが、これについてはあとで触れる。副題は「人権、干渉権、強者の権利?」であり、今日の西欧介入主義を真っ向から批判するものだが、邦訳版では、批判の対象を読者により明確に思い描いていただくために、「民主国家アメリカの偽善と反戦平和運動の実像」とした。

著者ブリクモンは、アラン・ソーカルとの共著『知の欺瞞—ポストモダン思想における科学の濫用』(田崎晴明・大野克嗣訳、岩波書店、二〇〇〇年)の場合と同じ強烈な批判精神を発揮して、本書では現代史と現代政治の世界における欺瞞の暴露に情熱を注いでいる。

第二次世界大戦終結後から現在に至るまで、なぜ戦争は次々と起こり、延々と続くのか、また世界経済の規模が拡大するにつれ、なぜ南北間の格差は広がる一方なのか。誰もが疑問に思いながら、あまりにも重くのしかかる難問にわれわれは手を拱いてたたずむしかない。本書でブリクモンはこの問いに果敢に挑戦し、まず手始めに現状の正確な見取り図を描いて見せる。

著者の怒りが向けられる相手は、まず現代世界の支配者、アメリカ合州国であり、ついで大国の戦略に乗せられ、人権と民主主義の大義を信じてアメリカに従うヨーロッパのメディアと諸々の左翼反戦・平和運動である。

完膚無きまでの徹底したアメリカ批判については、読者はまずチョムスキーの緒言に目を通していただきたい。アメリカの対日占領統治以降、日本の政治はひたすらアメリカのあとを追ってきたが、映画やジャズなどの文化面でも圧倒的にアメリカの影響を受けてきた日本人にとって、侵略と虐殺の歴史を繰り返してきたアメリカの姿をここまで見せつけられては、ショックを受ける人も多いだろう。しかし、日本でもたとえば本多勝一は早くから、合州国が侵略国家であることを鋭く指摘し、批判している。先住民族の土地を侵略し、組織的な虐殺を命じたアメリカ初代大統領ワシントンの作戦は、そのままフィリピン侵略、そしてベトナム戦争へと通じているし、きわめて民主的に見えたケネディ大統領の政策も、事実は建国以来のこの体質を忠実に受け継いでいるのである。

ブリクモンは豊富な一次資料を駆使しながら、ラテン・アメリカ、ユーゴスラビア、イラク、アフガニスタン等で行った、あるいは今も行っているアメリカの干渉政策の偽善を容赦なく批判する。それらの資料にはアメリカ側自身が作成したものも多いから、説得力に富む。耳を疑うほどの、信じられない事実も頻出する。なかでも著者が力を込めて糾弾するのは、アメリカによってお膳立てされたNATO軍によるコソボ空爆である。おのれの築いた秩序に逆らう者は許さない——その決意の下に、この強大国は一〇年前から入念にメディア対策を仕掛け、ヨーロッパのメディアをまんまとその網にかけ、ヨーロッパ左翼もまた基本的にその布石に沿って行動したのである。「人権」や「民主主義」

の名で成立したコソボ独立を始めとする現在の旧ユーゴスラビアの姿は、あくまでもそうしたアメリカによる「人道的帝国主義」の一つの現れにすぎない。

ブリクモンは自らの立場を、蔑称的なニュアンスを含めて人権主義左派と称しているが、基本的には正統派左翼であり、共産主義嫌いのジョージ・オーウェル（本書七八ページ）やダライ・ラマ（本書二六〇ページ）への触れ方には苦笑を禁じ得ないとしても、全体としての物の見方は一貫しており、その姿勢と見事な分析力には敬意を表したい。

いわゆる左寄りの反戦・平和運動や人権擁護運動に対する彼の厳しい批判も貴重なものである。だが、そこには微妙な問題がはらんでいることを著者自身も知らないわけではない。アメリカの軍事介入に対してあくまで中立の立場を取りながら、人権擁護活動をしようとするヒューマン・ライツ・ウォッチやアムネスティ・インターナショナルなどの国際人権NGOを、「これらの組織は〔…〕レイプ犯にコンドームを勧める人間の立場にいる」（本書二〇六ページ）と決めつけるのは、彼一流の皮肉な論法だが、もちろんそう言うだけで、この問題が済むはずはない。今回の改訂版では、初版の第8章にあった本文挿入テクストが削除されている。イラク新憲法の制定に積極的なアムネスティの活動を批判している箇所だが、軍事力と経済力の複合体によるアメリカの世界支配や資本主義による経済のグローバリ化がますますその勢いを強めているだけに、この流れに何とか対抗するには、やはりグローバルな市民運動に向かわざるをえないことを、ブリクモンはよく心得ている。市民運動や社会運動の重要性は、これから高まる一方であることも。

もう一つ改訂版では、初版のTextesの末尾を飾る「フランス万歳?・」という一節が削除されている。これはその後フランスではあからさまな新自由主義路線を唱えるサルコジが政権を握ったためであろう、改訂版ではこれを削除し、あらたに「革命的暴力にかんするいくつかの指摘」「西欧の幻想」「平和を守ることのできる独立ヨーロッパのために」の三節が追加されている。ただし、ここでは彼の基本的立場に変わりはない。むしろ、西欧が人権や民主主義の価値に気づくまでに、第三世界がどれほど大きな犠牲を払ってきたかがさらに一層強調されている。植民地化の犠牲者に対する配慮は、著者にとって、必須である。それなのに、多くの反戦・平和運動や人権擁護運動には、その配慮がまったく不十分である。植民地主義から新植民地主義に代わり、今やそのチャンピオンであるアメリカの存在は、第三世界にとっての最大の不幸である。この事実についても、それらの運動の担い手には十分な理解が届いていない——このように彼らに対する著者の批判は非常に手厳しい。

現代世界を支配するこの人道的帝国主義に立ち向かうために、ブリクモンは、まず国家主権の尊重と国際法の遵守が必要であると説く。もっとも、彼がこのように主張するのは、アメリカの横暴な戦略に対抗するために、それが今日取りうる唯一の法的手段だからにすぎない。リビアやシリアをはじめ、アラブ地域における最近の民衆革命の例を見ればわかるが、国家主権とは一つのフィクションである。また、筒井康隆の秀逸な短編、『アフリカの爆弾』が描くように、旧コンゴの各部族がそれぞれ独立して国連に加盟し、中古の核弾頭付きミサイルを競って買う話には、たしかにフィクションとして笑って済ませられないものがあるが、ブリクモンにおいては決して国家主権を絶対視しているわけではない。資本主義そのものの破綻を目の前にしても、アメリカを先頭に進む西欧諸国はいまだ進路変更できずに、同盟諸国間の利益追求に狂弄しているのだから。

「啓蒙思想、政教分離、入念に仕上げられた社会モデル」（本書二六七ページ）、これらをブリクモンはヨーロッパが生んだ最良のものと信じる。著者が描いてくれた現代世界の見取り図を眺めて、いかなる舵取りが可能であるかを考えるのは、読者の側に委ねられるが、著者が開いてくれた突破口のまわりには、これから広げるべき空間がくっきりと見えている。
福島第一原発事故という未曾有の人災は、日米同盟＝日米安保の下、日本がアメリカの核政策に追従してきた歴史的蒙昧の不幸な結果である。それでも、新首相は同盟関係を「深化」させると言う。このままではアメリカにも日本にも未来がないことを、本書は浮き彫りにしている。

本書は、二〇〇九年末に新評論に紹介され、薦められて翻訳を始めたものだが、途中、個人的に辛い状況が生じ、作業は延々と遅れた。編集部の山田洋さんにはご迷惑をおかけしたが、度々の励ましを受けて、何とかここまで漕ぎつけたこと、数々の有益な助言、指摘を頂いたことに深く感謝したい。また、チョムスキーの緒言はもともとドイツ語版に寄せられたもので、英語の原文しかなく、理解するのに、北海道大学の元同僚、高久眞一さんに力をお貸しいただいたことにも厚く御礼申し上げる。

最後に、翻訳の作業の過程で参考にした本の一部と、主観的な判断だがブリクモンの問いかけについて考える手がかりになる本をいくつか挙げておく。

最上敏樹『人道的介入―正義の武力行使はあるか』岩波新書、二〇〇一年。

最上敏樹『いま平和とは―人権と人道をめぐる9話』岩波新書、二〇〇六年。

伊藤千尋『反米大陸―中南米がアメリカにつきつけるＮＯ！』集英社新書、二〇〇七年。

スコット・タイラー『アメリカの正義の裏側―コソヴォ紛争その後』平凡社、二〇〇四年。

本多勝一『アメリカ合州国』朝日文庫、一九八一年。

本多勝一『新・アメリカ合州国』朝日文庫、二〇〇三年。

樋口陽一『いま、憲法は「時代遅れ」か―〈主権〉と〈人権〉のための弁明』平凡社、二〇一一年。

広井良典『定常型社会―新しい「豊かさ」の構想』岩波新書、二〇〇一年。

広井良典『脱「ア」入欧―アメリカは本当に自由の国か』ＮＴＴ出版、二〇〇四年。

藤岡美恵子他編『国家・社会変革・ＮＧＯ―政治への視線／ＮＧＯ運動はどこへ向かうべきか』新評論、二〇〇六年。

藤岡美恵子他編『脱「国際協力」―開発と平和構築を超えて』新評論、二〇一一年。

菊地昌実

二〇一一年一〇月

RODINSON, Maxime, *Peuple juif ou problème juif ?*, Paris, La Découverte, 1997.

⑧ RUSSELL, Bertrand, *La pratique et la théorie du bolchevisme*, Paris, Mercure de France, 1969. [*The Practice and Theory of Bolshevism*, Londres, Allen and Unwin, 1920; réédité par Spokesman Books, Nottingham, 1995.]

RUSSELL, Bertrand, *Histoire des idées au 19e siècle. Liberté et organisation*, traduit de l'anglais par A.-M. Petitjean, Paris, Gallimard, 1951.

SAID, Edward W., *The End of the Peace Process. Oslo and After*, New York, Vintage Books, 2001.

SIMONS, Geoff, *Targeting Iraq. Sanctions and Bombing in US Policy*, Londres, Saqi books, 2002.

SCOWEN, Peter, *Le livre noir des États-Unis*, traduit de l'anglais par Pierre R. Desrosiers, Paris, Mango document, 2002.

ZUNES, Stephen, *La poudrière. La politique américaine au Moyen-Orient et les racines du terrorisme*, Paris, Parangon, 2002.

邦訳文献

①ブルム，ウィリアム『アメリカの国家犯罪全書』作品社、2003年。
②チョムスキー，ノーム『アメリカン・パワーと新官僚—知識人の責任』太陽社、1970年。
③チョムスキー，ノーム『お国のために（1・2）』河出書房新社、1975年。
④ジョンソン，チャーマーズ『アメリカ帝国への報復』集英社、2000年。
⑤レーニン『帝国主義論』光文社古典新訳文庫、2006年。
⑥モレリ，アンヌ『戦争のプロパガンダの10の法則』草思社、2002年。
⑦リフキン，ジェレミー『ヨーロピアン・ドリーム』NHK 出版、2006年。
⑧ラッセル，バートランド『ロシア共産主義』みすず書房、1990年。

LACROIX-RIZ, Annie, *Le choix de la défaite : les élites françaises dans les années trente*, Paris, Armand Colin, 2006.

L'autre Amérique : les Américains contre l'état de guerre, ouvrage collectif, Paris, Textuel, 2002.

LE COUR GRANDMAISON, Olivier, *Coloniser. Exterminer. Sur la guerre et l'État colonial*, Paris, Fayard, 2005.

Le livre noir du capitalisme, ouvrage collectif, Paris, Le Temps des Cerises, 2002.

LEMOINE, Maurice, *Amérique centrale. Les naufragés d'Esquipulas*, Nantes, L'Atalante, 2002.

⑤ LÉNINE, *L'impérialisme, stade suprême du capitalisme, (Essai de vulgarisation)*, Paris, Le Temps des Cerises, 2001

LOSSURDO, Domenico, *Fuir l'histoire ? Essai sur l'autophobie des communistes.* Traduit de l'italien par Ludmila Acone, Paris, Le Temps des Cerises, 2000.

MANDEL, Michael, *How America Gets Away with Murder. Illegal Wars, Collateral Damage and Crimes against Humanity*, Londres, Pluto Press, 2004.

MAYER, Arno, J., *Les Furies. Violence, vengeance, terreur aux temps de la révolution française et de la révolution russe*, traduit de l'anglais par Odile Demange, Paris, Fayard, 2002.

⑥ MORELLI, Anne, *Principes élémentaires de propagande de guerre. Utilisables en cas de Guerre froide, chaude ou tiède...*, Bruxelles, Labor, 2001.

PARENTI, Michael, *L'horreur impériale : Les États-Unis et l'hégémonie mondiale*, traduit de l'américain par Serge Deruette, Bruxelles, Aden, 2004.

PAUWELS, Jacques, *Le mythe de la bonne guerre*, Bruxelles, Aden, collection EPO, 2005.

PETRAS, James, Henry VELTMEYER, *La Face cachée de la mondialisation : L'Impérialisme au XXIe siècle*, traduit de l'anglais par Lucie Périneau, Anna de Voto, Paris, Parangon, 2002.

⑦ RIFKIN, Jeremy, *Le rêve européen : Ou comment l'Europe se substitue peu à peu à l'Amérique dans notre imaginaire*, traduit de l'anglais par Odile Demange, Paris, Fayard, 2005.

DRÈZE, Jean et Amartya SEN, *Hunger and Public Action*, Oxford, Clarendon Press, 1989

EVANS Tony (ed.), *Human Rights Fifty Years On. A Reappraisal*, New York, St. Martins Press, 1998.

FERRO, Marc, *Le livre noir du colonialisme. XVIe-XXIe siècle : de l'extermination à la repentance.* Paris, Robert Laffont, 2003.

FINKELSTEIN, Norman, *Tuer l'espoir. Une introduction au conflit israélo-palestinien*, Bruxelles, Aden 2003.

GLEIJESES, Piero, *Shattered Hope. The Guatemalan Revolution and the United States, 1944-1954*, Princeton, Princeton University Press, 1991.

GRESH, Alain, *L'Islam, la République et le monde*, Paris, Fayard, 2004.

GUILLON, Claude, *Dommages de guerre [Paris>Pristina>Belgrade-1999]*, Paris, L'insomniaque, 2000.

HALIMI, Serge, Dominique VIDAL, *« L'opinion, ça se travaille... ». Les médias et les « guerres justes » : du Kosovo à l'Afghanistan*, 4e édition actualisée et augmentée, Marseille, Agone, 2002.

HALIMI, Serge, *Le grand bond en arrière. Comment l'ordre libéral s'est imposé au monde*, Paris, Fayard, 2004.

HOBSON, John A., *Imperialism, A Study*, James Pott and Co. New York, 1902, disponible sur http://www.econlib.org/library/YPDBooks/Hobson/hbsnImp.html.

HOCHSCHILD, Adam, *Les fantômes du Roi Léopold. Un holocauste oublié*, traduit de l'américain par Marie-Claude Elsen et Franck Straschitz, Paris, Belfond, 1999.

④ JOHNSON, Chalmers, *Blowback: The Costs and Consequences of American Empire*, New York, Metropolitan Books, 2000.

JOHNSTONE, Diana, *La croisade des fous. Yougoslavie, première guerre de la mondialisation*, Paris, Le Temps des Cerises, 2005.

KOLKO, Gabriel, *Un siècle de guerres. Politique, conflits et société depuis 1914*, traduit de l'anglais par Johanne Patry, Paris, L'Harmattan, 2000.

CHOMSKY, Noam, *Language and Politics*, ed. Carlos P. Otero, Montréal, Black Rose Books, 1988.

CHOMSKY, Noam, *Idéologie et pouvoir*, Bruxelles, EPO, 1991.

CHOMSKY, Noam, *Deterring Democracy*, New York, Vintage, 1992.

CHOMSKY, Noam, *Rogue States. The Rule of Force in World Affairs*, Boston, South End Press, 2000.

CHOMSKY, Noam, *De la guerre comme politique étrangère des États-Unis*, préface de Howard Zinn, postface de Jean Bricmont, traduit de l'anglais par Frédéric Cotton, Marseille, Agone, 2002.

CHOMSKY, Noam, Edward S. HERMAN, *La Fabrique de l'Opinion publique. La Politique économique des médias américains*, traduit de l'anglais par Guy Ducornet, Paris, Le Serpent à plumes, 2003.

CHOMSKY, Noam, *Dominer le monde ou sauver la planète. L'Amérique en quête d'hégémonie mondiale*, traduit de l'anglais par Paul Chemla, Paris, Fayard, 2004.

CHOMSKY, Noam, *Comprendre le pouvoir*, trois volumes, Bruxelles, Aden 2005.

COCKBURN, Alexander, *The Golden Age Is In Us*, Londres, Verso, 1995.

COLLON, Michel, *Attention Médias ! Les médiamensonges de la guerre du Golfe. Manuel anti-manipulation*, Bruxelles, EPO, 1992. (3ème édition avec post-scriptum, 1994).

COLLON, Michel, *Poker menteur. Les grandes puissances, la Yougoslavie et les prochaines guerres*, Bruxelles, EPO, 1998.

CUSHMAN, Thomas (ed), *A Matter of Principle. Humanitarian Arguments for War in Iraq*. Berkeley, University of California Press, 2005.

DAVIS, Mike, *Génocides tropicaux : catastrophes naturelles et famines coloniales, 1870-1900 : aux origines du sous-développement*, traduit de l'anglais par Marc Saint-Upéry, Paris, La Découverte, 2003.

DELORCA, Frédéric (dir.), *Atlas alternatif*, Paris, Le Temps des Cerises, 2006.

参 考 文 献

（邦訳書は番号を付し末尾に収録）

BLEITRACH, Danielle, Maxime VIVAS, Victor DEDAJ, *Les États-Unis. De mal empire*, Bruxelles, Aden, 2005.

BLUM, William, *L'État voyou*, traduit de l'anglais par Marco Martella, Luc Mohler, Anna de Voto, Paris, Parangon, 2002.

① BLUM, William, *Rogue State. A Guide to the World Only Superpower*, Monroe (Maine), Common Courage Press, 2005 (nouvelle édition).

BLUM, William, *Les guerres scélérates. Les interventions de l'armée américaine et de la CIA depuis 1945*, traduit de l'anglais par Paul Delifer, Lucie Périneau, C.-S., Paris, Parangon, 2004.

BONIFACE, Pascal, *Est-il permis de critiquer Israël ?*, Paris, Robert Laffont, 2003.

BRICMONT, Jean, Noam CHOMSKY, Naomi KLEIN, Anne MORELLI, *11 septembre 2001. La fin de «la fin de l'histoire»*, Bruxelles, Aden, 2001

CHANDLER, David, *From Kosovo to Kabul. Human Rights and International Intervention*, Londres, Pluto Press, 2002.

② CHOMSKY, Noam, *American Power and the New Mandarins*, New York, The New Press, 2002 (édition originale: New York, Pantheon Books (Random House), *1969) [L'Amérique et ses nouveaux mandarins*, traduit de l'américain par Jean-Michel Jasienko, Paris, Seuil, 1969].

③ CHOMSKY, Noam, *For Reasons of State*, New York, The New Press, 2003 (édition originale, New York, Pantheon Books (Random House), 1972).

CHOMSKY, Noam, EDWARD S. HERMAN, Économie politique des droits de l'Homme. La «Washington connection» et le fascisme dans le tiers monde, traduit de l'américain par Denis Authier, Vesna Bernard, Marie-Thérèse Juge, Paris, J.-E. Hallier, Albin Michel, 1981.

CHOMSKY, Noam, *«Human Rights» and American Foreign Policy*, Nottingham, Spokesman Books, 1978.

ラ行

ワ行

ハ行

ナ行

タ行

サ行

カ行

主要固有名詞索引

（頻出する「アメリカ（合州国）」「英国」「フランス」「ソ連」の項目は割愛した）

著者紹介

ジャン・ブリクモン（Jean BRICMONT）

1952年生まれ。ベルギーの理論物理学者、科学哲学者、ルーヴァン大学教授。数学者アラン・ソーカルとの共著『「知」の欺瞞—ポストモダン思想における科学の濫用』（邦訳、岩波書店）で、科学哲学における相対主義を批判し、有名となる。一方、ノーム・チョムスキーらと協力して、アメリカの帝国主義を告発する発言を続け、またラッセル法廷（ベトナム戦犯国際法廷）でも積極的な協力活動を行っている。本書は、そうした彼の批判活動の基にある主張をまとめたものである。

訳者紹介

菊地昌実（きくち　まさみ）

1938年生まれ。東京大学大学院（比較文学・比較文化）修士課程終了。北海道大学名誉教授。著訳書：『漱石の孤独』（行人社）、A. メンミ『あるユダヤ人の肖像』（共訳、法政大学出版局）、E. モラン『祖国地球』（法政大学出版局）、J＝F・ルヴェル＆M. リカール『僧侶と哲学者』（共訳、新評論）、A. メンミ『人種差別』（共訳、法政大学出版局）、M. リカール＆チン・スアン・トゥアン『掌の中の無限』（新評論）他。

人道的帝国主義

民主国家アメリカの偽善と反戦平和運動の実像　（検印廃止）

2011年11月25日　初版第１刷発行

訳　者　菊　地　昌　実

発行者　武　市　一　幸

発行所　株式会社　新　評　論

〒169-0051 東京都新宿区西早稲田3-16-28
http://www.shinhyoron.co.jp

TEL 03（3202）7391
FAX 03（3202）5832
振 替 00160-1-113487

定価はカバーに表示してあります
落丁・乱丁本はお取り替えします

装　幀　山田英春
印　刷　フォレスト
製　本　河上製本

©Masami KIKUCHI 2011

ISBN978-4-7948-0871-4
Printed in Japan

JCOPY ＜（社）出版者著作権管理機構 委託出版物＞
本書の無断複写は著作権法上での例外を除き禁じられています。複写される場合は、そのつど事前に、（社）出版者著作権管理機構（電話 03-3513-6969、FAX 03-3513-6979、e-mail: info@jcopy.or.jp）の許諾を得てください。

新評論の話題の書

藤岡美恵子・越田清和・中野憲志編 **脱「国際協力」** ISBN978-4-7948-0876-9	四六 272頁 2625円 〔11〕	【開発と平和構築を超えて】「開発」による貧困，「平和構築」による暴力――覇権国家主導の「国際協力」はまさに「人道的帝国主義」の様相を呈している。NGOの真の課題に挑む。
中野憲志 **日米同盟という欺瞞、日米安保という虚構** ISBN978-4-7948-0851-6	四六 320頁 3045円 〔10〕	吉田内閣から菅内閣までの安保再編の変遷を辿り，「平和と安全」の論理を攪乱してきた“条約”と“同盟”の正体を暴く。「安保と在日米軍を永遠の存在にしてはならない！」
藤岡美恵子・越田清和・中野憲志編 **国家・社会変革・NGO** ISBN4-7948-0719-8	A5 336頁 3360円 〔06〕	【政治への視線／NGO運動はどこへ向かうべきか】国家から自立し，国家に物申し，グローバルな正義・公正の実現をめざすNGO本来の活動を取り戻すために今何が必要か。待望の本格的議論！
美根慶樹編 **グローバル化・変革主体・NGO** ISBN978-4-7948-0855-4	A5 300頁 3360円 〔11〕	【世界におけるNGOの行動と理論】日本のNGOの実態，NGOと民主政治・メディア・国際法・国際政治との関係を明らかにし，〈非国家主体〉としてのNGOの実像に迫る。
真崎克彦 **支援・発想転換・NGO** ISBN978-4-7948-0835-6	A5 280頁 3150円 〔10〕	【国際協力の「裏舞台」から】住民主体の生活向上運動を手助けする「地域社会開発支援」の現場から。「当面のニーズ」に応えながら「根本的な問題」に向き合ってゆくために。
内橋克人／佐野 誠編 「失われた10年」を越えて――ラテン・アメリカの教訓① **ラテン・アメリカは警告する** ISBN4-7948-0643-4	四六 356頁 2730円 〔05〕	【「構造改革」日本の未来】「新自由主義（ネオリベラリズム）の仕組を見破れる政治知性が求められている」（内橋）。日本の知性 内橋克人と第一線の中南米研究者による待望の共同作業。
田中祐二／小池洋一編 「失われた10年」を越えて――ラテン・アメリカの教訓② **地域経済はよみがえるか** ISBN978-4-7948-0853-0	四六 432頁 3465円 〔10〕	【ラテン・アメリカの産業クラスターに学ぶ】市場中心万能主義にノンを付きつけた中南米の地域経済再生，新たな産業創造の営為から，日本の地域社会が歩むべき道を逆照射。
篠田武司／宇佐見耕一編 「失われた10年」を越えて――ラテン・アメリカの教訓③ **安心社会を創る** ISBN978-4-7948-0775-5	四六 320頁 2730円 〔09〕	【ラテン・アメリカ市民社会の挑戦に学ぶ】「安心社会を創るための最適な教科書」（内橋克人氏）。「不安社会」をいかに突破するか。中南米各地の多様な実践例を詳細に分析。
佐野誠 **「もうひとつの失われた10年」を超えて** ISBN978-4-7948-0791-5	A5 304頁 3255円 〔09〕	【原点としてのラテン・アメリカ】新自由主義サイクルの罠に陥り，高度「低開発」社会への道を迷走する日本。問題のグローバルな起源を解明し，危機打開の羅針盤を開示する。
白石嘉治・大野英士編 **増補 ネオリベ現代生活批判序説** ISBN978-4-7948-0770-0	四六 320頁 2520円 〔05/08〕	堅田香緒里「ベーシックインカムを語ることの喜び」，白石「学費0円へ」を増補。インタヴュー＝入江公康，樫村愛子，矢部史郎，岡山茂。日本で最初の新自由主義日常批判の書。
江澤誠 **地球温暖化問題原論** ISBN978-4-7948-0840-0	A5 356頁 3780円 〔11〕	【ネオリベラリズムと専門家集団の誤謬】この問題は「気候変化」の問題とは別のところに存在する。市場万能主義とエコファシズムに包囲された京都議定書体制の虚構性を暴く。
B. ラトゥール／川村久美子訳・解題 **虚構の「近代」** ISBN978-4-7948-0759-5	A5 328頁 3360円 〔08〕	【科学人類学は警告する】解決不能な問題を増殖させた近代人の自己認識の虚構性とは。自然科学と人文・社会科学をつなぐ現代最高の座標軸。世界27ヶ国が続々と翻訳出版。
M. バナール／片岡幸彦監訳 **ブラック・アテナ** 古代ギリシア文明のアフロ・アジア的ルーツ ISBN978-4-7948-0737-3	A5 670頁 6825円 〔07〕	【Ⅰ．古代ギリシアの捏造1785-1985】白人優位説に基づく偽「正統世界史」を修正し，非西欧中心の混成文化文明が築き上げた古代ギリシアの実像に迫る。立花隆氏絶賛（週刊文春）。

価格税込